吳見思評點

史記論文

中華書局印行

史記論文

武進吳見思齊賢評點
山陰吳興祚留村參訂

吳太伯世家

吳太伯。太伯弟仲雍。皆周太王之子。而王季歷之兄也。季歷賢。而有聖子昌。聖子字固奇而賢聖二字亦顛倒作文法太王欲立季歷以及昌。卽與壽夢欲傳季子事同於是太伯仲雍二人乃犇荊蠻。文身斷髮。示不可用。以避季歷。讓國是太伯家法已伏季子一段季歷果立。是爲王季。而昌爲文王。仍歸到文王完正意序讓國事完下乃入吳事太伯之犇荊蠻。自號句吳。荊蠻義之。從而歸之千餘家。立爲吳太伯。自開一國不必藉太王之業不必待武王之封寫太伯自有聖賢經濟不特以讓國爲高太伯卒。無子。弟仲雍立。是爲吳仲雍。仲雍卒。子季簡立。季簡卒。子叔達立。叔達卒。子周章立。是時周武王克殷。又插入周事求太伯仲雍之後。得周章。周章已君吳。因而封之。乃封周章弟虞仲於周之北故夏虛。是爲虞仲。列爲諸侯。又分出虞仲一支周章卒。子熊遂立。熊遂卒。子柯相立。柯相卒。子

中華書局印行

彊鳩夷立、彊鳩夷卒、子餘橋疑吾立、餘橋疑吾卒、子柯盧立、柯盧卒、子周繇立、周繇卒、子屈羽立、屈羽卒、子夷吾立、夷吾卒、子禽處立、禽處卒、子轉立、轉卒、子頗高立、頗高卒、子句卑立、是時晉獻公滅周北虞公、以開晉伐虢也、句卑卒、子去齊立、去齊卒、子壽夢立、壽夢立而吳始益大、稱王、自太伯作吳、五世而武王克殷、封其後爲二、其一虞、在中國、其一吳、在彝蠻、（前分此總）十二世而晉滅中國之虞、（完虞事）中國之虞滅二世而彝蠻之吳興、大凡從太伯至壽夢十九世、（前將吳世系一齊序完另作一結以後始入序事）王壽夢二年、楚之亡大夫申公巫臣怨楚將子反而奔晉、自晉使吳、教吳用兵乘車、（吳澤國也至此始知乘車）令其子爲吳行人、吳於是始通于中國、（點一句直貫至黃池之會狎主齊盟也）吳伐楚、（吳楚搆怨相與終篇此其始也吳伐楚一）十六年、楚共王伐吳、至衡山、（楚伐吳二）二十五年、王壽夢卒、壽夢有子四人、長曰諸樊、次曰餘祭、次曰餘眛、次曰季札、季札賢、而壽夢欲立之、季札讓不可、（與太王一樣而季札更高王季一層）於是乃立長子諸樊、攝行事當國、（立長而云攝創事寫來恰好正爲季子生色）王諸樊元年、諸樊已除喪、讓位季札、季札謝曰、曹宣公之卒也、諸侯與曹人不義曹君、將立子臧、子臧去之、以成曹君、君子曰能守節矣、君義嗣、（兩字創）誰敢干君、有國非吾節也、札雖不材。願附于子臧之義。吳人固立季札。季札棄其室而耕。乃舍之。—秋、吳伐楚。楚敗我師。— 吳伐楚而敗三 四年、晉平公初立。—十三年。王諸樊卒。有命授弟餘祭。欲傳以次。必致國於季札而止。以稱先王壽夢之意。且嘉季札之義。兄弟皆欲致國。令以漸至焉。寫諸樊一段心事誠孝誠義曲折詳細 季札封於延陵。故號曰延陵季子。乘便點出季子封號 王餘祭三年。齊相慶封有罪。自齊來犇吳。吳與慶封朱方之縣。以爲奉邑。以女妻之。富於在齊。— 插序

四年、吳使季札聘於魯。請觀周樂。間接季子事 爲歌周南召南。曰美哉。始基之矣。猶未也。然勤而不怨。三句作三轉 歌邶鄘衛。曰美哉淵乎。憂而不困者也。吾聞衛康叔武公之德如是。是其衛風乎。—一折一宕 歌王。曰美哉。思而不懼。其周之東乎。—直 歌鄭。曰其細已甚。民不堪也。是其先亡乎。一氣滾下 歌齊。曰美哉。泱泱乎大風也哉。表東海者。其太公乎。國未可量也。三跌落 歌豳。曰美哉。蕩蕩乎樂而不淫。其周公之東乎。—一咏一嘆 歌秦。曰此之謂夏聲。夫能夏則大。大之至也。其周之舊乎。立一句接下 歌魏。曰美哉。渢渢乎大而婉。儉而易行。以德輔此。則盟主也。一氣滾下 歌唐。曰思深哉。其有陶唐氏之遺風乎。不然何憂之遠也。非令德之後。誰能若是。三曲 歌陳。曰國無主。其能久乎。—句 自鄶以下無譏焉。間一句變法

歌小雅。曰美哉。思而不貳。怨而不言。其周德之衰乎。猶有先王之遺民也。拖筆一歌大雅。曰廣哉。熙熙乎。曲而有直體。其文王之德乎。中一頓歌頌。曰至矣哉。直而不倨。曲而不詘。近而不偪。遠而不攜。遷而不淫。復而不厭。哀而不愁。樂而不荒。用而不匱。廣而不宣。施而不費。取而不貪。處而不底。行而不流。五聲和。八風平。節有度。守有序。盛德之所同也。連排十八句變法見舞象箾南籥者。曰美哉。猶有憾。五字簡淨見舞大武。曰美哉。周之盛也。其若此乎。下四字驚嘆即不圖爲樂之至於斯意見舞韶護者。曰聖人之弘也。猶有慙德。聖人之難也。三曲見舞大夏。曰美哉。勤而不德。非禹其誰能及之。反振句見舞招箾。曰德至矣哉。大矣。如天之無不幬也。如地之無不載也。雖甚盛德。無以加矣。觀止矣。若有他樂。吾不敢觀。一錯落如貫珠○連排十九段雷同固非即十分軒輊亦非妙筆此則逐段連貫又逐段變化而句法不大相遠神情句句不同離之合之皆可成篇豈非奇文去魯。遂使齊。說晏平仲曰。子速納邑與政。一轉無邑與政。乃免於難。二轉齊國之政將有所歸。三轉未得所歸。難未息也。數語中轉折不盡故晏子因陳桓子以納政與邑。是以免於欒高之難。一去齊。使于鄭。見子產。如舊交。謂子產曰。鄭之執政侈。難將至矣。一層政必及子。二層子爲政。愼以禮。三層不然。鄭國將敗。一四層數語中亦作四層佳甚去鄭。適衞。說蘧瑗。史狗。

史鰌。公子荊公叔發。公子朝曰衛多君子。未有患也。一只一句 自衛如晉。將舍於宿。聞鐘聲。曰異哉吾聞之辨而不德必加于戮。夫子獲罪於君以在此。懼猶不足。而又可以畔乎。一跌 夫子之在此。猶燕之巢于幕也。二跌 君在殯而可以樂乎。三跌數語以跌落勝 又遂去之。文子聞之終身不聽琴瑟。先出鐘聲後出夫子至末乃點出文子是倒法而文子獲罪之故竟不說出妙 適晉說趙文子。韓宣子。魏獻子。曰晉國其萃於三家乎。將去謂叔向曰。吾子勉之。君侈而多良。大夫皆富。政將在三家。吾子直。必思自勉於難。一一直下而中作三曲前以十九段齊出手段此又以五段各出剪裁 季札之初使北過徐君。徐君好季札劍。口弗敢言。季札心知之。爲使上國未獻。還至徐。徐君已死。於是乃解其寶劍。繫之徐君冢樹而去。從者曰徐君已死。尙誰予乎。季子曰不然。始吾心已許之。豈以死倍吾心哉。一心許之佳應前心知之 七年、楚公子圍弒其王夾敖而代立。是爲靈王。十年、楚靈王會諸侯而以伐吳之朱方。以誅齊慶封。間接慶封事 吳亦攻楚。取三邑而去。一吳楚相攻四 十一年、楚伐吳至雩婁。楚伐吳五 十二年、楚復來伐次于乾谿。楚師敗走。楚伐吳六 十七年、王餘祭卒。弟餘眛立。一王餘眛二年。楚公子棄疾弒其君靈王代立焉。一四年、王餘眛卒。欲授弟季札。弒君之下即接讓國巢許不受天下而犬豕貪其骨餘可爲三嘆 季札讓。逃去。於是吳人曰。先王有命。兄卒弟代立。必致季子。季子今逃位。則王餘昧後立。爲公子光奪國張本。今卒。其子當代。乃立王餘昧之子僚爲王。一王僚二年。公子光伐楚。敗而亡王舟。光懼。襲楚。復得王舟而還。一吳伐楚七五年、楚之亡臣伍子胥來奔。公子光客之。公子光者。王諸樊之子也。接入公子光常以爲吾父兄弟四人。當傳至季子。季子卽不受國。光父先立。正破前後立字卽不傳季子。光當立。陰納賢士。欲以襲王僚。一挽入客伍子胥公子光事所以不著子奪王舟下而註于伍子胥下也八年、吳使公子光伐楚。敗楚師。迎楚故太子建母於居巢以歸。因北伐。敗陳蔡之師。一吳伐楚八九年、公子光伐楚。拔居巢鍾離。一吳伐楚九初楚邊邑卑梁氏之處女。與吳邊邑之女爭桑。二女家怒相滅。兩國邊邑長聞之。怒而相攻。滅吳之邊邑。吳王怒。故遂伐楚。取兩都而去。一吳伐楚十伍子胥之初奔吳。說吳王僚以伐楚之利。公子光曰。胥之父兄爲僇於楚。欲自報其仇耳。未見其利。於是伍員知光有他志。乃求勇士專諸。見之光。光喜。乃客伍子胥。子胥退而耕於野。以待專諸之事。先出公子光後

出客伍子胥欲襲王僚又進專諸退耕待事段段頓住決不直瀉十二年、冬。楚平王卒。十三年、春。吳欲因楚喪而伐之。使公子蓋餘燭庸以兵圍楚之六灊。吳伐楚十一使季札於晉。以觀諸侯之變。楚發兵。

絕吳兵後。吳兵不得還。於是吳公子光曰。此時不可失也。告專諸曰。不索何獲。我眞王嗣。當立。吾欲求之。季子雖至。不吾廢也。光之所言理也專諸曰。王僚可殺也。母老子弱。而兩公子將兵攻楚。楚絕其路。方今吳外困於楚。而內空。無骨鯁之臣。是無奈我何。專諸所言勢也一人是一樣口角一樣心事光曰。我身子之身也。只一句已刻盡不必多詞妙四月丙子、光伏甲士於窟室。而謁王僚飲。王僚使兵陳於道。自王宮至光之家。門階戶席。皆王僚之親也。人夾持鈹。寫得森嚴正不必羞者數語矣削之更勝於左公子光詳爲足疾。入於窟室。使專諸置匕首於炙魚之中。以進食。手匕首。刺王僚。鈹交於匈。四字精緻是寫專諸乃刺客傳反刪去遂殺王僚。公子光竟立爲王。是爲吳王闔廬。闔廬乃以專諸子爲卿。季子至。曰。苟先君無廢祀。民人無廢主。社稷有奉。乃吾君也。吾敢誰怨乎。哀死事生。以待天命。非我生亂。立者從之。先人之道也。應季子來不吾廢語作數折俊甚復命。事生也哭僚墓。哀死也復位而待。—待天命也吳公子燭庸蓋餘二人將兵遇圍於楚者。聞公子光弒王僚自立。乃以其兵降楚。楚封之於舒。—王闔廬元年。舉伍子胥爲行人。而與謀國事。間接退耕事楚誅伯州犂。其孫伯嚭亡奔吳。吳以爲大夫。—三年、吳王闔廬與子胥伯嚭。將兵伐楚。拔舒。殺吳亡將二公子。光謀欲入郢。

將軍孫武曰。民勞。未可。待之。一吳伐楚十二 四年、伐楚取六與灊。一吳伐楚十三 五年、伐越敗之。一六年、楚使子常囊瓦伐吳。迎而擊之。大敗楚軍于豫章。取楚之居巢而還。一楚伐吳而敗十四 九年、吳王闔廬謂伍子胥孫武曰。始子之言郢未可入。今果如何。二子對曰。楚將子常貪。而唐蔡皆怨之。王必欲大伐。必得唐蔡。乃可。闔廬從之。悉興師與唐蔡西伐楚。至于漢水。吳伐楚十五 楚亦發兵拒吳。夾水陳。吳王闔廬弟夫槩欲戰。闔廬弗許。夫槩曰。王已屬臣兵。兵以利為上。尚何待焉。語勁氣決 遂以其部五千人襲冒楚。楚兵大敗走。於是吳王遂縱兵追之。北至郢。五戰楚五敗。楚昭王亡出郢。奔鄖。鄖公弟欲弒昭王。昭王與鄖公犇隨。而吳兵遂入郢。子胥伯嚭鞭平王之尸。以報父讎。一伐楚入郢只略寫 十年春、越聞吳王之在郢。國空。乃伐吳。吳使別兵擊越。楚告急秦。秦遣兵救楚擊吳。吳師敗。闔廬弟夫槩見秦越交敗吳。雙承 吳王留楚不去。夫槩亡歸吳。而自立為吳王。越寇秦救繼以內變寫得匆匆 闔廬聞之。乃引兵歸攻夫槩。夫槩敗。奔楚。楚昭王乃得以九月復入郢。而封夫槩於堂谿。為堂谿氏。十一年、吳王使太子夫差伐楚。取番。楚恐而去郢。徙都。一吳伐楚十六蓋吳楚接壤兵爭為甚此後夫差縱兵中國伐齊伐魯楚亦徙都而吳楚之事於是終矣 十五年、孔子相魯。以孔

（子相魯提綱）十九年夏、吳伐越。越王句踐迎擊之檇李。越使死士挑戰。三行造吳師。句呼。句自剄。（只數字寫得勁盡）吳師觀之。越因伐吳。敗之姑蘇。傷吳王闔廬指。軍卻七里。吳王病傷而死。闔廬使立太子夫差。謂曰。爾而忘句踐殺汝父乎。對曰。不敢。三年。乃報越。—（先提報越一句以見報越之難夫差初志之堅決而歎後之不然也）王夫差元年、以大夫伯嚭爲太宰。習戰射。常以報越。爲志。（又接寫一句以見其難）二年、吳王悉精兵以伐越。敗之夫椒。報姑蘇也。（提明初志既堅父言在耳吳之與越宜何如哉）越王句踐。乃以甲兵五千人棲于會稽。使大夫種因吳太宰嚭而行成。請委國爲臣妾。吳王將許之。伍子胥諫曰。昔有過氏殺斟灌以伐斟尋。滅夏后帝相。帝相之妃后緡方娠。逃於有仍而生少康。少康爲有仍牧正。有過又欲殺少康。少康奔有虞。有虞思夏德。於是妻之以二女而邑之于綸。有田一成。有衆一旅。後遂收夏衆。撫其官職。使人誘之。遂滅有過氏。復禹之績。祀夏配天。不失舊物。今吳不如有過之彊。而句踐大於少康。今不因此而滅之。又將寬之。不亦難乎。（引少康一段極其精神而說句踐處反只數語）且、句踐爲人能辛苦。（只三字臥薪嘗膽生聚教訓皆在此內）今不滅。後必悔之。（又繳一句）吳王不聽。聽太宰嚭。卒許越平。與盟而罷兵去。—七年、吳王夫差聞齊景公死而大臣爭寵。新君弱。乃興師北伐齊。子胥諫曰。越王句踐。食不重味。衣不重采。弔死問疾。所云能辛苦也、且欲有所用其衆。此人不死。必爲吳患。只八字勁決 今越在腹心疾。而王不先。而務齊。兩而字句法 不亦謬乎。吳王不聽。遂北伐齊。敗齊師於艾陵。至繒。召魯哀公而徵百牢。季康子使子貢以周禮說太宰嚭。乃得止。因留略地於齊魯之南。九年、爲騶伐魯。至與魯盟乃去。十年、因伐齊而歸。十一年、復北伐齊。越王句踐率其衆以朝吳。厚獻遺之。吳王喜。惟子胥懼。曰是棄吳也。諫曰。越在腹心。今得志於齊。猶石田無所用。且盤庚之誥有顛越勿遺。商之以興。只略寫約之又約 吳王不聽。使子胥於齊。子胥屬其子於齊鮑氏。還報吳王。吳王聞之。大怒。賜子胥屬鏤之劍以死。將死。曰樹吾墓上以梓。令可爲器。抉吾眼置之吳東門。以觀越之滅吳也。只序次吳越語他不復及是吳世家體 齊鮑氏弒齊悼公。吳王聞之。哭於軍門外三日。乃從海上攻齊。齊人敗吳。吳王乃引兵歸。十三年、吳召魯衞之君會于橐臯。十四年、春。吳王北會諸侯於黃池。欲霸中國以全周室。頓住下插越伐吳事 六月戊子。越王句踐伐吳。乙酉。越五千人與吳戰。丙戌。虜吳太子友。丁亥。入吳。吳人告敗於王夫差。間接吳王正在黃池也 夫差惡其聞也。或泄其語。吳王怒。斬七人於幕下。七月辛丑。吳王與晉定公爭長。吳王曰。於周室我爲長。晉定公曰。於姬姓我爲伯。語勁意盡簡練之妙趙鞅怒。將伐吳。乃長晉定公。吳王已盟。與晉別。欲伐宋。太宰嚭曰。可勝而不能居也。乃引兵歸國。完會黃池事國亡太子。內空。王居外久。士皆罷敝。於是乃使厚幣以與越平。一完越

事間起雙結十五年、齊田常殺簡公。十八年、越益彊。越王句踐率兵使伐敗吳師於笠澤。一楚滅陳。一楚事餘波二十年、越王句踐復伐吳。二十一年、遂圍吳。二十三年、十一月丁卯。越敗吳。越王句踐欲遷吳王夫差於甬東。予百家居之。吳王曰。孤老矣。不能事君王也。吾悔不用子胥之言。自令陷此。遂自剄死。越王滅吳。誅太宰嚭。以爲不忠。而歸。

太史公曰。孔子言太伯可謂至德矣。三以天下讓。民無得而稱焉。余讀春秋古文。乃知中國之虞與荊蠻句吳兄弟也。延陵季子之仁心。慕義無窮。見微而知清濁。嗚呼。又何其閎覽博物君子也。

齊魯十六世家俱於開國之後逐年逐事排列順序而開頭吳世家一篇卽用變法將世系傳派一齊點過至吳王壽夢結住再起後乃序事實事原如此史公趁勢另開生面也○季子觀樂一段句句變節節變○分之各成一小篇合之共成一大篇胚胎于左傳而史公又出剪裁所以更妙○弑王僚事入郢事有伍胥刺客二傳故亦只約略寫雖不如兩傳佳如皇后自服布穀而諸夫人自御錦綺儉樸濃豔各自有體也

齊太公世家

太公望呂尚者、東海上人。其先祖嘗爲四嶽。佐禹平水土。甚有功。虞夏之際。封於呂。或封于申。姓姜氏。夏商之時。申呂或封枝庶子孫。或爲庶人。(先序世系俱傳聞語約略寫四或字相應)尚其後苗裔也。(始接入呂尚)本姓姜氏。從其封姓。故曰呂尚。一(即姜氏入到呂尚妙有源委)呂尚蓋嘗窮困。年老矣。以漁釣奸周西伯。(呂尚貧時事只兩語寫奸字險甚)西伯將出獵。卜之。曰所獲非龍非彲。非虎非羆。所獲霸王之輔。於是周西伯獵。果遇太公於渭之陽。(果遇妙有心無心寫來恰好)與語大說。曰自吾先君太公曰。當有聖人適周。周以興。子眞是邪。吾太公望子久矣。故號之曰太公望。(事奇名亦奇)載與俱歸。立爲師。或曰。太公博聞。嘗事紂。紂無道。去之。游說諸侯。無所遇。而卒西歸周西伯。或曰。呂尚處士。隱海濱。周西伯拘羑里。散宜生閎夭素知而招呂尚。呂尚亦曰。吾聞西伯賢。又善養老。盍往焉。三人者爲西伯求美女奇物。獻之於紂。以贖西伯。西伯得以出反國。(兩或曰突出奇峯正與上四或字相應寫得約略疑似一片俱以神行)言呂尚所以事周雖異。然要之爲文武師。一(一鎖收上三段與立爲師應)周西伯昌之脫羑里。(竟接羑里事妙)歸與呂尚陰謀修德。以傾商政。其事多兵權與奇計。故後世之言兵及周之陰權。皆宗太公爲本謀（束）一周西伯政平及斷虞芮之訟而詩人稱西伯受命曰文王伐崇密須犬夷大作豐邑天下三分其二歸周者太公之謀計居多一（一束兩段歸功太公處俱約略虛寫所云類上三毛取其意思所在而已）文王崩武王即位九年、欲修文王業東伐以觀諸侯集否師行師尚父左杖黃鉞右把白旄以誓曰蒼兕蒼兕總爾衆庶與爾舟楫後至者斬（約誓詞只三句）遂至盟津諸侯不期而會者八百諸侯諸侯皆曰紂可伐也武王曰未可還師（衆以爲可武王太公還師）與太公作此太誓一（太誓倒點）居二年紂殺王子比干囚箕子武王將伐紂卜龜兆不吉風雨暴至羣公盡懼唯太公彊之勸武王武王於是遂行（衆以爲懼太公勸武王行兩處相照）十一年正月甲子、誓于牧野伐商紂紂師敗績紂反走登鹿臺遂追斬紂明日武王立於社羣公奉明水衞康叔封布采席師尚父牽牲史佚策祝以告神討紂之罪散鹿臺之錢發鉅橋之粟以賑貧民封比干墓釋箕子囚遷九鼎修周政與天下更始師尚父謀居多（又歸功太公作一束是尊傳體也○結完文武師事下乃入齊事）於是武王已平商而王天下（上頓住此緊接）封師尚父於齊營丘東就國道宿行遲逆旅之人曰吾聞時難得而易失客寢甚安殆非就國者也太公聞之夜衣而行犂明至國萊侯來伐與之爭營丘營丘邊萊萊人夷

也會紂之亂而周初定未能集遠方是以與太公爭國 ─（又從萊人註一筆極爲明晰）─ 太公至國
修政因其俗簡其禮通商工之業便魚鹽之利而人民多歸齊齊爲大國 ─（太公開國）及
周成王少時管蔡作亂淮夷畔周乃使召康公命太公曰東至海西至河南至穆陵
北至無棣五侯九伯實得征之齊由此得征伐爲大國（成王錫命兩爲大國關合作兩層寫）都營丘 ─
（又找一句完上建都爭國事伏下遷都事）蓋太公之卒百有餘年 ─（壽百餘歲也不是編年之年○自傳首至此序太公事是一篇）子丁
公呂伋立丁公卒子乙公得立乙公卒子癸公慈母立癸公卒子哀公不辰立哀公
時紀侯譖之周周烹哀公而立其弟靜是爲胡公胡公徙都薄姑而當周夷王之時
哀公之同母少弟山怨胡公乃與其黨率營丘人襲攻殺胡公而自立是爲獻公獻
公元年盡逐胡公子因徙薄姑都治臨菑 ─（自此始定都臨菑○以上紀侯之譖至獻公徙都是一段）九年獻公
卒子武公壽立武公九年周厲王出奔居彘十年王室亂大臣行政號曰共和（提綱）二
十四年周宣王初立二十六年武公卒子厲公無忌立厲公暴虐故胡公子復入齊
齊人欲立之乃與攻殺厲公胡公子亦戰死齊人乃立厲公子赤爲君是爲文公而
誅殺厲公者七十人文公十二年卒子成公脫立成公九年卒子莊公購立莊公二

十四年、犬戎殺幽王。周東徙雒。秦始列爲諸侯。—提綱 五十六年、晉弒其君昭侯。—弒君附見 六十四年、莊公卒。子釐公祿甫立。釐公九年、魯隱公初立。十九年、魯桓公弒其兄隱公而自立爲君。—弒君附見 二十五年、北戎伐齊。鄭使太子忽來救齊。齊欲妻之。忽曰。鄭小齊大。非我敵。遂辭之。—三十二年、釐公同母弟夷仲年死。其子曰公孫無知。釐公愛之。令其秩服奉養比太子。—序襄公被弒事節節寫來遙遙先伏釐公愛無知是第一節 三十三年、釐公卒。太子諸兒立。是爲襄公。襄公元年、始爲太子時、嘗與無知鬭。及立。絀無知秩服。無知怨。—襄公絀無知是第二節 四年、魯桓公與夫人如齊。齊襄公故嘗私通魯夫人。魯夫人者、襄公女弟也。自釐公時、嫁爲魯桓公婦。及桓公來。而襄公復通焉。魯桓公知之。怒夫人。夫人以告齊襄公。齊襄公與魯君飲。醉之。使力士彭生抱上魯君車。因拉殺魯桓公。桓公下車則死矣。魯人以爲讓。而齊襄公殺彭生以謝魯。—殺魯桓公是第三節 八年、伐紀。紀遷去其邑。—十二年、初襄公使連稱管至父戍葵丘。瓜時而往。及瓜而代。約令趣甚 往戍一歲卒。瓜時而公弗爲發代。或爲請代。公弗許。故此二人怒。因公孫無知謀作亂。—連管怨謀作亂是第四節 連稱有從妹在公宮。無寵。使之間襄公。曰。事成以女爲無知夫人。—連稱

（妹間襄公是第五節）冬十二月、襄公游姑棼。遂獵沛丘。見彘。從者曰。彭生。公怒。射之。彘人立而
啼。公懼。墜車。傷足。失屨。反而鞭主屨者茀三百。—（彭生現怪是第六節）茀出宮。而無知連稱管
至父等聞公傷。乃遂率其衆襲宮。逢主屨茀。茀曰。且無入驚宮。驚宮未易入也。無知
弗信。茀示之創。乃信之。待宮外。令茀先入。茀先入。卽匿襄公戶間。良久。無知等恐。遂
入宮。茀反與宮中及公之幸臣攻無知等。不勝。皆死。—（茀攻無知是第七節）無知入宮。求公不
得。或見人足於戶間。發視。乃襄公。遂弒之。（弒襄公是第八節事相因而起節節相連絕無間懈）而無知自立爲
齊君。—（以上釐公愛無知至此是一篇）桓公元年、（倒提桓公）春。齊君無知游於雍林。雍林人嘗有怨無知。
及其往游。雍林人襲殺無知。告齊大夫曰。無知弒襄公自立。臣謹行誅。唯大夫更立
公子之當立者。唯命是聽。初襄公之醉殺魯桓公。通其夫人。（遙接）殺誅數不當。淫於婦
人。數欺大臣。羣弟恐禍及。（補序）故次弟糾奔魯。其母魯女也。（因奔魯遂及魯女）管仲召忽傅之。
次弟小白奔莒。鮑叔傅之。小白母衛女也。（因魯女幷及衛女）有寵于釐公。小白自少好善。—插
（段追序法固錯綜事乃明白）大夫高傒。及雍林人殺無知。（間接）議立君。高國先陰召小白於莒。魯聞
無知死。亦發兵送公子糾。（雙起夾序）而使管仲別將兵遮莒道。射中小白帶鉤。小白佯死。

管仲使人馳報魯。魯送糾者行益遲。六日至齊。一邊正寫其遲則小白已入。高傒立之。是爲桓公。桓公之中鉤。佯死以誤管仲。已而載溫車中馳行。一邊補寫其急情事乃盡亦有高國內應故得先入立。又找還高國一筆絕無滲漏發兵距魯。秋、與魯戰于乾時。魯兵敗走。齊兵掩絕魯歸道。齊遺魯書曰。子糾兄弟。弗忍誅。請魯自殺之。召忽管仲讎也。請得甘心醢之。不然將圍魯。找五字綻甚魯人患之。遂殺子糾於笙瀆。召忽自殺。管仲請囚。頓住桓公之立。發兵攻魯。心欲殺管仲。鮑叔牙曰。臣幸得從君。君竟以立。君之尊。臣無以增。君將治齊。卽高傒與叔牙足也。君且欲霸王。非管夷吾不可。夷吾所居國國重。不可失也。於是桓公從之。又插入補追序請管仲之故註明前事乃詳爲召管仲欲甘心。實欲用之。管仲知之。故請往。鮑叔牙迎受管仲。及堂阜而脫桎梏。間接管仲請囚齋祓而見桓公。桓公厚禮以爲大夫任政。桓公既得管仲。與鮑叔隰朋高傒修齊國政。連五家之兵。設輕重魚鹽之利。以贍貧窮。祿賢能。齊人皆說。一先虛說後乃實序二年、伐滅郯。郯子奔莒。初桓公亡時。過郯。郯無禮。故伐之。五年、伐魯。魯將師敗。魯莊公請獻遂邑以平。桓公許。與魯會柯而盟。魯將盟。曹沫以七首劫桓公於壇上。曰反魯之侵地。桓公許之。已而曹沫去七首。北面就臣位。桓公後悔。欲無與魯地而殺曹沫。管仲曰。夫劫許之而倍信殺之。愈一小快耳。而棄信於諸侯。失天下之援。不可。於是遂與曹沫三敗所亡地於魯。諸侯聞之。皆信齊而欲附焉。一欲序桓公伯業先將小事序起以爲創伯初政故特結一句○桓公伯業歸魯侵地一 七年、諸侯會桓公於甄。而桓公於是始霸焉。一 十四年、陳厲公子完號敬仲。來奔齊。齊桓公欲以爲卿。句讓。句於是以爲工正。田成子常之祖也。一方欲序桓公匡周定伯極齊之盛而即帶序田氏一段木方盛而蠹已生之水方深而蛟龍聚焉爭王定伯亦何益哉令英雄之心冰冷 二十三年、山戎伐燕。燕告急於齊。齊桓公救燕。遂伐山戎。至于孤竹而還。燕莊公遂送桓公。入齊境。桓公曰。非天子。諸侯相送不出境。吾不可以無禮於燕。於是分溝割燕君所至與燕。命燕君復修召公之政。納貢于周。如成康之時。諸侯聞之。皆從齊。一伐山戎二○又特結一句以爲諸侯初附之本 二十七年、魯湣公母曰哀姜。桓公女弟也。哀姜淫於魯公子慶父。慶父弒湣公。哀姜欲立慶父。魯人更立釐公。桓公召哀姜殺之。一殺哀姜三 二十八年、衛文公有狄亂。告急於齊。齊率諸侯城楚丘而立衛君。一定衛君四 二十九年、桓公與夫人蔡姬戲船中。蔡姬習水。蕩公。公懼止之。不止。出船。句怒。句歸蔡姬。弗絕。蔡亦怒。嫁其女。閨房瑣褻簡勁之中情事逼露 桓公聞而怒。興師往伐。三十年春、齊桓公率諸侯伐蔡。蔡潰。遂伐楚。楚成王興師問曰。何故涉吾地。管仲對曰。昔召康公命我先君太公曰。五侯九伯。若實征之。以夾輔周室。賜我先君履。東至海。西至河。南至穆陵。北至無棣。楚貢包茅不入。王祭不共。是以來責。昭王南征不復。是以來問。楚王曰。貢之不入。有之。寡人罪也。敢不共乎。昭王之出不復。君其問之水濱。雙起一仄序法簡淨然比左傳少乏采色齊師進次于陘。詳得好夏、楚王使屈完將兵扞齊。齊師退次召陵。桓公矜屈完以其眾。簡得好屈完曰。君以道則可。若不則楚方城以為城。江漢以為溝。君安能進乎。簡得盡致乃與屈完盟而去。━伐楚五過陳。陳袁濤塗詐齊。令出東方。句覺。句秋。齊伐陳。━伐陳六是歲、晉殺太子申生。━三十五年夏、會諸侯于葵丘。周襄王使宰孔賜桓公文武胙。彤弓矢。大路。命無拜。桓公欲許之。管仲曰不可。乃下拜受賜。━會葵丘七秋。復會諸侯于葵丘。益有驕色。周使宰孔會諸侯。頗有叛者。晉侯病。句後。句遇宰孔。宰孔曰。齊侯驕矣。第無行。從之。是歲、晉獻公卒。里克殺奚齊卓子。秦穆公以夫人入公子夷吾為晉君。桓公於是討晉亂。至高梁。使隰朋立晉君還。━立晉君八是時周室微。唯齊楚秦晉為彊。晉初與會。獻公死。國內亂。秦穆公辟遠。不與中國會盟。楚成王初收荊蠻

有之。夷狄自置。唯獨齊爲中國會盟。而桓公能宣其德。故諸侯賓會。一段伯業于此結穴故又散序
一段以申明之承上起下吃緊有力於是桓公稱曰。寡人南伐至召陵望熊山。北伐山戎離枝孤竹。西伐大夏涉流沙。束馬懸車登太行至卑耳山而還。諸侯莫違寡人。寡人兵車之會三。乘車之會六。九合諸侯。一匡天下。昔三代受命。有何以異於此乎。桓公伯業即借桓公口中總序一遍

吾欲封泰山禪梁父。管仲固諫不聽。乃說桓公以遠方珍怪物至乃得封。桓公乃止。

一不必有之事只約略序 三十八年、周襄王弟帶與戎翟合謀伐周。齊使管仲平戎於周。周欲以上卿禮管仲。管仲頓首曰。臣陪臣。安敢。三讓乃受下卿禮以見。一平戎伯業餘威 三十九年、周襄王弟帶來奔齊。齊使仲孫請王爲帶謝。襄王怒弗聽。一爲帶謝桓公衰兆 四十一年、秦穆公虜晉惠公。復歸之。是歲管仲隰朋皆卒。先提一句下序 管仲病。桓公問曰。羣臣誰可相者。管仲曰。知臣莫如君。公曰。易牙如何。對曰。殺子以適君。非人情。不可。公曰。開方如何。對曰。倍親以適君。非人情。難近。公曰。豎刀如何。對曰。自宮以適君。非人情。難親。三比法小變 管仲死。而桓公不用管仲言。卒近用三子。三子專權。四十二年、戎伐周。周告急于齊。齊令諸侯各發卒戍周。是歲晉公子重耳來。桓公妻之。一 四十三年、初齊桓

公之夫人三。曰王姬。徐姬。蔡姬。皆無子。桓公好內。多內寵。如夫人者六人。如夫人字新惜爲人用舊長衛姬生無詭。少衛姬生惠公元。鄭姬生孝公昭。葛嬴生昭公潘。密姬生懿公商人。宋華子生公子雍。先序得楚楚後逐段應桓公與管仲屬孝公於宋襄公。以爲太子。雍巫有寵于衛共姬。因宦者豎刁以厚獻于桓公。亦有寵。桓公許之立無詭。管仲卒。再提管仲卒一句以見管仲如在亂不至此也五公子皆求立。冬十月乙亥。齊桓公卒。易牙入。與豎刁因內寵殺羣吏。而立公子無詭爲君。太子昭奔宋。桓公病。五公子各樹黨爭立。及桓公卒。遂相攻。以故宮中空。莫敢棺。先補一句是桓公尸在牀上六十七日。尸蟲出于戶。十二月乙亥。無詭立。乃棺赴。辛巳夜。斂殯。桓公十有餘子。要其後立者五人。無詭立三月死。無謚。次孝公。次昭公。次懿公。次惠公。桓公子又總序一段作兩層寫○以上自桓公元年至此序桓公事是一篇孝公元年三月。宋襄公率諸侯兵送齊太子昭而伐齊。齊人恐。殺其君無詭。齊人將立太子昭。四公子之徒攻太子。太子走宋。宋遂與齊人四公子戰。五月。宋敗齊四公子師而立太子昭。是爲齊孝公。宋以桓公與管仲屬之太子。故來征之。應前補序一筆以亂故。八月乃葬齊桓公。完爭國事六年春。齊伐宋。以其不同盟于齊也。夏。宋襄公卒。插入爲立太子故也七年。晉文公立。—爲繼桓而霸也。十年、孝公卒。孝公弟潘因衛公子開方殺孝公子而立潘。是爲昭公。
昭公、桓公子也。其母曰葛嬴。—應前 昭公元年、晉文公敗楚於城濮。而會諸侯踐土朝
周天子。使晉稱伯。六年、翟侵齊。晉文公卒。秦兵敗於殽。—十二年、秦穆公卒。—十九
年五月、昭公卒。子舍立爲齊君。舍之母無寵于昭公。國人莫畏。昭公之弟商人以桓
公死爭立而不得。陰交賢士。附愛百姓。百姓說。及昭公卒。子舍立。孤弱。卽與衆十月
卽墓上弒齊君舍。而商人自立。是爲懿公。懿公、桓公子也。其母曰密姬。—應前 懿公四
年春、初懿公爲公子時。與丙戎之父獵。爭獲不勝。及卽位。斷丙戎父足。而使丙戎僕。
庸職之妻好。公內之宮。使庸職驂乘。五月、懿公游于申池。二人浴。句 戲。句 職曰斷足
子。戎曰奪妻者。只六字簡甚 二人俱病此言。乃怨。謀與公游竹中。二人殺懿公車上。棄竹
中而亡去。懿公之立。句 驕。句 民不附。應前附愛百姓 齊人廢其子而迎公子元於衛。立之。是
爲惠公。惠公、桓公子也。其母衛女。曰少衛姬。應前 避齊亂。故在衛。又註一句○應前三段結語俱不換借作
關鎖○以上送齊太子至此序四公子結完前案是一篇 惠公二年、長翟來。王子城父攻殺之。埋之于北門。—晉
趙穿弒其君靈公。—弒君附見 十年、惠公卒。子頃公無野立。初崔杼有寵于惠公。惠公卒。

高國畏其偪也。逐之。崔杼奔衛。頃公元年。楚莊王彊伐陳。二年。圍鄭。鄭伯降。已復國鄭伯。新句法　六年春。晉使郤克于齊。齊使夫人帷中而觀之。郤克上。夫人笑之。郤克曰。不是報。不復涉河。句歸。句請伐齊。晉侯弗許。伐齊事作一頓齊使至晉。郤克執齊使者四人河內殺之。八年。晉伐齊。齊以公子彊質晉。晉兵去。伐齊事又作一頓　十年春。齊伐魯衛。魯衛大夫如晉請師。皆因郤克。間接晉使郤克以車八百乘爲中軍將。士燮將上軍。欒書將下軍。以救魯衛伐齊。六月壬申。與齊侯兵合靡笄下。癸酉。陳於鞌。逢丑父爲齊頃公右。頃公曰。馳之。破晉軍會食。射傷郤克。流血至履。克欲還入壁。其御曰。我始入。再傷。不敢言疾。恐懼士卒。恐懼二字分斷恐以懼士卒也願子忍之。遂復戰。句戰。句齊急。丑父恐齊侯得。乃易處。頃公爲右。車絓於木而止。晉小將韓厥伏齊侯車前。曰寡君使臣救魯衛。戲之。只一句　丑父使頃公下取飲。因得亡。脫去。入其軍。晉郤克欲殺丑父。丑父曰。代君死而見僇。後人臣無忠其君者矣。克舍之。丑父遂得亡歸齊。於是晉軍追齊至馬陵。齊侯請以寶器謝。不聽。必得笑克者蕭桐叔子。令齊東畝。對曰。叔子。齊君母。齊君母。亦猶晉君母。子安置之。約作數語簡淨且子以義伐。而以暴爲後。其可乎。於是乃許。令反魯衛之侵地。十一年、晉初置六卿。賞鞌之功。齊頃公朝晉。欲尊王晉景公。晉景公不敢受。乃歸。（又找兩段完伐齊事）歸而頃公弛苑囿薄賦歛。振孤問疾。虛積聚以救民。民亦大說。厚禮諸侯。竟頃公卒。百姓附。諸侯不犯。—（又找頃公一段為伐齊餘波○以上自笑却克至此序晉伐齊事是一篇）十七年、頃公卒。子靈公環立。靈公九年、晉欒書弒其君厲公。—（弒君附見）十年、晉悼公伐齊。齊令公子光質晉。十九年、立子光為太子。高厚傅之。令會諸侯盟于鍾離。—二十七年、晉使中行獻子伐齊。齊師敗。靈公走入臨菑。晏嬰止靈公。靈公弗從。曰、君亦無勇矣。晉兵遂圍臨菑。臨菑守城不敢出。晉焚郭中而去。—二十八年、初靈公取魯女。生子光。以為太子。仲姬。戎姬。戎姬嬖。仲姬生子牙。屬之戎姬。戎姬請以為太子。公許之。仲姬曰。不可。光之立。列於諸侯矣。今無故廢之。君必悔之。公曰。在我耳。遂東太子光。使高厚傅牙為太子。靈公疾。崔杼迎故太子光而立之。是為莊公。莊公殺戎姬。五月壬辰、靈公卒。莊公即位。執太子牙於句竇之丘。殺之。八月、崔杼殺高厚。晉聞齊亂。伐齊。至高唐。—莊公三年、晉大夫欒盈奔齊。莊公厚客待之。晏嬰田文子諫。公弗聽。四年、齊莊公使欒盈間入晉曲沃。為內應。以兵隨之。上太行。入孟門。欒盈敗。齊兵還取朝歌。一六年、初棠公妻好。棠公死。崔杼取之。莊公通之。數如崔氏。以崔杼之冠賜人。侍者曰不可。（刪公答語淨）崔杼怒。因其伐晉。（接前事）欲與晉合謀襲齊而不得間。莊公嘗笞宦者賈舉。賈舉復侍。（又生出一層）爲崔杼間公以報怨。五月、莒子朝齊。齊以甲戌饗之。崔杼稱病不視事。乙亥公問崔杼病。遂從崔杼妻。崔杼妻入室。與崔杼自閉戶不出。公擁柱而歌。（寫得荒唐可笑）宦者賈舉遮公從官而入。（間接報怨事）閉門。崔杼之徒持兵從中起。公登臺而請解。不許。請盟。不許。請自殺於廟。不許。（三疊句短勁）皆曰君之臣杼疾病。不能聽命。近于公宮。陪臣爭趣有淫者。（妙詞）不知二命。公踰墻。射中公股。公反墜。遂弒之。晏嬰立崔杼門外。曰君爲社稷死則死之。爲社稷亡則亡之。若爲己死己亡。非其私暱。誰敢任之。（刪平仲語只用簡法）門開而入。枕公尸而哭。三踊而出。人謂崔杼必殺之。崔杼曰民之望也。舍之得民。丁丑、崔杼立莊公異母弟杵臼。是爲景公。景公母魯叔孫宣伯女也。景公立。以崔杼爲右相。慶封爲左相。（忽接入慶封爲後殺崔杼張本）二相恐亂起。乃與國人盟曰不與崔慶者死。晏子仰天曰嬰所不獲。唯忠於君利社稷者是從。不肯盟。慶封欲殺晏子。崔杼曰忠臣也。舍之。（兩舍之相應法變）齊太史書曰崔杼弒莊公。崔杼殺之。其弟復書崔杼復殺之。少弟復書。崔杼乃舍之。又一舍之相應奇文景公元年、初崔杼生子成及彊。其母死。取東郭女。生明。東郭女使其前夫子無咎與其弟偃相崔氏。成有罪。二相急治之。立明爲太子。成請老于崔。崔杼許之。二相弗聽。曰崔宗邑不可。成彊怒。告慶封。慶封與崔杼有卻。欲其敗也。開點慶封心事又不說盡直貫至後成彊殺無咎偃於崔杼家。家皆奔亡。崔杼怒。無人使。一宦者御。見慶封。慶封曰。請爲子誅之。使崔杼仇盧蒲嫳攻崔氏。殺成彊。盡滅崔氏。崔氏婦自殺。崔杼無歸。亦自殺。慶封爲相國。專權。結完欲其敗也句三年十月、慶封出獵。初慶封已殺崔杼。緊接益驕。嗜酒。好獵。不聽政令。慶舍用政。已有內卻。田文子謂桓子曰。亂將作。田鮑高欒氏相與謀慶氏。慶舍發甲圍慶封宮。四家徒共擊破之。慶封還不得入。奔魯。齊人讓魯。封奔吳。吳與之朱方。聚其族而居之。富於在齊。其秋、齊人徙葬莊公。僇崔杼尸於市。以說衆。自棠公之妻至此序崔杼弑君事是一篇九年、景公使晏嬰之晉。與叔向私語曰。齊政卒歸田氏。田氏雖無大德。以公權私。有德於民。民愛之。十二年、景公如晉。見平公。欲與伐燕。十八年、公復如晉。見昭公。二十六年、獵魯郊。因入魯。與晏嬰俱問魯禮。三十一年、魯昭公辟季氏難。奔齊。齊欲以千社封之。子家止昭公。昭公乃請齊伐魯。取鄆。以居昭公。一三十二年、彗星見。景公坐柏寢。嘆曰。堂堂。誰有此乎。（語俊逸）羣臣皆泣。晏子笑。公怒。晏子曰。臣笑羣臣諛甚。景公曰。彗星出東北。當齊分野。寡人以爲憂。晏子曰。君高臺深池。賦斂如弗得。刑罰恐弗勝。茀星將出。彗星何懼乎。公曰。可禳否。晏子曰。使神可祝而來。亦可禳而去也。百姓苦怨以萬數。而君令一人禳之。安能勝衆口乎。（約得簡淨）是時景公好治宮室。聚狗馬。奢侈。厚賦重刑。故晏子以此諫之。一四十二年、吳王闔閭伐楚。入郢。一四十七年、魯陽虎攻其君。不勝。奔齊。請齊伐魯。鮑子諫景公。乃囚陽虎。陽虎得亡。奔晉。一四十八年、與魯定公好會夾谷。犂鉏曰。孔丘知禮而怯。請令萊人爲樂。因執魯君。可得志。景公害孔丘相魯。懼其霸。故從犂鉏之計。方會。進萊樂。孔子歷階上。使有司執萊人斬之。以禮讓景公。（亦只約略寫）景公慚。乃歸魯侵地以謝。而罷去。是歲晏嬰卒。一五十五年、范中行反其君於晉。晉攻之急。來請粟。田乞欲爲亂。樹黨于逆臣。說景公曰。范中行數有德于齊。不可不救。乃使乞救而輸之粟。一五十八年、夏。景公夫人燕姬適子死。景公寵妾芮姬生子荼。荼少。其母賤無行。諸大夫恐其爲嗣。乃言願擇諸子長賢者爲太子。景公老惡言嗣事。又愛荼。母欲立之。憚發之口。寫景公心事曲折如見是史公所長 乃謂諸大夫曰。爲樂耳。國何患無君乎。寫景公無可奈何強忍支離字字如見不知三寸管何以體貼神妙至此 秋。景公病。命國惠子高昭子立少子荼爲太子。逐羣公子。遷之萊。景公卒。太子荼立。是爲晏孺子。冬。未葬。而羣公子畏誅。皆出亡。荼諸異母兄公子壽駒黔奔衛。公子鉏陽生奔魯。萊人歌之曰。景公死乎弗與埋。三軍事乎弗與謀。師乎師乎。胡黨之乎。忽插入一歌來得恍惚 晏孺子元年。春。田乞僞事高國者。又頓住序別事 每朝。乞驂乘。言曰。子得君。大夫皆自危。欲謀作亂。又謂諸大夫曰。高昭子可畏。及未發。先之。大夫從之。六月。田乞鮑牧乃與大夫以兵入公宮。攻高昭子。昭子聞之。與國惠子救公。公師敗。田乞之徒追之。國惠子奔莒。遂反殺高昭子。晏圉奔魯。八月。齊秉意茲。田乞敗二相。緊接 乃使人之魯召公子陽生。陽生至齊。私匿田乞家。十月戊子。田乞請諸大夫曰。常之母。常之母乞之妻也 有魚菽之祭。幸來會飲。會飲田乞盛陽生橐中。置坐中央。發橐出陽生。曰。此乃齊君矣。一句突然竟住當時情景如是 大夫皆伏謁。將與大夫盟而立之。事已定後又作一醉一誣一怒一悔一恐五層寫當時情事如是 鮑牧醉。乞誣大夫曰。吾與鮑牧謀共立陽生。鮑牧怒曰。子忘景公之命乎。諸大夫相視欲悔。陽生前頓首曰。

可則立之。否則已。鮑牧恐禍起。乃復曰。皆景公子也。何爲不可。乃與盟。（應前將盟）立陽生。是爲悼公。悼公入宮。使人遷晏孺子於駘。殺之幕下。而逐孺子母芮子。芮子故賤而孺子少。故無權。國人輕之。—（找兩句追至母賤無行○自燕姬適子死至此立晏孺子立陽生是一篇）悼公元年、齊伐魯。取讙闡。初陽生亡在魯。（間接追序）季康子以其妹妻之。及歸即位。使迎之。季姬與季魴侯通。言其情。魯弗敢與。故齊伐魯。竟迎季姬。季姬嬖。齊復歸魯侵地。—鮑子與悼公有郤。不善。四年、吳魯伐齊南方。鮑子弒悼公。赴于吳。吳王夫差哭于軍門外。三日將從入海討齊。齊人敗之。吳師乃去。晉趙鞅伐齊。至賴而去。齊人共立悼公子壬。是爲簡公。簡公四年、春、初簡公與父陽生俱在魯也。（又追序遙接陽生）闞止有寵焉。及即位。使爲政。田成子憚之。驟顧于朝。（顧闞止也正見其憚之）御鞅言簡公曰。田闞不可並也。君其擇焉。弗聽。子我夕。（子我即闞止字）田逆殺人。逢之。遂捕以入。田氏方睦。使囚病而遺守囚者酒。醉而殺守者。得亡。（四即田逆遺酒者田成子也）子我盟諸田于陳宗。初田豹欲爲子我臣。（又追序一節）使公孫言豹。豹有喪而止。後卒以爲臣。幸於子我。子我謂曰。吾盡逐田氏而立女可乎。對曰。我遠田氏矣。且其違者不過數人。何盡逐焉。遂告田氏。子行曰。（子行即田逆字忽稱名忽稱字變法）彼得君。弗先。必禍子。子行舍于公宮。夏五月壬申、成子兄弟四乘如公。子我在幄。出迎之。遂入閉門。宦者禦之。子行殺宦者。短句精神歷落公與婦人飲酒于檀臺。成子遷諸寢。公執戈將擊之。太史子餘曰。非不利也。將除害也。成子出舍于庫。聞公猶怒。將出。曰何所無君。先作一頓子行拔劍曰。需事之賊也。誰非田宗。所不殺子者。有如田宗。字字精綻如聞其聲乃止。子我歸。屬徒攻闈與大門。皆弗勝。乃出。田氏追之。豐丘人執子我以告。殺之郭關。成子將殺大陸子方。田逆請而免之。以公命取車於道。出雍門。田豹與之車。弗受。曰。逆為余請。豹與余車。余有私焉。事子我而有私於其讎。何以見魯衛之士。又忽借子方作餘波妙庚辰、田常執簡公于徐州。公曰。余蚤從御鞅言。不及此。應前甲午、田常弒簡公于徐州。常田乃立簡公弟驁。是為平公。平公即位。田常相之。專齊之政。割齊安平以東。為田氏封邑。以上自闞止有寵至此田常弒簡公是一篇平公八年、越滅吳。二十五年卒。子宣公積立。宣公五十一年卒。子康公貸立。田會反廩丘。康公二年、韓魏趙始列為諸侯。十九年、田常曾孫田和始為諸侯。遷康公海濱。二十六年、康公卒。呂氏遂絕其祀。田氏卒有齊國。為齊威王。彊於天下。收完通篇即以為田敬仲世家過接若住不住妙太史公曰、吾適齊。自泰山屬之琅邪。北被於海。膏壤二千里。其民闊達者多匿、知。字新其天性也。以太公之聖。建國本。桓公之盛。修善政。以爲諸侯會盟。稱伯。不亦宜乎。洋洋哉。固大國之風也。前半說齊後說太公桓公又點齊一句挽上作結

世家之體與列傳不同列傳止序一人或數人故摶捖爲易世家則於一篇之中上下千百年既以一國之事詳載更或他國之事互入不得不用簡法故左國所詳此則甚略左國藻麗此則簡淨局於編幅不得不然也故爲世家者另有一副筆仗讀世家者當另換一副眼光無作矮子觀場隨人笑語也○體雖備于一國而事通于天下故以本國之事爲經而他國之事揷入爲緯中間又以共和魯隱公初立孔子相魯秦始爲諸侯數事提綱以下篇篇皆同史公具眼處○列國弒君諸篇互見以見天地之大變也以上通評齊魯燕等十六世家○世家序事雖多逐年序去而人事則另作一篇自爲文章其中散碎事揷序于中後同

魯周公世家

周公旦者、周武王弟也。自文王在時。旦爲子孝。篤仁。異於羣子。及武王卽位。旦常輔翼武王。用事居多。起處卽用簡法武王九年。東伐至盟津。周公輔行。十一年、伐紂。至牧野。周公佐武王。作牧誓。牧誓虛破殷。入商宮。已殺紂。周公把大鉞。召公把小鉞。以夾武王。釁社。告紂之罪于天。及殷民。釋箕子之囚。封紂子武庚祿父。使管叔蔡叔傅之。

以續殷祀。偏封功臣同姓戚者。封周公旦於少昊之虛曲阜。是爲魯公。周公不就封。
留佐武王。一（周公封魯以前事俱略序）武王克殷二年。天下未集。（增一句是）武王有疾。不豫。羣臣懼。太
公召公乃繆卜。周公曰未可以戚我先王。周公於是乃自以爲質。（質字妙以身代正在其內勝尚書功字）
設三壇。周公北面立。戴璧秉圭。告于太王王季文王。史策祝曰。惟爾元孫王發。勤
勞阻疾。若爾三王。是有負子之責于天。以旦代王發之身。旦巧能。多材多藝。能事鬼
神。乃王發不如旦多材多藝。不能事鬼神。（兩折作對）乃命于帝廷。敷佑四方。用能定汝子
孫于下地。四方之民。罔不敬畏。無墜天之降葆命。我先王亦永有所依歸。（仍歸到今先王）
我其卽命於元龜。爾之許我。我其以璧與圭。歸以俟爾命。爾不許我。我乃屛璧與圭。
（亦兩折作對）周公已令史策告太王王季文王欲代武王發。（增兩句說得活現）於是乃卽三王而
卜。卜人皆曰吉。發書視之。信吉。周公喜。開籥。乃見書遇吉。（三吉字疊妙）周公入賀武王曰。
王其無害。旦新受命三王。惟長終是圖。茲道能念予一人。周公藏其策金縢匱中。誡
守者勿敢言。明日。武王有瘳。一 其後武王既崩。成王少。在強葆之中。周公恐天下聞
武王崩而畔。周公乃踐阼。代成王攝行政當國。（攝政事先提一句）管叔及其羣弟。流言於國

曰。周公將不利于成王。（伏）周公乃告太公望召公奭曰。我之所以弗辟而攝行政者。恐天下畔周。無以告我先王太王王季文王。三王之憂勞天下久矣。於今而後成。武王蚤終。成王少。將以成周。我所以爲之若此。於是卒相成王。（又註明一段）而使其子伯禽就封於魯。（遙接不就封）周公戒伯禽曰。我文王之子。武王之弟。成王之叔父。我於天下。亦不賤矣。然我一沐三捉髮。一飯三吐哺。起以待士。猶恐失天下之賢人。子之魯。愼無以國驕人。一管蔡武庚等果率淮夷而反。（間接流言）周公乃奉成王命。興師東伐。作大誥。（大誥虛）遂誅管叔。殺武庚。放蔡叔。收殷餘民。以封康叔於衞。封微子於宋。以奉殷祀。寧淮夷東土。二年而畢定。諸侯咸服宗周。一（應前天下未集）天降祉福。唐叔得禾、異母同穎。（母字）（妙）獻之成王。成王命唐叔以餽周公於東土。作餽禾。周公既受命禾。嘉天子命。作嘉禾。一（餽禾嘉禾虛）東土以集。周公歸報成王。（無居東事與書異）乃爲詩貽王。命之曰鴟鴞。王亦未敢訓周公。一成王七年二月乙未。王朝步自周。至豐。使太保召公先之雒相土。其三月。周公往營成周雒邑。卜居焉。曰吉。遂國、之。成王長。能聽政。於是周公乃還政於成王。成王臨朝。周公之代成王治南面倍依以朝諸侯。及七年後。還政成王。北面就臣位。銅銅如畏然。一南面北面相對成文依卽扆銅背躳謹畏也初成王少時。句病。句周公乃自揃其蚤沈。
之河。以祝於神曰。王少。未有識。姦神命者。乃旦也。亦藏其策於府。成王病。有瘳。及成
王用事。人或譖周公。周公奔楚。成王發府。見周公禱書。乃泣。反周公。一成王病及奔楚事不經見
卽金縢居東一事而傳聞異詞也周公歸。恐成王壯。治有所淫佚。乃作多士。多士虛作毋逸。毋逸稱爲
人父母爲業。至長久。子孫驕奢。忘之。以亡其家。爲人子可不愼乎。收作簡法故昔在殷王
中宗。嚴恭畏。天命自度。治民震懼。不敢荒寧。故中宗饗國。七十、、五年。其在高宗。久
勞于外。爲與小人。作其卽位。乃有亮闇。三年不言。言乃讙。不敢荒寧。密靖殷國。至於
小大無怨。故高宗饗國。五、十、五、年。其在祖甲。不義惟王。久爲小人於外。知小人之依。
能保施小民。不侮鰥寡。故祖甲饗國。三、十、三、年。多士稱曰。自湯至于帝乙。無不率祀
明德。帝無不配天者。在今後嗣王紂。誕淫厥佚。不顧天及民之從也。其民皆可誅。周
多士。文王日中昃。不暇食。饗國五、十、年。作此以誡成王。一七十五年五十五年三十三年五十年相應作章法
中插多士數語恐有脫悞成王在豐。天下已安。周之官政未次序。於是周公作周官。周官虛官別其
宜。作立政。立政虛以便百姓。百姓說。一周公在豐。病將沒。曰。必葬我成周。以明吾不敢

離成王。周公既卒。成王亦讓葬周公於畢。從文王。以明予小子不敢臣周公也。一 以死從成王成王讓以從文王奇 周公卒後。秋未穫。暴風雷雨。禾盡偃。大木盡拔。周國大恐。成王與大夫朝服以開金縢書。王乃得周公所自以爲功代武王之說。二公及王乃問史百執事。史百執事曰。信有。昔周公命我勿敢言。成王執書以泣曰。自今後其無繆卜乎。昔周公勤勞王家。惟予幼人弗及知。今天動威以彰周公之德。惟朕小子其迎。我國家禮亦宜之。王出郊。天乃雨。反風。禾盡起。二公命國人。凡大木所偃。盡起而築之。歲則大熟。一 於此忽插金縢事且逃尚書小子其迎一句若周公已卒尚迎何人乎恐有脫悞 於是成王乃命魯得郊祭文王。魯有天子禮樂者。以褒周公之德也。一 結完周公事自篇首至此序周公事是一篇 周公卒。子伯禽固已前受封。是爲魯公。又找明一句下即趁勢追序初受封報政事便甚 魯公伯禽之初受封之魯。三年而後報政周公。周公曰。何遲也。伯禽曰。變其俗。革其禮。喪三年然後除之。故遲。太公亦封於齊。五月而報政周公。周公曰。何疾也。曰。吾簡其君臣禮。從其俗爲也。及後聞伯禽報政遲。句句追序段段倒插章法之妙 乃嘆曰。嗚呼。魯後世其北面事齊矣。夫政不簡不易。民不有近。平易近民。民必歸之。伯禽卽位之後。有管蔡等反也。淮彝徐戎亦並興反。於是伯禽率師伐之於肸作肸誓曰陳爾甲冑無敢不善無敢傷牿馬牛其風臣妾逋逃勿敢越逐敬復之無敢寇攘踰牆垣魯人三郊三隧峙爾芻茭糗糧楨榦無敢不逮我甲戌築而征徐戎無敢不及有大刑（簡句精緊六無敢弗敢相應）作此肸誓遂平徐戎定魯——（自魯公受封至此序伯禽事是一篇）魯公伯禽卒子考公酋立考公四年卒立弟熙是為煬公煬公築茅闕門六年卒子幽公宰立幽公十四年幽公弟濆殺幽公而自立是為魏公魏公五十年卒子厲公擢立厲公三十七年卒魯人立其弟具是為獻公獻公三十二年卒子眞公濞立——眞公十四年周厲王無道出奔彘共和行政——（提綱）二十九年周宣王即位——三十年眞公卒弟敖立是為武公武公九年春武公與長子括少子戲西朝周宣王宣王愛戲欲立戲為魯太子周之樊仲山父諫宣王曰廢長立少不順不順必犯王命犯王命必誅之故出令不可不順也令之不行政之不立行而不順民將棄上夫下事上少事長所以為順今天子建諸侯立其少是教民逆也若魯從之諸侯效之王命將有所壅若弗從而誅之是自誅王命也——（反正）誅之亦失不誅亦失王其圖之（緊接兩語雙收）宣王弗聽卒立戲為魯太子夏武公歸而卒戲立是為懿公懿公九年懿公

兄括之子伯御。與魯人攻弒懿公。而立伯御爲君。伯御卽位十一年。周宣王伐魯。殺
其君伯御。而問魯公子能道順諸侯者。以爲魯後。樊穆仲曰。魯懿公弟稱。肅恭明神。
敬事耆老。賦事行刑。必問于遺訓。而咨於固實。不干所問。不犯所知。排語古勁宣王曰。然。
能訓治其民矣。乃立稱於夷宮。是爲孝公。自是後。諸侯多畔王命。一自宣王愛戲至此序廢立事是
一篇孝公二十五年、諸侯畔周。犬戎殺幽王。秦始列爲諸侯。提綱二十七年、孝公卒。子弗
湟立。是爲惠公。一惠公三十年、晉人弒其君昭侯。四十五年、晉人又弒其君孝侯。一
弒君附見四十六年、惠公卒。長庶子息攝當國。行君事。是爲隱公。初惠公適夫人無子。公
賤妾聲子。生子息。息長。爲娶於宋。宋女至而好。惠公奪而自妻之。生子允。登宋女爲
夫人。以允爲太子。及惠公卒。爲允少故。魯人共令息攝政。不言卽位。不言卽位是孔子春秋褒貶之
文以爲魯人悞隱公五年、觀漁於棠。八年、與鄭易天子之泰山之邑祊。及許田。君子譏之。虛序
十一年、冬。公子揮諂謂隱公曰。百姓便君。君其遂立。吾請爲君殺子允。君以我爲相。
隱公曰。有先君命。吾爲允少。故攝代。今允長矣。吾方營菟裘之地而老焉。以授子允
政。揮懼子允聞而反誅之。乃反譖隱公於子允曰。隱公欲遂立。去子。子其圖之。請爲

子殺隱公子允許諾。十一月、隱公祭鍾巫。齊于社圃館于蔿氏。揮使人弒隱公于蔿氏。而立子允爲君是爲桓公。桓公元年、鄭以璧易天子之許田。二年、以宋之賂鼎入於太廟君子譏之。—（盧序）三年使揮迎婦於齊爲夫人。—六年、夫人生子與桓公同日。故名曰同。同長爲太子。—十六年、會於曹伐鄭。入厲公。—十八年、春公將有行遂與夫人如齊。申繻諫止公。公不聽遂如齊。齊襄公通桓公夫人。公怒夫人。夫人以告齊侯。夏四月丙子、齊襄公饗公。公醉使公子彭生抱魯桓公。因命彭生摺其脅公死于車。魯人告于齊曰。寡君畏君之威不敢寧居來修好禮。禮成而不反無所歸咎請得彭生以除醜於諸侯。（句中想見慙恧）齊人殺彭生以說魯立太子同是爲莊公。莊公母夫人因留齊不敢歸魯。—莊公五年、冬伐衞內衞惠公。—八年、齊公子糾來奔。九年、魯欲內子糾於齊後桓公。桓公發兵擊魯。魯急殺子糾。召忽死。齊告魯生致管仲。魯人施伯曰。齊欲得管仲非殺之也。將用之。用之則爲魯患。不如殺以其屍與之。（簡句莊好）公不聽。遂囚管仲與齊。齊人相管仲。—十三年、魯莊公與曹沬會齊桓公于柯。曹沬劫齊桓公。求魯侵地。已盟而釋桓公。桓公欲背約。管仲諫。卒歸魯侵地。—十五年、齊桓公始霸。齊事插序二十三年、莊公如齊觀社。三十二年、初莊公築臺臨黨氏。見孟女說而愛之、許立爲夫人。割臂以盟孟女。生子斑。斑長說梁氏女。往觀。圉人犖自牆外與梁氏女戲。斑怒鞭犖。莊公聞之曰。犖有力焉。遂殺之。是未可鞭而置也。斑未得殺。會莊公有疾。莊公有三弟。長曰慶父。次曰叔牙。次曰季友。莊公取齊女爲夫人曰哀姜。哀姜無子。哀姜娣曰叔姜。生子開。莊公無適嗣。愛孟女。欲立其子斑。莊公病而問嗣於弟叔牙。叔牙曰。一繼一及。魯之常也。慶父在可爲嗣君何憂。簡句精綻莊公患叔牙欲立慶父。退而問季友。季友曰。請以死立斑也。只一句簡而盡莊公曰。曩者叔牙欲立慶父奈何。季友以莊公命。命牙待于鍼巫氏。使鍼季劫飲叔牙以鴆曰。飲此則有後奉祀。不然死且無後。牙遂飲鴆而死。魯立其子爲叔孫氏。先出叔孫氏八月癸亥、莊公卒。季友竟立子斑爲君。如莊公命。應前侍喪舍于黨氏。先時慶父與哀姜私通。欲立哀姜娣子開。及莊公卒而季友立斑。又追序十月己未、慶父使圉人犖殺魯公子斑於黨氏。季友犇陳。慶父竟立莊公子開。是爲湣公。湣公二年、慶父與哀姜通益甚。哀姜與慶父謀殺湣公而立慶父。慶父使卜齮襲殺湣公於武闈。季友聞之。自陳與湣公弟申如邾。請魯求內之。魯人欲誅慶父。慶父恐。奔莒。於是季友奉子申入立之。是爲釐公。釐公亦莊公少子。哀姜恐。奔邾。季友以賂如莒求慶父。慶父歸。使人殺慶父。慶父請奔。弗聽。乃使大夫奚斯行哭而往。慶父聞奚斯音。乃自殺。齊桓公聞哀姜與慶父亂以危魯。乃召之邾而殺之。以其屍歸。戮之魯。魯釐公請而葬之。季友母陳女。故亡在陳。陳故佐送季友及子申。追序陳送子申事 季友之將生也。父魯桓公使人卜之。曰男也。其名曰友。間于兩社。爲公室輔。季友亡。則魯不昌。及生。有文在掌曰友。遂以名之。號爲成季。其後爲季氏。追序季子事 慶父後爲孟氏也。幷序孟子應前叔孫氏此三家之始 釐公元年。以汶陽鄪封季友。季友爲相。—自莊公築臺至此序立斑事是一篇 九年。晉里克殺其君奚齊卓子。—弑君附見 齊桓公率釐公討晉亂。至高梁而還。立晉惠公。十七年。齊桓公卒。—二十四年。晉文公卽位。—晉事插序爲其霸也 三十三年。釐公卒。子興立。是爲文公。—文公元年。楚太子商臣弑其父成王代立。—弑君附見 三年。文公朝晉襄公。—十一年十月甲午。魯敗翟于鹹。獲長翟喬如。富父終甥舂其喉。以戈殺之。埋其首于子駒之門。以命宣伯。獲長翟事止此下乃追序長翟之事如一

附傳 初。宋武公之世。鄋瞞伐宋。司徒皇父帥師禦之。以敗翟于長丘。獲長翟緣斯。晉之

滅路。獲喬如弟棼如。齊惠公二年、鄋瞞伐齊。齊王子城父獲其弟榮如。埋其首于北門。衞人獲其季弟簡如。鄋瞞由是遂亡。―附長翟事完十五年、季文子使於晉。―十八年二月、文公卒。文公有二妃。長妃齊女哀姜生子惡及視。次妃敬嬴。嬖愛生子俀。俀私事襄仲。襄仲欲立之。叔仲曰不可。襄仲請齊惠公。惠公新立。欲親魯、許之。冬十月、襄仲殺子惡及視而立俀。是爲宣公。哀姜歸齊。哭而過市曰、天乎。襄仲爲不道。殺適立庶。市人皆哭。魯人謂之哀姜。魯由此公室卑。三桓彊。―應前三家作一束宣公俀十二年、楚莊王彊。圍鄭。鄭伯降。復國之。―楚事插序十八年、宣公卒。子成公黑肱立。是爲成公。季文子曰、使我殺適立庶失大援者襄仲。襄仲立宣公。公孫歸父有寵。宣公欲去三桓。與晉謀伐三桓。會宣公卒。季文子怨之。歸父奔齊。―成公二年春、齊伐取我隆。夏、公與晉郤克敗齊頃公於鞌。齊復歸我侵地。―四年、成公如晉。晉景公不敬魯。魯欲背晉合於楚。或諫乃不。十年、成公如晉。晉景公卒。因留成公送喪。魯諱之。―十五年、始與吳王壽夢會鍾離。―十六年、宣伯告晉欲誅季文子。文子有義。晉人弗許。―十八年、成公卒。子午立。是爲襄公。是時襄公三歲也。―襄公元年、晉立悼公。往年冬、晉欒書弒其君厲公。—（弒君附見因晉悼公之立倒序）四年、襄公朝晉。—五年、季文子卒、家無衣帛之妾、廄無食粟之馬、府無金玉以相三君。君子曰、季文子廉忠矣。—（完上以文子爲相）九年、與晉伐鄭。晉悼公冠襄公於衞。季武子從相行禮。—十一年、三桓氏分爲三軍。—十二年、朝晉。—十六年、晉平公卽位。—二十一年、朝晉平公。—二十二年、孔丘生。—二十五年、齊崔杼弒其君莊公、立其弟景公。—（弒君附見）二十九年、吳延陵季子使魯、問周樂、盡知其意、魯人敬焉。—三十一年六月、襄公卒。其九月、太子卒。魯人立齊歸之子禂爲君。是爲昭公。昭公年十九、猶有童心。穆叔不欲立、曰、太子死、有母弟可立、不卽立長。年鈞擇賢、義鈞則卜之。今禂非適嗣、且又居喪意不在戚而有喜色。若果立、必爲季氏憂。季武子弗聽、卒立之。比及葬、三易衰。君子曰、是不終也。—昭公三年、朝晉至河、晉平公謝還之、魯恥焉。—四年、楚靈王會諸侯於申、昭公稱病不往。—七年、季武子卒。—八年、楚靈王就章華臺、召昭公。昭公往賀、賜昭公寶器、已而悔、復詐取之。—十二年、朝晉至河、晉平公謝還之。—十三年、楚公子棄疾弒其君靈王代立。—（弒君附見）十五年、朝晉、晉留之葬晉昭公、魯恥之。—二十年、齊景公與晏子狩竟、因入魯問禮。

二十一年、朝晉。至河。晉謝還之。二十五年、春、鸜鵒來巢。師己曰。文成之世童謠曰。鸜鵒來巢。公在乾侯。鸜鵒入處。公在外野。季氏與郈氏鬬雞。季氏芥雞羽。郈氏金距。季平子怒而侵郈氏。郈昭伯亦怒平子。（左傳詳盡此用簡法）臧昭伯之弟會僞讒臧氏。匿季氏。臧昭伯囚季氏人。季平子怒。囚臧氏老。臧郈氏以難告昭公。昭公九月戊戌、伐季氏。遂入。平子登臺請曰。君以讒不察臣罪。誅之。請遷沂上。弗許。請囚於鄪。弗許。請以五乘亡。弗許。（三請與齊莊公同法）子家駒曰。君其許之。政自季氏久矣。爲徒者衆。衆將合謀。弗聽。郈氏曰。必殺之。叔孫氏之臣戾謂其衆曰。無季氏與有孰利。皆曰。無季氏是無叔孫氏。戾曰。然。救季氏。遂敗公師。孟懿子聞叔孫氏勝。亦殺郈昭伯。郈昭伯爲公使。故孟氏得之。（補一句詳）三家共伐公。公遂奔。己亥。公至于齊。齊景公曰。請致千社待君。子家曰。棄周公之業而臣於齊。可乎。乃止。子家曰。齊景公無信。（先提一句伏）不如早之晉。弗從。叔孫見公。（句）還（句）見平子。平子頓首。初欲迎昭公。孟孫季孫後悔。乃止。二十六年、春、齊伐魯。取鄆而居昭公焉。夏、齊景公將內公。令無受魯賂。申豐汝賈許齊臣高齕子將粟五千庾。子將言于齊侯曰。羣臣不能事魯君。有異焉。宋元公爲魯如晉。求內之道。

卒。叔孫昭子求內其君。無病而死。不知天棄魯乎。抑魯君有罪于鬼神也。願君且待。
（語曲宛故易入）齊景公從之。（應景公無信）二十八年、昭公如晉求入。季平子私於晉六卿。六卿受
季氏賂。諫晉君。晉君乃止。居昭公乾侯。二十九年、昭公如鄆。齊景公使人賜昭公書。
自謂主君。昭公恥之。怒而去乾侯。三十一年、晉欲內昭公。召季平子。平子布衣跣行。
因六卿謝罪。六卿爲言曰。晉欲內昭公。衆不從。晉人止。（自鸜鵒來巢至此序昭公出亡是一篇）三十
二年。昭公卒于乾侯。魯人共立昭公弟宋爲君。是爲定公。定公立。趙簡子問史墨曰。
季氏亡乎。史墨對曰。不亡。季友有大功於魯。受鄪爲上卿。至于文子武子。世增其業。
魯文公卒。東門遂殺適立庶。魯君於是失國政。政在季氏。於今四君矣。民不知君。何
以得國。是以爲君愼器與名。不可以假人。（斷兩語即收勁）定公五年、季平子卒。陽虎私怒。囚
季桓子。與盟乃捨之。七年、齊伐我。取鄆。以爲魯陽虎邑。以從政。八年、陽虎欲盡殺三
桓適。而更立其所善庶子以代之。載季桓子將殺之。桓子詐而得脫。三桓共攻陽虎。
陽虎居陽關。九年、魯伐陽虎。陽虎奔齊。已而奔晉趙氏。十年、定公與齊景公會於
夾谷。孔子行相事。（提綱）齊欲襲魯君。孔子以禮歷階。誅齊淫樂。齊侯懼。乃止。歸魯侵地

而謝過。—此節稍應詳序十二年、使仲由毀三桓城。收其甲兵。孟氏不肯墮城。伐之。不克而止。季桓子受齊女樂。孔子去。—十五年、定公卒。子將立。是爲哀公。哀公五年、齊景公卒。六年、齊田乞弑其君孺子。—弑君附見七年、吳王夫差彊。伐齊。至繒。徵百牢於魯。季康子使子貢說吳王及太宰嚭。以禮詘之。吳王曰。我文身。不足責禮。乃止。—八年、吳爲鄒伐魯。至城下。盟而去。齊伐我。取三邑。—十年、伐齊南邊。十二年、齊伐魯。季氏用冉有有功。思孔子。孔子自衛歸魯。—十四年、齊田常弑其君簡公於徐州。孔子請伐之。哀公不聽。—十五年、使子服景伯子貢爲介。適齊。齊歸我侵地。田常初相。欲親諸侯。—十六年、孔子卒。—二十二年、越王句踐滅吳王夫差。—越事插序二十七年、春。季康子卒。夏。哀公患三桓。將欲因諸侯以劫之。三桓亦患公作難。故君臣多間。公游於陵阪。遇孟武伯於衢。曰。請問余及死乎。對曰。不知也。公欲以越伐三桓。八月、哀公如陘氏。三桓攻公。公奔于衛。去如鄒。遂如越。國人迎哀公復歸。卒于有山氏。子寧立。是爲悼公。悼公之時。三桓勝。魯如小侯。此後不詳序矣卑于三桓之家。—十三年、三晉滅智伯。分其地有之。—晉事插序三十七年、悼公卒。子嘉立。是爲元公。—元公二十一年卒。子顯立。是爲穆公。一穆公三十三年卒。子奮立。是爲共公。一共公二十二年卒。子屯立。是爲康公。一康公九年卒。子匽立。是爲景公。一景公二十九年卒。子叔立。是爲平公。是時六國皆稱王。一平公十二年。秦惠王卒。一三十二年、平公卒。子賈立。是爲文公。一文公七年、楚懷王死於秦。一二十三年。文公卒。子讎立。是爲傾公。一傾公二年。秦拔楚之郢。楚傾王東徙于陳。一十九年、楚伐我取徐州。一二十四年、楚考烈王伐滅魯傾公亡遷于卞邑。爲家人。魯絕祀。傾公卒于柯。魯起周公至傾公。凡三十四世。

太史公曰、余聞孔子稱曰。甚矣魯道之衰也。洙泗之間。齗齗如也。觀慶父及叔牙閔公之際。何其亂也。隱桓之事。襄仲殺適立庶。三家北面爲臣。親攻昭公。昭公以奔至其揖讓之禮則從矣。而行事何其戾也。以四也作四折宕

此篇純用編年簡法以收羅遍盡爲妙故詳序出色處亦不多幾段○孔子相魯凡世家皆以之提綱誠重之也在宗國自應詳序得無太略然魯之爲魯孔子之前數十百年孔子之後又數十百年自孔子卒後不著事實只一頓點完以見孔子不用魯事遂不可爲矣此史公著眼處乎○前序金縢事多有錯悞史公此篇似未曾著意且中有脫簡觀無逸多士可見

燕召公世家

召公奭。與周同姓。姓姬氏。周武王之滅紂。封召公於北燕。後有南燕故先提北燕 其在成王時。召公爲三公。自陝以西。召公主之。自陝以東。周公主之。一成王既幼。周公攝政。當國踐祚。召公疑之。作君奭。君奭不說周公。周公乃稱湯時有伊尹。假于皇天。在太戊時。則有若伊陟臣扈。假于上帝。巫咸治王家。在祖乙時。則有若巫賢。在武丁時。則有若甘般。率惟茲有陳。保乂有殷。於是召公乃說。一召公之治西方。甚得兆民和。召公巡行鄉邑。有棠樹。決獄政事其下。自侯伯至庶人。各得其所。無失職者。召公卒。而民人思召公之政。懷棠樹。不敢伐。歌咏之。作甘棠之詩。一完召公事 自召公以下九世至惠侯。一世系略 燕惠侯當周厲王奔彘。共和之時。提綱 惠侯卒。子釐侯立。是歲周宣王初卽位。釐侯二十一年。鄭桓公初封於鄭。一鄭事插入 三十六年。釐侯卒。子頃侯立。頃侯二十年。周幽王淫亂。爲犬戎所弒。秦始列爲諸侯。提綱 二十四年、頃侯卒。子哀侯立。哀侯二年卒。子鄭侯立。鄭侯三十六年卒。子繆侯立。繆侯七年。而魯隱公元年也。一以魯隱提綱與春秋映合 十八年卒。子宣侯立。宣侯十三年卒。子桓侯立。桓侯七年卒。子莊公立。莊公十二年。齊桓公始霸。一插齊桓事 十六年、與宋衛共伐周惠王。惠王出奔溫。立惠王弟穨爲周

王。—十七年、鄭執燕仲父。而內惠王於周。—二十七年、山戎來侵我。齊桓公救燕。遂
北伐山戎。而還。燕君送齊桓公出境。桓公因割燕所至地予燕、使燕共貢天子如成
周時職。使燕復修召公之法。—三十三年、卒。子襄公立。襄公二十六年、晉文公爲踐
土之會。稱伯。—插晉文公事 三十一年、秦師敗於殽。三十七年、秦穆公卒。—插秦事 四十年、
襄公卒。桓公立。桓公十六年、卒。宣公立。宣公十五年、卒。昭公立。昭公十三年、卒。武公
立。是歲晉滅三郤大夫。—插晉事 武公十九年、卒。文公立。文公六年、卒。懿公立。懿公元
年、齊崔杼弒其君莊公。—弒君附見 四年、卒。子惠公立。惠公元年、齊高止來奔。—六年、惠
公多寵姬。公欲去諸大夫。而立寵姬宋。大夫共誅姬宋。惠公懼。奔齊。四年、齊高偃如
晉。請共伐燕。入其君。晉平公許。與齊伐燕。入惠公。惠公至燕而死。燕立悼公。—悼公
七年、卒。共公立。共公五年、卒。平公立。晉公室卑。六卿始彊大。—平公十八年、吳王闔
廬破楚。入郢。—世家提綱之外又間以秦繆公與吳王闔廬照映餘同 十九年、卒。簡公立。簡公十二年、卒。獻公
立。晉趙鞅圍范中行於朝歌。—插晉事 獻公十二年、齊田常弒其君簡公。—弒君附見 十四
年、孔子卒。—二十八年、獻公卒。孝公立。—孝公十二年、韓魏趙滅知伯。分其地。三晉

彊。（插晉一事）十五年、孝公卒。成公立。成公十六年卒。湣公立。湣公三十一年卒。釐公立。是歲三晉列爲諸侯。（提綱）釐公三十年、伐齊敗於林營。—釐公卒。桓公立。桓公十一年卒。文公立。—是歲秦獻公卒。秦益彊。（插秦一事）文公十九年、齊威王卒。（插齊事）二十八年、蘇秦始來見。說文公。文公予車馬金帛以至趙。趙肅侯用之。因約六國爲從長。秦惠王以其女爲燕太子婦。—二十九年、文公卒。太子立。是爲易王。易王初立。齊宣王因燕喪伐我取十城。蘇秦說齊使復歸燕十城。—十年、燕君爲王。蘇秦與燕文公夫人私通。懼誅。乃說王使齊爲反間。欲以亂齊。—易王立十二年卒。子燕噲立。燕噲既立。齊人殺蘇秦。蘇秦之在燕。與其相子之爲婚。而蘇代與子之交。（先開中點出子之因蘇秦蘇代而序即借蘇代一說引出子之一段大文）及蘇秦死。而齊宣王復用蘇代。—燕噲三年、與楚三晉攻秦。不勝而還。子之相燕。貴重主斷。蘇代爲齊使于燕。燕王問曰。齊王奚如。對曰。必不霸。燕王曰。何也。對曰。不信其臣。蘇代欲以激燕王以尊子之也。（繳還前事）於是燕王大信子之。子之因遺蘇代百金。而聽其所使。鹿毛壽謂燕王。不如以國讓相子之。人之謂堯賢者。以其讓天下於許由。許由不受。有讓天下之名。而實不失天下。今王以國讓於子之。子之之必不敢受。是王與堯同行也。燕王因屬國于子之。子之大重。一頓一或曰。禹薦益。已、而以啟人爲吏。及老。而以啓爲不足任乎天下。傳之于益。已、而啓與交黨攻益奪之。天下謂禹名傳天下於益。已、而實令啟自取之。說古荒唐用三已而頓落今王言屬國於子之。而吏無非太子人者。是名屬子之。而實太子用事也。前云子之必不敢受而僞讓之也此又云何極寫燕王愚悖王因收印。自三百石吏以上。而效之子之。子之南面行王事。而噲老不聽政。顧爲臣。顧字作且解君將爲臣兮龍爲魚也國事皆決於子之。應前主斷三年。國大亂。百姓恫恐。將軍市被與太子平謀將攻子之。諸將謂齊湣王曰。因而赴之。破燕必矣。齊王因令人謂燕太子平曰。寡人聞太子之義。將廢私而立公。飭君臣之義。明父子之位。寡人之國小。不足以爲先後。句新雖然。則唯太子所以令之。太子因要黨聚衆。將軍市被圍公宮。攻子之。不克。將軍市被及百姓反攻太子平。將軍市被死以徇。因搆難數月。死者數萬。衆人恫恐。百姓離志。孟軻謂齊王曰。今伐燕。此文武之時。不可失也。王因令章子將五都之兵。以因北地之衆以伐燕。士卒不戰。城門不閉。燕君噲死。齊大勝。燕子之亡。二年而燕人共立太子平。是爲燕昭王。一燕昭王於破燕之後。卽位。卑身厚幣以招賢者。謂郭隗曰。齊因孤之國亂而襲破燕。孤極知燕小力少。不足以報。然誠得賢士以共國。以雪先王之恥。孤之願也。先生視可者得身事之。郭隗曰。王必欲致士。先從隗始。況賢于隗者。豈遠千里哉。於是昭王爲隗改築宮而師事之。樂毅自魏往。鄒衍自齊往。劇辛自趙往。士爭趨燕。燕王弔死問孤。與百姓同甘苦。二十八年。燕國殷富。士卒樂軼輕戰。於是遂以樂毅爲上將軍。與秦楚三晉合謀以伐齊。齊兵敗。湣王出亡於外。燕兵獨追北入至臨菑。盡取齊寶。燒其宮室宗廟。齊城之不下者。獨惟聊莒卽墨。其餘皆屬燕。六歲。昭王三十三年卒。子惠王立。一惠王爲太子時。與樂毅有隙。及卽位。疑毅使騎劫代將。樂毅亡走趙。齊田單以卽墨擊敗燕軍。騎劫死。燕兵引歸。齊悉復得其故城。湣王死於莒。乃立其子爲襄王。（自子之相燕至此是一篇）惠王七年卒。韓魏楚共伐燕。燕武成王立。武成王七年。齊田單伐我。拔中陽。一十三年。秦敗趙於長平四十餘萬。一（插秦事）十四年。武成王卒。子孝王立。孝王元年。秦圍邯鄲者解去。一（插秦事）三年卒。子今王喜立。（燕喜無諡。故卽稱今王）今王喜四年。秦昭王卒。燕王命相栗腹約歡趙。以五百金爲趙、王酒。（爲酒字奇）還報燕王曰。趙王壯者皆死長平。其孤未壯。可伐也。王召昌國君樂間問之對曰趙四戰之國其民習兵不可伐王曰吾以五而伐一（句峭）對曰不可（不說明）燕王怒羣臣皆以爲可（不可可兩字相應）卒起二軍車二千乘栗腹將而攻鄗卿秦攻代唯獨大夫將渠謂燕王曰與人通關約交以五百金飲人之王（比前句更佳）使者報而反攻之不祥兵無成功燕王不聽自將偏軍隨之將渠引燕王綬止之曰王必無自往往無成功王蹴之以足（引綬蹴足絕妙關目）將渠泣曰臣非以自爲爲王也（兩爲字更跌宕）燕軍至宋子趙使廉頗將擊破栗腹於鄗破卿秦樂乘於代樂間奔趙廉頗逐之五百餘里圍其國燕人請和趙人不許必令將渠處和燕相將渠以處和趙聽將渠解燕圍（自栗腹約歡至此是一篇）六年、秦滅東西周置三川郡七年、秦拔趙榆次三十七城秦置太原郡九年、秦王政初卽位（插秦一事）十年、趙使廉頗將攻繁陽拔之趙孝成王卒悼襄王立使樂乘代廉頗廉頗不聽攻樂乘樂乘走廉頗奔大梁十二年、趙使李牧攻燕拔武遂方城（插趙一事）劇辛故居趙與龐煖善已而亡走燕燕見趙數困於秦而廉頗去令龐煖將也欲因趙弊攻之問劇辛辛曰龐煖易與耳燕使劇辛將擊趙趙使龐煖擊之取燕軍二萬殺劇辛秦拔魏二十城置東郡（插秦一事）十九年、秦拔趙之鄴九城趙悼襄王卒。一插秦趙事 二十三年、太子丹質于秦亡歸燕。一二十五年、秦鹵滅韓王安置穎川郡。一插秦趙事 二十七年、秦鹵趙王遷滅趙。趙公子嘉自立爲代王。一插秦趙事 燕見秦且滅六國。頂上數節 秦兵臨易水。禍且至燕。太子丹陰養壯士二十人。使荊軻獻督亢地圖於秦。因襲刺秦王。秦王覺。殺軻。使將軍王翦擊燕。二十九年、秦攻拔我薊。燕王亡。徙居遼東。斬丹以獻秦。一三十年、秦滅魏。一插秦事 三十三年、秦拔遼東。鹵燕王喜。卒滅燕。是歲秦將王賁亦鹵代王嘉。

太史公曰、召公奭。可謂仁矣。甘棠且思之。況其人乎。燕北迫蠻貉。內措齊晉。崎嶇彊國之間。最爲弱小。幾滅者數矣。然社稷血食者八九百歲。於姬姓獨後亡。豈非召公之烈邪。只就召公贊歎

燕世家只羅列各傳記刪削簡淨集湊成篇只具大綱未及出色故成段者止子之相燕栗腹攻趙二事亦不曾著力寫而令蘇秦約從事荊軻刺秦王事不過點次了局蓋既有各傳在則世家職在提綱不得不如是也

管蔡世家

管叔鮮蔡叔度者、雙提起 周文王子。而武王弟也。武王同母兄弟十八。母曰太姒。文王

中華書局印行

正妃也。其長子曰伯邑考。次曰武王發。次曰管叔鮮。次曰周公旦。次曰蔡叔度。次曰曹叔振鐸。次曰成叔武。次曰霍叔處。次曰康叔封。次曰冉季載。冉季載最少。[武王兄弟獨於管蔡世家序出變法]同母兄弟十人。唯發旦賢。左右輔文王。故文王舍伯邑考而以發爲太子。一[兄弟中又獨提發旦伯邑考若不爲管蔡者奇]及文王崩而發立。是爲武王。伯邑考既已前卒矣。一[註明一句]武王已克殷紂。平天下。封功臣昆弟。於是封叔鮮於管。封叔度於蔡。二人相紂子武庚祿父治殷遺民。[始歸本傳]封叔旦於魯而相周。爲周公。封叔振鐸於曹。封叔武於成。封叔處於霍。康叔封冉季載皆少未得封。[序十兄弟歸至管蔡必入本傳矣偏又出叔旦振鐸等封邑以陪之若周家總譜不獨爲管蔡者奇]武王既崩。成王少。周公旦專王室。管叔蔡叔疑周公之爲不利於成王。乃挾武庚以作亂。周公旦承成王命伐誅武庚。殺管叔。一[完管叔事下乃單序蔡事]而放蔡叔。遷之與車十乘。徒七十人從。而分殷餘民爲二。其一封微子啟於宋。以續殷祀。其一封康叔爲衞君。是爲衞康叔。封季載於冉。[承康叔冉載未得封一句即殷餘民帶出康叔即康叔帶出季載一併序完局法奇變]冉季康叔皆有馴行。於是周公舉康叔爲周司寇。冉季爲周司空。以佐成王治。皆有令名於天下。一[索性將康叔冉季再敘陳一遍結完上案]蔡叔度既遷而死。[間接入本傳]其子曰胡。胡乃改行。率德馴善。

周公聞之。而舉胡以爲魯卿士。魯國治。於是周公言於成王。復封胡于蔡。以奉蔡叔之祀。是爲蔡仲。餘五叔皆就國。無爲天子吏者。一（又承康叔季載補出五叔穿插奇妙）蔡仲卒。子蔡伯荒立。蔡伯荒卒。子宮侯立。宮侯卒。子厲侯立。厲侯卒。子武侯立。武侯之時。周厲王失國。犇彘。共和行政。（提綱）諸侯多畔周。一武侯卒。子夷侯立。夷侯十一年。周宣王卽位。二十八年。夷侯卒。子釐侯所事立。釐侯三十九年。周幽王爲犬戎所殺。周室卑而東徙。秦始得列爲諸侯。一（提綱）四十八年。釐侯卒。子共侯興立。共侯二年卒。子戴侯立。戴侯十年卒。子宣侯措父立。宣侯二十八年。魯隱公初立。（提綱）三十五年。宣侯卒。子桓侯封人立。桓侯三年。魯弒其君隱公。一（弒君附見）二十年。桓侯卒。弟哀侯獻舞立。哀侯十一年。初哀侯娶陳。息侯亦娶陳。息夫人將歸。過蔡。蔡侯不敬。息侯怒。請楚文王來伐我。（請來伐我奇。我卽息也）我求救于蔡。蔡必來。楚因擊之。可以有功。楚文王從之。虜蔡哀侯以歸。哀侯留九歲。死於楚。凡立二十年卒。一蔡人立其子肸。是爲繆侯。繆侯以其女弟爲齊桓公夫人。十八年。齊桓公與蔡女戲船中。夫人蕩舟。桓公止之。不止。公怒。歸蔡女而不絕也。蔡侯怒。嫁其弟。齊桓公怒。伐蔡。蔡潰。遂虜繆侯。南至楚邵陵。已而諸侯爲蔡謝齊。齊侯歸蔡侯。— 二十九年、繆侯卒。子莊侯甲午立。莊侯三年、齊桓公卒。— 插齊事 十四年、晉文公敗楚於城濮。— 插晉事 二十年、楚太子商臣弒其父成王代立。— 弒君附見 二十五年、秦繆公卒。— 插秦事 三十三年、楚莊王卽位。— 插楚事 三十四年、莊侯卒。子文侯申立。文侯十四年、楚莊王伐陳殺夏徵舒。— 插楚事 十五年、楚圍鄭。鄭降楚。楚復醳之。— 插楚事 二十年、文侯卒。子景侯同立。景侯元年、楚莊王卒。二十九年、景侯爲太子般。娶婦於楚。而景侯通焉。太子弒景侯而自立。是爲靈侯。— 靈侯二年、楚公子圍弒其王郟敖而自立爲靈王。— 弒君附見 九年、陳司徒招弒其君哀公。弒君附見 楚使公子棄疾滅陳而有之。— 插楚事 十二年、楚靈王以靈侯弒其父。誘蔡靈侯于申。伏甲飲之醉而殺之。刑其士卒七十人。令公子棄疾圍蔡。十一月、滅蔡。使棄疾爲蔡公。楚滅蔡三歲。楚公子棄疾弒其君靈王代立。爲平王。弒君附見 平王乃求蔡景侯少子廬立之。是爲平侯。是年楚亦復立陳。楚平王初立。欲親諸侯。故復立陳蔡後。— 平侯九年卒。靈侯般之孫東國攻平侯子而自立。是爲悼侯。悼侯父曰隱太子友。者靈侯之太子。平侯立而殺隱太子。追序插入 故平侯卒而隱太子之子東國攻平侯子而代立。是爲悼侯。— 悼侯三年卒。弟昭侯申立。昭侯十年。朝楚昭王。持美裘二。獻其一於昭王而自衣其一。楚相子常欲之。不與。子常讒蔡侯。留之楚三年。蔡侯知之。乃獻其裘於子常。子常受之。乃言歸蔡侯。蔡侯歸而之晉。請與晉伐楚。一十三年春、與衞靈公會邵陵。蔡侯私於周萇弘。以求長於衞。衞使史鰌言康叔之功德。乃長衞。一夏、爲晉滅沈。楚怒。攻蔡。蔡昭侯使其子爲質于吳。以共伐楚。冬、與吳王闔閭遂破楚入郢。蔡怨子常。子常恐。奔鄭。十四年、吳去而楚昭王復國。一十六年、楚令尹爲其民泣以謀蔡。蔡昭侯懼。二十六年、孔子如蔡。楚昭王伐蔡。蔡恐。告急於吳。吳爲蔡遠。約遷以自近。易以相救。昭侯私許。不與大夫計。吳人來救蔡。因遷蔡於州來。二十八年、昭侯將朝于吳。大夫恐其復遷。乃令賊利殺昭侯。已而誅賊利以解過。而立昭侯子朔。是爲成侯。一成侯四年、宋滅曹。一十年、齊田常弒其君簡公。一弒君附見十三年、楚滅陳。一插楚事十九年、成侯卒。子聲侯產立。聲侯十五年卒。子元侯立。元侯六　卒。子侯齊立。侯齊四年、楚惠王滅蔡。蔡侯齊亡。蔡遂絕祀。後陳滅三十三年。一借客映主伯邑考。其後不知所封。武王發其後爲周。有本紀言。管叔鮮作亂誅死。無後。周公旦其後爲魯。有世家言。蔡叔度其後爲蔡。有世家。言曹叔振鐸。其後爲曹。有世家。言成叔武。其後世無所見。霍叔處。其後晉獻公時滅霍。康叔封。其後爲衞。有世家。言冄季載。其後世無所見。（前序兄弟十人已爲創格後復序次十人應完前案章法奇妙）

太史公曰。管叔作亂。無足載者。然周武王崩。成王少。天下既疑。賴同母之弟成叔冄季之屬十人爲輔拂。是以諸侯卒宗周。故附之世家言。（附十人於管蔡傳者以十人輔拂宗周正形管叔作亂之不類也）

曹叔振鐸者、周武王弟也。武王已克殷紂。封叔振鐸於曹。叔振鐸卒。子太伯脾立。太伯卒。子仲君平立。仲君平卒。子宮伯侯立。宮伯侯卒。子孝伯雲立。孝伯雲卒。子夷伯喜立。夷伯二十三年。周厲王奔於彘。—（提綱）三十年卒。弟幽伯彊立。幽伯九年。弟蘇殺幽伯代立。是爲戴伯。戴伯元年。周宣王已立三歲。三十年、戴伯卒。子惠伯兕立。惠伯二十五年、周幽王爲犬戎所殺。因東徙。益卑。諸侯畔之。秦始列爲諸侯。—（提綱）三十六年、惠伯卒。子石甫立。其弟武殺之代立。是爲繆公。繆公三年卒。子桓公終生立。桓公三十五年、魯隱公立。—（提綱）四十五年、魯弑其君隱公。—（弑君附見）四十六年、宋華父督弑其君殤公及孔父。—弒君附見五十五年、桓公卒。子莊公夕姑立。莊公二十三年、齊桓公始霸。—插齊事三十一年、莊公卒。子釐公夷立。釐公九年卒。子昭公斑立。昭公六年、齊桓公敗蔡。遂至楚邵陵。—插齊事九年、昭公卒。子共公襄立。共公十六年、初晉公子重耳其亡過曹。曹君無禮。欲觀其駢脅。釐負羈諫不聽。私善于重耳。二十一年、晉文公重耳伐曹。虜共公以歸。令軍毋入釐負羈之宗族閭。或說晉文公曰。昔齊桓公會諸侯。復異姓。今君囚曹君。滅同姓。何以令於諸侯。晉乃復歸共公。—二十五年。晉文公卒。—插晉事三十五年、共公卒。子文公壽立。文公二十三年卒。子宣公彊立。宣公十七年卒。弟成公負芻立。成公三年。晉厲公伐曹。虜成公以歸。已復釋之。—五年、晉欒書中行偃使程滑弒其君厲公。—弒君附見二十三年、成公卒。子武公勝立。武公二十六年。楚公子棄疾弒其君靈王代立。—弒君附見二十七年、武公卒。子平公頃立。平公四年卒。子悼公午立。是歲宋衛陳鄭皆火。—插宋衛陳鄭事悼公八年、宋景公立。九年、悼公朝於宋。宋囚之。曹立其弟野。是爲聲公。悼公死於宋。歸葬。—聲公五年、平公弟通弒聲公代立。是爲隱公。—隱公四年、聲公弟露弒隱公代立。是爲靖公。—靖公四年卒。子伯陽立伯陽三年。國人有夢衆君子立於社宮。謀欲亡曹。曹叔振鐸止之。請待公孫彊。許之。旦求之曹。無此人。夢者戒其子曰。我亡。爾聞公孫彊爲政。必去曹。無離曹禍。及伯陽卽位。好田弋之事。六年、曹野人公孫彊亦好田弋。獲白鴈而獻之。且言田弋之說。因訪政事。伯陽大說之。有寵。使爲司城以聽政。夢者之子乃亡去。公孫彊言霸說於曹伯。十四年。曹伯從之。乃背晉干宋。宋景公伐之。晉人不救。十五年、宋滅曹。執曹伯陽及公孫彊以歸而殺之。曹遂絕其祀。

太史公曰、余尋曹共公之不用僖負羈。乃乘軒者三百人。知唯德之不建。乃振鐸之夢。豈不欲引曹之祀者哉。如公孫彊不修厥政。叔鐸之祀忽諸。（作兩段四折）

管蔡世家獨序兄弟十八人。串插變化。前後照應。世家中獨爲奇肆。可爲序次碑譜之法。餘亦不過點次世系。序述簡淨而已。○曹世家以國小事少。益無所見長。故附於此。備員而已。

陳杞世家

陳胡公滿者、虞帝舜之後也。昔舜爲庶人時。堯妻之二女。居于嬀汭。其後因爲氏姓。姓嬀氏。（得姓之始）舜已崩。傳禹天下。而舜子商均爲封國。（開國之始）夏后之時。或失或續。

至于周武王克殷紂。乃復求舜後。得嬀滿。封之於陳。以奉帝舜祀。是爲胡公。一夏略序殷不著至周復續胡公卒。子申公犀侯立。申公卒。弟相公皐羊立。相公卒。立申公子突。是爲孝公。孝公卒。子愼公圉戎立。愼公當周厲王時。愼公卒。子幽公寧立。幽公十二年。周厲王奔于彘。提綱二十三年。幽公卒。子釐公孝立。釐公六年。周宣王卽位。一三十六年。釐公卒。子武公靈立。武公十五年卒。子夷公說立。是歲周幽王卽位。一夷公三年卒。弟平公燮立。平公七年。周幽王爲犬戎所殺。周東徙。秦始列爲諸侯。提綱二十三年。平公卒。子文公圉立。文公元年。取蔡女。生子佗。十年。文公卒。長子桓公鮑立。桓公二十三年。魯隱公初立。一提綱二十六年。衞殺其君州吁。一弒君附見三十三年。魯弒其君隱公。一弒君附見三十八年。正月甲戌己丑。陳桓公鮑卒。桓公弟佗。其母蔡女。故蔡人爲佗殺五父及桓公太子免而立佗。是爲厲公。桓公病而亂作。國人分散。故再赴。一厲公二年。生子敬仲完。周太史過陳。陳厲公使以周易筮之。卦得觀之否。是爲觀國之光。利用賓於王。此其代陳有國乎。不在此。其在異國。非此其身。在其子孫。對句俊雅若在異國。必姜姓。姜姓太嶽之後。物莫能兩大。陳衰。此其昌乎。一序得簡畧厲公取蔡女。蔡女與蔡人亂。厲公數如蔡（句）淫。（句）七年、厲公所殺桓公太子免之三弟。（遙接）長曰躍。中曰林。少曰杵臼。共令蔡人誘厲公以好女。與蔡人共殺厲公。而立躍。是爲利公。利公者。桓公子也。—（註明一句）利公立五月卒。立中弟林。是爲莊公。莊公七年卒。少弟杵臼立。是爲宣公。—宣公三年。楚武王卒。楚始彊。—（挿楚事）十七年、周惠王取陳女爲后。—二十一年、宣公後有嬖姬生子款。欲立之。乃殺其太子禦寇。禦寇素愛厲公子完。（遙接田完）完懼禍及己。乃奔齊。齊桓公欲使陳完爲卿。完曰。羈旅之臣。幸得免負擔。君之惠也。不敢當高位。桓公使爲工正。齊懿仲欲妻陳敬仲。卜之。占曰。是謂鳳皇于飛。和鳴鏘鏘。有嬀之後。將育于姜。五世其昌。並于正卿。八世之後。莫之與京。（敬仲事作兩節寫）三十七年、齊桓公伐蔡。蔡敗。南侵楚。至召陵。還過陳。陳大夫轅濤塗惡其過陳。詐齊令出東道。東道惡。桓公怒。執陳轅濤塗。—是歲。晉獻公殺其太子申生。—（挿晉事）四十五年、宣公卒。子款立。是爲穆公。穆公五年。齊桓公卒。—（挿齊事）十六年、晉文公敗楚師于城濮。—（挿晉事）是歲。穆公卒。子共公朔立。共公六年、楚太子商臣弑其父成王代立。是爲穆王。—（弑君附見）十一年、秦穆公卒。—（挿秦事）十八年、共公卒。子靈公平國立。靈公元年。楚莊王卽位。—

（插楚事）六年、楚伐陳。十年。陳及楚平。一十四年、靈公與其大夫孔寧。儀行父皆通於夏姬。衷其衣以戲于朝。泄冶諫曰君臣淫亂民何效焉。靈公以告二子。二子請殺泄冶。公弗禁。遂殺泄冶。十五年、靈公與二子飲于夏氏。公戲二子曰徵舒似汝。二子曰亦似公。徵舒怒。靈公罷酒出。徵舒伏弩廄門射殺靈公。孔寧儀行父皆奔楚。靈公太子午奔晉。徵舒自立爲陳侯。（自立事與他傳異）徵舒故陳大夫也。夏姬御叔之妻。舒之母也。（倒敍法好）成公元年冬、楚莊王爲夏徵舒殺靈公。率諸侯伐陳。謂陳曰無驚。吾誅徵舒而已。已誅徵舒。因縣陳而有之。羣臣畢賀。申叔時使於齊。來還。獨不賀。莊王問其故。對曰鄙語有之。牽牛徑人田。田主奪之牛。徑則有罪矣。奪之牛不亦甚乎。今王以徵舒爲賊弒君。故徵兵諸侯。以義伐之。已而取之。以利其地。則後何以令于天下。是以不賀。莊王曰善。乃迎陳靈公太子午於晉而立之。復君陳如故。是爲成公。孔子讀史記至楚復陳。曰賢哉楚莊王。輕千乘之國。而重一言。（忽開點贊語變法）二十八年、楚莊王卒。二十九年。陳倍楚盟。三十年、楚共王伐陳。是歲成公卒。子哀公弱立。楚以陳喪罷兵去。一哀公三年、楚圍陳。復釋之。一二十八年、楚公子圍弒其君郟敖。自立爲靈王。一（弒君附見）

三十四年、初哀公娶鄭長姬生悼太子師少姬生偃二嬖妾長妾生留少妾生勝留有寵哀公哀公屬之其弟司徒招哀公病三月招殺悼太子立留爲太子哀公怒欲誅招招發兵圍守哀公哀公自經殺招卒立留爲陳君四月陳使使赴楚楚靈王聞陳亂乃殺陳使者使公子棄疾發兵伐陳陳君留奔鄭九月楚圍陳十一月滅陳使棄疾爲陳公一招之殺悼太子也（追序）太子之子名吳出奔晉晉平公問太史趙曰陳遂亡乎對曰陳顓頊之族陳氏得政於齊乃卒亡自幕至于瞽瞍無違命舜重之以明德至于遂世世守之及胡公周賜之姓使祀虞帝且盛德之後必百世祀虞之世未也其在齊乎一楚靈王滅陳五歲楚公子棄疾弒靈王代立是爲平王平王初立欲得和諸侯乃求故陳悼太子師之子吳立爲陳侯是爲惠公惠公立探續哀公卒時年而爲元空籍五歲矣（探續爲元奇創）七年陳火一十五年吳王僚使公子光伐陳取胡沈而去一二十八年、吳王闔閭與子胥敗楚入郢一（插吳事）是年惠公卒子懷公柳立

懷公元年、吳破楚在郢召陳侯陳侯欲往大夫曰吳新得意楚王雖亡與陳有故不可倍懷公乃以疾謝吳四年、吳復召懷公懷公恐如吳吳怒其前不往留之因卒吳

陳乃立懷公之子越。是爲湣公。─湣公六年、孔子適陳。吳王夫差伐陳。取三邑而去。─十三年、吳復來伐陳。陳告急楚。楚昭王來救。軍於城父。吳師去。是年楚昭王卒于城父。時孔子在陳。─十五年、宋滅曹。─（插宋事）十六年、吳王夫差伐齊。敗之艾陵。使人召陳侯。陳侯恐。如吳。楚伐陳。─二十一年、齊田常弒其君簡公。─（提田常一句竟將齊事接陳以終周）（太史晉太史之說）二十三年、楚之白公勝殺令尹子西子綦。襲惠王。葉公攻敗白公。白公自殺。─（插楚事）二十四年、楚惠王復國。以兵北伐。殺陳湣公。遂滅陳而有之。是歲孔子卒。

─杞東樓公者、夏后禹之後苗裔也。殷時或封或絕。周武王克殷紂。求禹之後。得東樓公。封之于杞。以奉夏后氏祀。─東樓公生西樓公。西樓公生題公。題公生謀娶公。謀娶公當周厲王時。─（提綱）謀娶公生武公。武公立四十七年卒。子靖公立。靖公二十三年卒。子共公立。共公八年卒。子德公立。德公十八年卒。弟桓公姑容立。桓公十七年卒。子孝公匄立。孝公十七年卒。弟文公益姑立。文公十四年卒。弟平公鬱立。平公十八年卒。子悼公成立。悼公十二年卒。子隱公乞立。七月、隱公弟遂弒隱公自立。是爲釐公。釐公十九年卒。子湣公維立。湣公十五年、楚惠王滅陳。─十六年、湣公弟閼路。弑湣公代立。是爲哀公。哀公立十年卒。湣公子歁立。是爲出公。出公十二年卒。子簡公春立。立一年。楚惠王之四十四年。滅杞。杞後陳亡三十四年。—（因附陳世家後故點陳一筆）杞小微。其事不足稱述。舜之後。周武王封之陳。至楚惠王滅之。有世家言。—禹之後。周武王封之杞。楚惠王滅之。有世家言。—契之後爲殷。殷有本紀言。殷破。周封其後于宋。齊湣王滅之。有世家言。—后稷之後爲周。秦昭王滅之。有本紀言。—皋陶之後。或封英六。楚穆王滅之。無譜。—伯夷之後。至周武王復封于齊。曰太公望。陳氏滅之。有世家言。—伯翳之後。至周平王時封爲秦。項羽滅之。有本紀言。—垂益夔龍。其後不知所封。不見也。—（因舜禹二後代因列序稷契等篇法與管蔡世家同）右十一人者。皆唐虞之際名有功德臣也。其五人之後。皆至帝王。餘乃爲顯諸侯。滕薛騶。夏殷周之間封也。小不足齒列。弗論也。周武王時。侯伯尚千餘人。及幽厲之後。諸侯力攻相并。江黃胡沈之屬不可勝數。故弗采著于傳上。（餘波亦自跌蕩）

太史公曰。舜之德可謂至矣。禪位于夏。而後世血食者歷三代。及楚滅陳。而田常得政于齊。卒爲建國。百世不絕。苗裔茲茲。有土者不乏焉。至禹於周則杞微。甚不足數

也。楚惠王滅杞。其後越王勾踐興。陳事接入齊杞事接入越適足相配

陳既甚微杞復更甚無事作料故止點序世次而已末以十一人後裔及辟驕江黃之屬詠歎一番以爲出色

衞康叔世家

衞康叔名封。周武王同母少弟也。—其次尙有冉季。冉季最少。—冉季附點虛武王已克殷紂。復以殷餘民封紂子武庚祿父。比諸侯。以奉其先祀勿絕。爲武庚未集。恐其有賊心。武王乃令其弟管叔蔡叔傅相武庚祿父。以和其民。武王既崩。成王少。周公旦代成王治當國。管叔蔡叔疑周公。乃與武庚祿父作亂。欲攻成周。周公旦以成王命興師伐殷。殺武庚祿父。管叔。放蔡叔。止爲武庚餘民一句故特附管蔡兩段以武庚殷餘民封康叔爲衞君。居河岐間故商墟。—周公旦懼康叔齒少。應少弟乃申告康叔曰。必求殷之賢人君子長者。問其先殷所以興。所以亡。而務愛民。告以紂所以亡者以淫于酒。酒之失。婦人是用。故紂之亂自此始。爲梓材。示君子可法則。故謂之康誥酒誥梓材以命之。—以數語檃括三誥康叔之國。既以此命。能和集其民。民大說。對武庚未集成王長。用事。舉康叔爲周司寇。賜衞寶祭器。以章有德。—康叔卒。子康伯代立。康伯卒。子考伯立。考伯卒。

子嗣伯立。嗣伯卒。子庲伯立。庲伯卒。子靖伯立。靖伯卒。子貞伯立。貞伯卒。子頃侯立。
頃侯厚賂周夷王。夷王命衛爲侯。一頃侯立十二年卒。子釐侯立。釐侯十三年。周厲
王出奔于彘。共和行政焉。提綱 二十八年。周宣王立。一四十二年。釐侯卒。太子共伯餘
立爲君。共伯弟和有寵於釐侯。多予之賂。和以其賂賂士。以襲攻共伯于墓上。共伯
入釐侯羨自殺。衛人因葬之釐侯旁。謚曰共伯。而立和爲衛侯。是爲武公。武公卽位。
脩康叔之政。百姓和集。一應能和集其民 四十二年。犬戎殺周幽王。武公將兵往佐周平戎。
甚有功。周平王命武公爲公。一初爲伯次爲侯後爲公極有次第 五十五年卒。子莊公揚立。莊公五
年。取齊女爲夫人。好而無子。又取陳女爲夫人。生子蚤死。陳女女弟亦幸于莊公。而
生子完。完母死。莊公令夫人齊女子之。立爲太子。莊公有寵妾。生子州吁。十八年。州
吁長好兵。莊公使將。石碏諫莊公曰。庶子好兵。使將亂自此起。不聽。只一句簡括 二十三
年。莊公卒。太子完立。是爲桓公。桓公二年。弟州吁驕奢。桓公絀之。州吁出奔。十三年。
鄭伯弟段攻其兄不勝亡。而州吁求與之友。物以類聚 十六年。州吁收聚衛亡人以襲殺
桓公。州吁自立爲衛君。爲鄭伯弟段欲伐鄭。請宋陳蔡與俱。三國皆許州吁。州吁新

立。好兵。弒桓公。衞人皆不愛。石碏乃因桓公母家於陳。詳為善州吁。至鄭郊。石碏與陳侯共謀。使右宰醜進食。因殺州吁于濮。而迎桓公弟晉于邢而立之。是為宣公。

宣公七年、魯弒其君隱公。弒君附見 九年、宋督弒其君殤公。弒君附見 及孔父。 十年、晉曲沃莊伯弒其君哀侯。 弒君附見 十八年、初宣公愛夫人夷姜。夷姜生子伋。以為太子。而令右公子傅之。右公子為太子娶齊女。未入室。而宣公見所欲為太子婦者好。說而自取之。更為太子取他女。宣公得齊女。生子壽。子朔。令左公子傅之。太子伋母死。宣公正夫人與朔。右公子左公子正夫人相應成法 共讒惡太子伋。奪妻讒惡是一節 宣公自以其奪太子妻也。心惡太子。欲廢之。追序宣公心事一句下乃接入 及聞其惡。大怒。乃使太子伋于齊。而令盜遮界上殺之。與太子白旄。而告界盜見持白旄者殺之。心惡信讒是一節 且行。子朔之兄壽。太子異母弟也。知朔之惡太子。而君欲殺之。乃謂太子曰。界盜見太子白旄。卽殺太子。太子可毋行。太子曰。逆父命求生。不可。遂行。子壽諫行是一節 壽見太子不止。乃盜其白旄而先馳。至界。界盜見其驗。卽殺之。壽已死。而太子伋又至。謂盜曰。所當殺乃我也。盜并殺太子伋。以報宣公。宣公乃以子朔為太子。 盜旄先行是一節凡四節逐節序來簡淨明了不支不蔓不及左之古奧而反覺近人○自愛夫人夷姜至此是一篇 十九年、宣公卒。太子朔立。是爲惠公。左右公子不平朔之立也。
先追一句下乃實序 惠公四年、左右公子怨惠公之讒殺前太子伋而代立。再點一句見罪案已定人怨方深
乃作亂。攻惠公。立太子伋之弟黔牟爲君。惠公奔齊。衛君黔牟立。八年、齊襄公率諸
侯奉王命共伐衛。納惠公。誅左右公子。衛君黔牟奔于周。惠公復立。惠公立三年。出
亡。亡八年。復入。與前通年凡十三年矣。一二十五年、惠公怨周之容舍黔牟。與燕伐
周。周惠王奔温。衛燕立惠王弟穨爲王。二十九年、鄭復納惠王。三十一年、惠公卒。子
懿公赤立。懿公卽位。好鶴。淫樂奢侈。九年、翟伐衛。衛懿公欲發兵。兵或畔。大臣言曰。
君好鶴。鶴可令擊翟。翟于是遂入。殺懿公。懿公之立也。百姓大臣皆不服。自懿公父
惠公朔之讒殺太子伋代立。至于懿公。常欲敗之。又點一句前後俱靈 卒滅惠公之後。而更立
黔牟之弟昭伯頑之子申爲君。是爲戴公。一戴公申元年卒。齊桓公以衛數亂。乃率
亮侯伐翟。爲衛築楚丘。立戴公弟燬爲衛君。是爲文公。文公以亂故奔齊。齊人入之。
一初翟殺懿公也。衛人憐之。思復立宣公前死太子伋之後。伋子又死。而代伋死者
子壽。又無子。太子伋同母弟二人。其一曰黔牟。黔牟嘗代惠公爲君。八年復去。其二

曰昭伯。昭伯黔牟皆已前死。故立昭伯子申爲戴公。戴公卒。復立其弟燬爲文公。—又補序世系一段甚了了文公初立。輕賦平罪。身自勞。與百姓同苦。以收衞民。—十六年、晉公子重耳過。無禮。—十七年、齊桓公卒。—二十五年。文公卒。子成公鄭立。成公三年、晉欲假道於衞救宋。成公不許。晉更從南河度。救宋。徵師於衞。衞大夫欲許。成公不肯。大夫元咺攻成公。成公出奔。晉文公重耳伐衞。分其地與宋。討前過無禮及不救宋患也。—總承上衞成公遂出奔陳。二歲。如周求入。與晉文公會。晉使人鴆衞成公。成公私于周主鴆。令薄。得不死。已而周爲請晉文公。卒入之衞。而誅元咺。衞君瑕出奔。—君瑕突出蓋元咺所立也七年、晉文公卒。十二年、成公朝晉襄公。—十四年、秦穆公卒。—秦事插序二十六年、齊邴歜弑其君懿公。—弑君附見三十五年。成公卒。子穆公遬立。穆公二年。楚莊王伐陳。殺夏徵舒。—三年。楚莊王圍鄭。鄭降。復釋之。—楚事插序十一年、孫良夫救魯伐齊。復得侵地。—穆公卒。子定公臧立。定公十二年卒、子獻公衎立。—獻公十三年、公令師曹教宮妾鼓琴。妾不善。曹笞之。妾以幸惡曹于公。公亦笞曹三百。一節十八年。獻公戒孫文子寧惠子食。皆往。日旰不召。而去射鴻于囿。二子從之。公不釋射服。與之言二子怒。如宿。二節 孫文子子數侍公飲。使師曹歌巧言之卒章。師曹又怒。公之嘗笞三百。乃歌之。欲以怒孫文子。報衛獻公。三節序得周密簡盡 文子語蘧伯玉。伯玉曰臣不知也。遂攻出獻公。獻公奔齊。齊置衛獻公於聚邑。孫文子甯惠子共立定公弟秋為衛君。是為殤公。殤公秋立。封孫文子林父于宿—十二年、甯喜與孫林父爭寵相惡。殤公使甯喜攻孫林父。林父奔晉。復求入故衛獻公。獻公在齊。齊景公聞之。與衛獻公如晉求入。晉為伐衛。誘與盟。衛殤公會晉平公。平公執殤公與甯喜而復入衛獻公。獻公亡在外十二年而入。獻公後元年誅甯喜—三年、吳延陵季子使過衛。見蘧伯玉史緡曰衛多君子。其國無故。過宿孫林父為擊磬。曰不樂音大悲。使衛亂乃此矣—與與世家及左氏異 是年獻公卒、子襄公惡立。襄公六年、楚靈王會諸侯。襄公稱病不往—九年、襄公卒。初襄公有賤妾。幸之有身。夢有人謂曰我康叔也。令若子必有衛。名而子曰元。妾怪之。問孔成子。成子曰康叔者衛祖也。及生子男也。以告襄公。襄公曰天所置也。名之曰元。襄公夫人無子。於是乃立元為嗣。是為靈公—靈公五年、朝晉昭公—六年、楚公子棄疾弒靈王自立為平王—弒君附見 十一年、火—三十八年、孔子來。祿之如魯。後有隙。孔子去。後復來。一三十九年、太子蒯聵與靈公夫人南子有惡。（有惡隱。）欲殺南子。蒯聵與其徒戲陽遫謀（句）朝（句）使殺夫人。戲陽後悔不果。蒯聵數目之夫人覺之（句）懼（句）呼曰太子欲殺我。靈公怒。太子蒯聵奔宋。已而之晉趙氏。一四十二年、春、靈公游于郊。令子郢僕。郢靈公少子也。字子南。靈公怨太子出奔。謂郢曰我將立若爲後。郢對曰郢不足以辱社稷。君更圖之。夏、靈公卒。夫人命子郢爲太子。曰此靈公命也。郢曰亡人太子蒯聵之子輒在也。不敢當。於是衞乃以輒爲君。是爲出公。一六月乙酉、趙簡子欲入蒯聵。乃令陽虎詐命衞十餘人衰絰歸。簡子送蒯聵。衞人聞之。發兵擊蒯聵。蒯聵不得入。入宿而保。衞人亦罷兵。出公輒四年、齊田乞弑其君孺子。（弑君附見）八年、齊鮑子弑其君悼公。一（弑君附見）孔子自陳入衞。九年、孔文子問兵于仲尼。仲尼不對。其後魯迎仲尼。仲尼反魯。一十二年、初孔圉文子取太子蒯聵之姊。生悝。孔氏之豎渾良夫美好。孔文子卒。良夫通于悝母。太子在宿。悝母使良夫於太子。太子與良夫言曰。苟能入我國。報子以乘軒。免子三死。毋所與。與之盟。許以悝母爲妻。（稍變左氏）閏月、良夫與太子入舍孔氏之外圃。（句）昏（句）二人蒙衣而乘。宦者羅御如孔氏。

孔氏之老欒寧問之。稱姻妾以告。遂入。適伯姬氏。既食。悝母杖戈而先。太子與五人介。輿豭從之。伯姬劫悝于廁。彊盟之。遂劫以登臺。欒寧將飲酒。炙未熟。聞亂。使告仲由。召護。駕乘車。行爵食炙。就酒炙上寫偏有致奉出公輒奔魯。仲由將入。遇子羔將出。曰。門已閉矣。子路曰。吾姑至矣。子羔曰。不及。莫踐其難。子路曰。食焉不避其難。子羔遂出。子路入。及門。公孫敢闔門。曰。毋入為也。子路曰。是公孫也。求利而逃其難。由不然。利其祿。必救其患。有使者出。子路乃得入。曰。太子焉用孔悝。雖殺之。必或繼之。且曰。太子無勇。若燔臺。必舍孔叔。太子聞之句懼句下句石乞盂黶敵子路。以戈擊之。割纓。子路曰。君子死。冠不免。結纓而死。孔子聞衛亂。曰。嗟乎。柴也其來乎。由也其死矣。孔悝竟立太子蒯聵。是為莊公。莊公蒯聵者。出公父也。倒註一句居外。怨大夫莫迎立。元年。卽位。欲盡誅大臣。曰。寡人居外久矣。子亦嘗聞之乎。羣臣欲作亂。乃止。▬自南子有惡至此是一段

二年。魯孔丘卒。▬三年。莊公上城。見戎州。曰。戎虜何為是。戎州病之。十月。戎州告趙簡子。簡子圍衛。十一月、莊公出奔。衛人立公子斑師為衛君。齊伐衛。虜斑師。更立公子起為衛君。衛君起元年、衛石曼專逐其君起。起奔齊。衛出公輒自齊復歸立。初出

公立十二年亡。亡在外四年。復入。出公後元年、賞從亡者。立二十一年卒。一出公季父黔攻出公子而自立。是爲悼公。悼公五年卒。子敬公弗立。敬公十九年卒。子昭公糾立。是時三晉彊。衛如小侯。屬之。一昭公六年、公子亹弑之代立。是爲懷公。懷公十一年、公子穨弑懷公而代立。是爲愼公。愼公父公子適。適父敬公也。世系倒序明甚愼公四十二年卒。子聲公訓立。聲公十一年卒。子成侯遬立。一成侯十一年。公孫鞅入秦。十六年、衛更貶號曰侯。二十九年、成侯卒。子平侯立。平侯八年卒。子嗣君立。嗣君五年、更貶號曰君。獨有濮陽。一四十二年卒。子懷君立。懷君三十一年、朝魏。魏囚殺懷君一魏更立嗣君弟。是爲元君。元君爲魏壻。故魏立之。元君十四年。秦拔魏東地。秦初置東郡。更徙衛野王縣。而并濮陽爲東郡。一二十五年、元君卒。子君角立。君角九年、秦并天下。立爲始皇帝。一二十一年、二世廢君角爲庶人。衛絕祀。

太史公曰、余讀世家言。至于宣公之太子以婦見誅。弟壽爭死以相讓。此與晉太子申生不敢明驪姬之過。同俱惡傷父之志。然卒死亡。何其悲也。或父子相殺。兄弟相滅。亦獨何哉。贊語只兩調便住淵然不盡世家俱用簡括法固也獨衞世家于簡括之中獨有疎落之致○贊語更有餘韻○衞于列國之中甚小弱也獨爲後亡古語云銛者鋒先亡确者稜先滅吾於此一歎

宋微子世家

微子開者、殷帝乙之首子。而紂之庶兄也。紂既立。不明。（不明二字好自古亡國敗家之人豈樂于禍亂哉亦坐此不明之故也）淫亂於政。微子數諫。紂不聽。一（先虛點一句）及祖伊以周西伯昌之脩德滅阢阢國懼禍至。以告紂。紂曰。我生不有命在天乎。是何能爲。於是微子度紂終不可諫。（借祖伊之告接入微子）欲死之。及去。未能自決。乃問于太師少師曰。殷不有治政。不治四方。我祖遂陳於上。紂沈湎於酒。婦人是用。亂敗湯德於下。殷既小大好草竊姦宄。卿士師師非度。皆有罪辜。乃無維獲。小民乃並興。相爲敵讐。今殷其典喪。若涉水無津涯。殷遂喪。越至於今。曰。太師少師。我其發出往。吾家保于喪。今女無故告予。顛躋如之何其太師若曰。王子。天篤下菑亡殷國。乃毋畏畏。不用老長。今殷民乃陋淫神祇之祀。（以上略故微子下乃全出已裁）今誠得治國。國治身死不恨。爲死終不得治。不如去。（語亦儁）遂亡。一（微子之去固因太師少師之言而去之之先則又有感于箕子比干二事故下迺補出箕子比干二事以作附傳）

箕子者、紂親戚也。（箕子附傳）紂始爲

象箸。箕子歎曰。彼爲象箸。必爲玉桮。爲桮。則必思遠方珍恠之物而御之矣。輿馬宮室之漸自此始。不可振也。— 紂爲淫佚。（補一句不止爲玉桮一事也）箕子諫不聽。人或曰。可以去矣。箕子曰。爲人臣諫不聽而去。是彰君之惡而自說於民。吾不忍爲也。乃披髮佯狂而爲奴。遂隱而鼓琴以自悲。故傳之曰箕子操。—（箕子且頓住）王子比干者、亦紂之親戚也。（比干附傳）見箕子諫不聽而爲奴。（接箕子事下）則曰。君有過而不以死爭。則百姓何辜。乃直言諫紂。紂怒曰。吾聞聖人之心有七竅。信有諸乎。乃遂殺王子比干。刳視其心。—（完比干事）微子曰。（遙接入微子）父子有骨肉。而臣主以義屬。故父有過。子三諫不聽。則隨而號之。人臣三諫不聽。則其義可以去矣。於是太師少師乃勸微子去。遂行。—（直接上篇總出一筆而中間序他事此夾序法也○以上三仁是一篇）周武王伐紂克殷。微子乃持其祭器造於軍門。（微子以前但出亡于外至此乃始歸周）肉袒面縛。左牽羊。右把茅。膝行而前以告。（面縛止繫頸耳用修四手之說太鑿）於是武王乃釋微子。復其位如故。— 武王封紂子武庚祿父。以續殷祀。使管叔蔡叔傅相之。—（微子先復位）武王既克殷。訪問箕子。（又接入箕子事）武王曰。於乎。維天陰定下民。相和其居。我不知其常倫所序。箕子對曰。在昔鯀陻鴻水。汨陳其五行。帝乃震怒。不從鴻範九等。常倫所斁。鯀則殛死。禹乃嗣興。天乃錫禹鴻範九等。常倫所序。—（一正一反兩對作總序）初一曰五行。
二曰五事。三曰八政。四曰五紀。五曰皇極。六曰三德。七曰稽疑。八曰庶徵。九曰嚮用
五福。畏用六極。—（先序總目）五行。一曰水。二曰火。三曰木。四曰金。五曰土。（一層）水曰潤下。火
曰炎上。木曰曲直。金曰從革。土曰稼穡。（二層）潤下作鹹。炎上作苦。曲直作酸。從革作辛。
稼穡作甘。—（三層五行作三層寫）五事。一曰貌。二曰言。三曰視。四曰聽。五曰思。（一層）貌曰恭。言曰
從。視曰明。聽曰聰。思曰睿。（二層）恭作肅。從作治。明作智。聰作謀。睿作聖。—（三層五事作三層寫兩段
相配是一樣文法）八政。一曰食。二曰貨。三曰祀。四曰司空。五曰司徒。六曰司寇。七曰賓。八曰
師。—（八政止一層）五紀。一曰歲。二曰月。三曰日。四曰星辰。五曰曆數。—（五紀止一層兩段相配是一樣文法）
皇極。皇建其有極。歛時五福。用傅錫其庶民。維時其庶民于女極。錫女保極。—（總序一段）凡
厥庶民。毋有淫朋。人毋有比德。維皇作極。凡厥庶民。有猷有爲有守。女則念之。不協
于極。不離于咎。皇則受之。而安而色。曰予所好德。女則錫之福。時人斯其維皇之極。
毋侮鰥寡。而畏高明。（一段庶民）人之有能有爲。使羞其行。而國其昌。凡厥正人。既富方穀。
女不能使有好于而家。時人斯其辜。于其毋好。女雖錫之福。其作女用咎。（一段庶官）毋偏

毋頗。遵王之義。毋有作好。遵王之道。毋有作惡。遵王之路。毋偏毋黨。王道蕩蕩。毋黨毋偏。王道平平。毋反毋側。王道正直。會其有極。歸其有極。曰王極之傳言。是彝是訓。于帝其順。總收一段凡厥庶民。極之傳言。是順是行。以近天子之光。曰天子作民父母。以爲天下王。一皇極獨衍作議論三德。一曰正直。二曰剛克。三曰柔克。一層平康正直。彊不友剛克。內友柔克。沈漸剛克。高明柔克。一二層句法單兩複維辟作福。維辟作威。維辟玉食。臣無有作福作威玉食。臣有作福作威玉食。其害于而家。凶于而國。人用側頗僻。民用僭忒。一三層三德作三層寫用疊句稽疑。擇建立卜筮人。乃命卜筮。曰雨。曰濟。曰涕。曰霧。曰克。曰貞。曰悔。凡七。一卜五。占之用二。衍貣。立時人爲卜筮。三人占。則從二人之言。二層女則有大疑。謀及女心。謀及卿士。謀及庶人。謀及卜筮。女則從。龜從。筮從。卿士從。庶民從。是之謂大同。而身其康彊。而子孫其逢吉。女則從。龜從。筮從。卿士逆。庶民逆。吉。卿士從。龜從。筮從。女則逆。庶民逆。吉。庶民從。龜從。筮從。女則逆。卿士逆。吉。女則從。龜從。筮逆。卿士逆。庶民逆。作內吉。作外凶。龜筮共違于人。用靜吉。用作凶。一三層稽疑作三層寫亦用疊句法與上相配是一樣文法庶徵。曰雨。曰暘。曰奧。曰寒。曰風。曰時。五者來備。各以其序。庶草繁廡。一層一極備凶。一極無凶。總兩句生下二層曰休徵。曰肅時雨若。曰治時暘若。曰知時燠若。曰謀時寒若。曰聖時風若。二層曰咎徵。曰狂常雨若。曰僭常暘若。曰舒常燠若。曰急常寒若。曰霿常風若。三層王眚惟歲。卿士惟月。師尹惟日。歲月日時毋易。百穀用成。治用明。畯民用章。家用平康。日月歲時既易。百穀用不成。治用昏不明。畯民用微。家用不寧。四層一正一反庶民維星。星有好風。星有好雨。日月之行。有冬有夏。月之從星。則以風雨。五層譬喻庶徵作五層寫又一樣文法五福。一曰壽。二曰富。三曰康寧。四曰攸好德。五曰考終命。五福一層止六極。一曰凶短折。二曰疾。三曰憂。四曰貧。五曰惡。六曰弱。六極只一層兩段兩配只此覺住篇法古峭於是武王乃封箕子於朝鮮而不臣也。其後箕子朝周。過故殷虛。感宮室毀壞。生禾黍。箕子傷之。欲哭則不可。欲泣爲其近婦人。乃作麥秀之詩以歌詠之。其詩曰。麥秀漸漸兮。禾黍油油。彼狡僮兮。不與我好兮。所謂狡僮者。紂也。殷民聞之。皆爲流涕。一完箕子事〇以上序箕子是一篇武王崩。成王少。周公旦代行政。當國。管蔡疑之。乃與武庚作亂。欲襲成王周公。周公既承成王命。誅武庚。殺管叔。放蔡叔。乃命微子開代殷後。奉其先祀。作微子之命。以申之。國於宋。微子故能仁賢。乃代武庚。故殷之餘民。甚戴愛之。一始入宋事微子開卒。立其弟衍是爲微仲。微仲卒。子宋公稽立。宋公稽卒。子丁公申立。丁公申卒。子湣公共立。湣公共卒。弟煬公熙立。煬公卽位。湣公子鮒祀弒煬公而自立曰我當立。是爲厲公。厲公卒。子釐公舉立。釐公十七年、周厲王出奔彘。（提綱）二十八年、釐公卒。子惠公覸立。惠公四年、周宣王卽位。三十年、惠公卒。子哀公立。哀公元年卒。子戴公立。戴公二十九年、周幽王爲犬戎所殺。秦始列爲諸侯。（提綱）三十四年、戴公卒。子武公司空立。武公生女爲魯惠公夫人。生魯桓公。十八年、武公卒。子宣公力立。宣公有太子與夷。十九年、宣公病。讓其弟和曰。父死子繼。兄死弟及。天下通義也。我其立和。和亦三讓而受之。宣公卒。弟和立。是爲穆公。穆公九年病。召大司馬孔父謂曰。先君宣公舍太子與夷而立我。我不敢忘。我死必立與夷也。孔父曰。羣臣皆願立公子馮。穆公曰。毋立馮。吾不可以負宣公。於是穆公使馮出居於鄭。八月庚辰、穆公卒。兄宣公子與夷立。是爲殤公。君子聞之曰。宋宣公可謂知人矣。立其弟以成義。然卒其子復享之。（雖稍直然以簡勝）殤公元年、衞公子州吁弒其君完自立。欲得諸侯。使告于宋曰。馮在鄭。必爲亂。可與我伐之。宋許之。與伐鄭。至東門而還。二年、鄭伐宋。以報東門之役。其後諸侯數來侵伐。一九年、大司馬孔父嘉妻好。出道遇太宰華督。督說。目而觀之。督利孔父妻。乃使人宣言國中曰。殤公卽位十年耳。而十一戰。民苦不堪。皆孔父爲之。我且殺孔父以寧民。一且頓住 是歲魯弒其君隱公。一附見弒君 十年、華督攻殺孔父。取其妻。間接 殤公怒。遂弒殤公。而迎穆公子馮於鄭而立之。遙接 是爲莊公。一莊公元年、華督爲相。一九年、執鄭之祭仲。要以立突爲鄭君。祭仲許。竟立突。一十九年、莊公卒。子湣公捷立。一湣公七年、齊桓公卽位。一挿齊事 九年、宋水。魯使臧文仲往弔水。湣公自罪曰。寡人以不能事鬼神。政不修。故水。臧文仲善此言。此言乃公子子魚敎湣公也。一十年、夏、宋伐魯。戰於乘丘。魯生虜宋南宮萬。宋人請萬。萬歸宋。十一年秋。湣公與南宮萬獵。因博爭行。湣公怒。辱之曰。始吾敬若。今若魯虜也。萬有力。病此言。遂以局殺湣公于蒙澤。大夫仇牧聞之。以兵造宮門。萬搏牧。牧齒著門闔死。死法奇 因殺太宰華督。乃更立公子游爲君。諸公子犇蕭。公子禦說犇亳。萬弟南宮牛將兵圍亳。冬、蕭及宋之諸公子共擊殺南宮牛。弒宋新君游而立湣公弟禦說。是爲桓公。宋萬犇陳。宋人請以賂陳。陳人使婦人飮之醇酒。以革裹之。又爲萬勇著色 歸宋。宋人醢萬也。（也字用得奇）桓公二年、諸侯伐宋至郊而去。三年、齊桓公始霸。二十三年、迎衞公子燬於齊。立之。是爲衞文公。文公女弟爲桓公夫人。秦穆公卽位。（揷秦事）三十年、桓公病。太子茲甫讓其庶兄目夷爲嗣。桓公義太子意。竟不聽。三十一年春、桓公卒。太子茲甫立。是爲襄公。以其庶兄目夷爲相。未葬。而齊桓公會諸侯于葵丘。襄公往會。襄公七年、宋地霣星如雨。與雨俱下。六鶂退蜚。風疾也。（序得簡快）八年、齊桓公卒。宋欲爲盟會。十二年春、宋襄公爲鹿上之盟。以求諸侯於楚。楚人許之。公子目夷諫曰。小國爭盟。禍也。不聽。秋、諸侯會宋公盟于盂。目夷曰。禍其在此乎。君欲已甚。何以堪之。於是楚執宋襄公以伐宋。冬、會于亳。以釋宋公。子魚曰。禍猶未也。十三年夏、宋伐鄭。子魚曰。禍在此矣。（四禍字四頓作四層寫妙）秋、楚伐宋以救鄭。襄公將戰。子魚諫曰。天之棄商久矣。不可。冬十一月、襄公與楚成王戰于泓。楚人未濟。目夷曰。彼衆我寡。及其未濟擊之。公不聽。已濟未陳。又曰。可擊。（亦只用簡法）公曰。待其已陳。陳成。宋人擊之。宋師大敗。襄公傷股。國人皆怨公。公曰。君子不困人於阨。不鼓不成列。子魚曰。兵以勝爲功。何常言與。必如公言。卽奴事之耳。又何戰爲。（數語三折簡勁有致）楚成王已救鄭。鄭享之。去而取鄭二姬以歸。叔瞻曰。成王無禮。其不沒乎。爲禮卒於無別。有以知其不遂霸也。—是年、晉公子重耳過宋。襄公以傷於楚。欲得晉援。厚禮重耳。以馬二十乘。—十四年、夏、襄公病傷於泓。而竟卒。子成公王臣立。—成公元年、晉文公卽位。—三年、倍楚盟親晉。以有德於文公也。—四年、楚成王伐宋。宋告急於晉。五年、晉文公救宋。楚兵去。—九年、晉文公卒。—十一年、楚太子商臣弑其父成王代立。—（弑君附見）十六年、秦穆公卒。—（插秦事）十七年、成公卒。成公弟禦殺太子及大司馬公孫固而自立爲君。宋人共殺君禦而立成公少子杵臼。是爲昭公。—昭公四年、宋敗長翟緣斯於長丘。—七年、楚莊王卽位。—（插楚事）九年、昭公無道。國人不附。昭公弟鮑革賢而下士。先襄公夫人欲通於公子鮑。不可。乃助之施於國。因大夫華元爲右師。昭公出獵。夫人王姬使衞伯攻殺昭公杵臼。弟鮑革立。是爲文公。—文公元年、晉率諸侯伐宋。責以弑君。聞文公定立。乃去。—二年、昭公子因文公母弟須與武繆戴莊桓之族爲亂。文公盡誅之。出武繆之族。—四年、春、鄭命楚伐宋。宋使華元將。鄭敗宋。囚華元。華元之將戰。殺羊以食士。其御羊羹不及。故怨。馳入鄭軍。故宋師敗。得囚華元。宋以兵車百乘。文馬四百匹。贖華元。未盡入。華元亡歸宋。—十四年、楚莊王圍鄭。鄭伯降楚。楚復釋之。—插楚事 十六年、楚使過宋。宋有前仇。執楚使。—九月、楚莊王圍宋。十七年、楚以圍宋五月不解。宋城中急。無食。華元乃夜私見楚將子反。子反告莊王。王問城中何如。曰析骨而炊。易子而食。莊王曰誠哉言。我軍亦有三日糧。以信故。遂罷兵去。—亦用簡法 二十二年、文公卒。子共公瑕立。始厚葬。君子譏華元不臣矣。—共公九年、華元善楚將子重。又善晉將欒書。兩盟晉楚。—十三年、共公卒。華元爲右師。魚石爲左師。司馬唐山攻殺太子肥。欲殺華元。華元奔晉。魚石止之。至河乃還。誅唐山。乃立共公少子成。是爲平公。—平公三年、楚共王拔宋之彭城。以封宋左師魚石。四年、諸侯共誅魚石。而歸彭城於宋。—三十五年、楚公子圍弒其君自立。爲靈王。—弒君附見 四十四年、平公卒。子元公佐立。—元公三年、楚公子棄疾弒靈王自立。爲平王。—弒君附見 八年、宋火。—十年、元公毋信。詐殺諸公子。大夫華向氏作亂。楚平王太子建來奔。見諸華氏相攻。句 亂。句 建去如鄭。—十五年、元公爲魯昭公避季氏居外。爲之求入魯。行道卒。子景公頭曼立。—景公十六年、魯陽虎來奔。已復去。—二十五年、孔子過宋。宋司馬

桓魋惡之。欲殺孔子。孔子微服去。—三十年、曹倍宋又倍晉。宋伐曹。晉不救。遂滅曹
有之。—三十六年、齊田常弒簡公。—弒君附見三十七年、楚惠王滅陳。—插楚事熒惑守心。
心宋之分野也。景公憂之。司星子韋曰。可移于相。景公曰。相吾之股肱。曰。可移于民。
景公曰。君者待民。曰。可移于歲。景公曰。歲饑民困。吾誰爲君。序法更簡淨子韋曰。天高聽
卑。君有君人之言三。熒惑宜有動。於是候之。果徙三度。—六十四年、景公卒。宋公子
特攻殺太子而自立。是爲昭公。昭公者。元公之曾庶孫也。昭公父公孫糾。糾父公子
禚秦。禚秦卽元公少子也。補序世次詳景公殺昭公父糾。故昭公怨殺太子而自立。—昭
公四十七年卒。子悼公購由立。悼公八年卒。子休公田立。休公二十三年卒。子辟公
辟兵立。辟公三年卒。子剔成立。剔成四十一年。剔成弟偃攻襲剔成。剔成敗奔齊。偃
自立爲宋君。—君偃十一年、自立爲王。東敗齊。取五城。南敗楚。取地三百里。西敗魏
軍。乃與齊魏爲敵國。盛血以韋囊。縣而射之。命曰射天。淫于酒婦人。羣臣諫者。輒射
之。於是諸侯皆曰桀宋。宋其復爲紂所爲。不可不誅。告齊伐宋。王偃立四十七年。齊
湣王與魏楚伐宋。殺王偃。遂滅宋而三分其地。

太史公曰。孔子稱微子去之。箕子爲之奴。比干諫而死。殷有三仁焉。春秋譏宋之亂。自宣公廢太子而立弟。國以不寧者十世。襄公之時。修仁行義。欲爲盟主。其大夫正考父美之。故追道契湯高宗殷所以興。作商頌。襄公既敗于泓。而君子或以爲多。傷中國闕禮義。褒之也。宋襄之有禮讓也

首段序三仁處夾插並序具見章法餘俱以簡淨勝不爲枝蔓可以救煩冗雜亂之病爲作誌家法

晉世家

唐叔虞者。周武王子。而成王弟。先提兩句 初武王與叔虞母會時。夢天謂武王曰。余命女生子名虞。余與之唐。及生子。文在其手曰虞。故遂因命之曰虞。—應武王子以夢兆起奇 武王崩。成王立。唐有亂。周公誅滅唐。成王與叔虞戲。削桐葉爲珪以與叔虞。曰以此封若。史佚因請擇日立叔虞。成王曰。吾與之戲耳。史佚曰。天子無戲言。言則史書之。禮成之。樂歌之。添兩句佳 於是遂封叔虞於唐。唐在河汾之東。方百里。故曰唐叔虞。應成王弟 姓姬氏。字子于。至此始點出姓字 唐叔子燮。是爲晉侯。—至此始名晉侯以前曰唐也 晉侯子寧族。是爲武侯。武侯之子服人。是爲成侯。成侯子福。是爲厲侯。厲侯子宜臼。是爲靖侯。靖侯以來。年

紀可推。自唐叔至靖侯五世。無其年數。一 總結一句 靖侯十七年。周厲王迷惑暴虐。國人作亂。厲王出奔于彘。大臣行政。故曰共和。一 提綱 十八年。靖侯卒。子釐侯司徒立。釐侯十四年。周宣王初立。周事插序 十八年。釐侯卒。子獻侯籍立。獻侯十一年卒。子穆侯費王立。穆侯四年。取齊女姜氏爲夫人。七年。伐條。生太子仇。十年。伐千畝有功。生少子。名曰成師。晉人師服曰。異哉。君之命子也。太子曰仇。仇者讐也。少子曰成師。成師大號成之者也。名自命也。物自定也。今適庶名反逆。此後晉其能無亂乎。一 以後寫曲沃事先提一段 籠罩起 二十七年。穆侯卒。弟殤叔自立。太子仇出奔。殤叔三年。周宣王崩。四年。穆侯太子仇。率其徒襲殤叔而立。是爲文侯。一 文侯十年。周幽王無道。犬戎殺幽王。周東徙而秦襄公始立爲諸侯。提綱 三十五年。文侯仇卒。子昭侯伯立。文侯迎立平王此不序平王之命乃入於踐土事中蓋誤以文侯爲文公也 昭侯元年。封文侯弟成師于曲沃。分出一曲沃從此始爲亂晉之本以下雙序 曲沃邑大於翼。句 翼。句 晉君都邑也。找一句明甚 成師封曲沃。號爲桓叔。靖侯庶孫欒賓相桓叔。桓叔是時年五十八矣。好德。晉國之衆皆附焉。君子曰。晉之亂其在曲沃矣。末大於本。而得民心。不亂何待。一 曲沃之亂先于師服點一句此又點一句漸漸引入 七年。晉大臣潘父弒其君昭侯。而迎曲沃桓叔。桓叔欲入晉。晉人發兵攻桓叔。桓叔敗。還歸曲沃。晉人共立昭侯子平爲君。是爲孝侯。誅潘父。一（兩節點明之後以爲曲沃即并晉矣偏是曲沃欲入晉晉人不從而立君此其一）孝侯八年。曲沃桓叔卒。子鱓代桓叔。是爲曲沃莊伯。（曲沃夾序）孝侯十五年。曲沃莊伯弑其君晉孝侯于翼。晉人攻曲沃莊伯。莊伯復入曲沃。晉人復立孝侯子郄爲君。是爲鄂侯。（曲沃欲并晉晉人不從二）鄂侯二年。魯隱公初立。（借春秋提綱）鄂侯六年卒。曲沃莊伯聞鄂侯卒。乃興兵伐晉。周平王使虢公將兵伐曲沃莊伯。莊伯走保曲沃。晉人共立鄂侯子光。是爲哀侯。（曲沃欲并晉周人晉人不從三）哀侯二年。曲沃莊伯卒。子稱代莊伯立。是爲曲沃武公。（曲沃事夾序）哀侯六年。魯弑其君隱公。（弑君附見）哀侯八年。晉侵陘庭。陘庭與曲沃武公謀。九年。伐晉於汾旁。虜哀侯。晉人乃立哀侯子小子爲君。是爲小子侯。（曲沃欲并晉人不從四）小子元年。曲沃武公使韓萬殺所虜晉哀侯。曲沃益彊。晉無如之何。（曲沃事夾序）晉小子之四年。曲沃武公誘召晉小子殺之。周桓王使虢仲伐曲沃武公。武公入於曲沃。乃立晉哀侯弟緡爲晉侯。一（曲沃欲并晉周人晉人不從五）晉侯緡四年。宋執鄭祭仲而立突爲鄭君。（宋事插序）晉侯十九年。齊人管至父弑其君襄公。（弑君附見）晉侯二十八年。齊桓公始霸。（齊事插序）曲沃武公伐晉侯緡。

滅之。盡以其寶器賂獻于周釐王。（前有周王不從此先放倒周王）釐王命曲沃武公爲晉君。列爲諸
侯。於是盡併晉地而有之。（曲沃幷晉凡五節之後方始接入前係分流至此始滙）曲沃武公已卽位三十七年
矣。更號曰晉武公。晉武公始都晉國。前卽位曲沃。通年三十八年。（先提武公卽位收）武公稱
者。先晉穆侯曾孫也。曲沃桓叔孫也。桓叔者。始封曲沃。武公。莊伯子也。（再提武公世系收直接桓叔始封再收）
自桓叔始封曲沃。以至武公滅晉也。凡六十七歲而卒。代晉爲諸侯。（又通收一筆先作五節遞入此故作三層收束方盡〇取齊女至此爲一篇）
武公代晉二歲卒。與曲沃通年卽位凡三十九年
而卒。子獻公詭諸立。獻公元年。周惠王弟穨攻惠王。惠王出奔。居鄭之櫟邑。（周事插序）
五年。伐驪戎。得驪姬驪姬弟。（女弟）俱愛幸之。八年。士蔿說公曰。故晉之羣公子多。不誅
亂且起。乃使盡殺諸公子。而城聚都之。命曰絳。始都絳。九年。晉羣公子既亡奔虢。虢
以其故再伐晉。弗克。十年。晉欲伐虢。士蔿曰。且待其亂。（頓住）十二年。驪姬生奚齊。獻公
有意廢太子。乃曰。曲沃吾先祖宗廟所在。而蒲邊秦。屈邊翟。不使諸子居之。我懼焉。
於是使太子申生居曲沃。公子重耳居蒲。公子夷吾居屈。獻公與驪姬子奚齊居絳。
晉國以此知太子不立也。（欲說廢太子事先逗一筆）太子申生。其母齊桓公女也。曰齊姜。早死。申

生同母女弟。爲秦穆公夫人。重耳母。翟之狐氏女也。夷吾母。重耳母女弟也。獻公子八人。而太子申生重耳夷吾皆有賢行。及得驪姬。乃遠此三子。一（追提一段似作間文實則照前文遙伏後脈）十六年。晉獻公作二軍。公將上軍。太子申生將下軍。趙夙御。戎畢萬爲右。伐滅霍。滅魏。滅耿。還。爲太子城曲沃。賜趙夙耿。賜畢萬魏。以爲大夫。（三晉之始）士蔿曰。太子不得立矣。分之都城。而位以卿。先爲之極。又安得立。不如逃之。無使罪至。爲吳太伯。不亦可乎。猶有令名。太子不從。一（頓住）卜偃曰。畢萬之後必大。（間接畢萬事）萬。盈數也。魏。大名也。以是始賞。天開之矣。天子曰兆民。諸侯曰萬民。今命之大。以從盈數。其必有衆。初畢萬卜仕於晉國。遇屯之比。辛廖占之曰。吉。屯固比入。吉孰大焉。其後必蕃昌。一（畢萬事亦作間事照映）十七年。晉侯使太子申生伐東山。里克諫獻公曰。太子奉冢祀社稷之粢盛。以朝夕視君膳者也。故曰冢子。君行則守。有守則從。從曰撫軍。守曰監國。古之制也。夫率師。專行謀也。誓軍旅。君與國政之所圖也。非太子之事也。師在制命而已。稟命則不威。專命則不孝。故君之嗣適不可以帥師。君失其官。率師不威。將安用之。公曰。寡人有子。未知其太子誰立。里克不對而退。見太子。太子曰。吾其廢乎。里克曰。太子勉之。敎以軍旅。不共是懼。何故廢乎。且子懼不孝。毋懼不得立。脩己而不責人。則免於難。太子帥師。公衣之偏衣。佩之金玦。里克謝病。不從太子。太子遂伐東山。頓住左國甚詳然此紀一代之事勢不得詳故止取里克一說其詞正也十九年。獻公曰。始吾先君莊伯武公之誅晉亂。而虢常助晉伐我。又匿晉亡公子。果爲亂。弗誅。後遺子孫憂。乃使荀息以屈產之乘假道於虞。虞假道。遂伐虢。取其下陽以歸。一頓住獻公私謂驪姬曰。吾欲廢太子。以奚齊代之。間接太子事驪姬泣曰。太子之立。諸侯皆已知之。而數將兵。百姓附之。奈何以賤妾之故廢適立庶。君必行之。妾自殺也。一路寫廢太子已有端倪乃公意逼之而驪姬反復颺開非颺開也反剔一段至後一句合轉事勢然文勢亦然也驪姬詳譽太子。而陰令人譖惡太子。而欲立其子。一恐錯認驪姬好意故即點明帶轉二十一年。驪姬謂太子曰。君夢見齊姜。映前齊姜太子速祭曲沃。歸釐於君。太子於是祭其母齊姜于曲沃。上其薦胙於獻公。獻公時出獵。置胙於宮中。驪姬使人置毒藥胙中。居二日。獻公從獵來還。宰人上胙獻公。獻公欲饗之。驪姬從旁止之曰。胙所從來遠。宜試之。祭地。地墳。與犬。犬死。與小臣。小臣死。驪姬泣曰。太子何忍也。其父而欲弒代之。況他人乎。即照著自己婉而妙且君老矣。旦暮之人。曾不能待而欲弒之。兩欲弒之淋漓之甚如聞其聲謂獻公曰。（添四句妙前是自泣自歎之辭至此乃謂獻公也）太子所以然者。不過以妾及奚齊之故。妾願子母辟之他國。若早自殺。毋徒使母子爲太子所魚肉也。始君欲廢之。妾猶恨之。至於今。妾殊自失於此。（一句卽打入前驪得開此合得重也妙文）太子聞之。奔新城。獻公怒。乃誅其傅杜原款。或謂太子曰。爲此藥者乃驪姬也。太子何不自辭明之。太子曰。吾君老矣。非驪姬寢不安。食不甘。卽辭之。君且怒之。（左曰姬必有罪便說煞矣易且怒之妙不必然之辭也史公妙筆）不可。或謂太子曰。可奔他國。太子曰。被此惡名以出。人誰入我。我自殺耳。十二月戊申。申生自殺於新城。一此時重耳夷吾來朝。（重耳夷吾恰來朝接入甚便）人或告驪姬曰。二公子怨驪姬譖殺太子。驪姬恐。因譖二公子。申生之藥胙。二公子知之。二子聞之。（句）恐。（驪姬恐二子恐相映成妙）重耳走蒲。夷吾走屈。保其城自備守。初獻公使士蔿爲二公子築蒲屈城。（一追插事）弗就。夷吾以告公。公怒士蔿。士蔿謝曰。邊城少寇。安用之。退而歌曰。狐裘蒙茸。一國三公。吾誰適從。卒就城。及申生死。二子亦歸保其城。二十二年。獻公怒二子不辭而去。果有謀矣。（間接）乃使兵伐蒲。蒲人之宦者勃鞮命重耳促自殺。重耳踰垣。宦者追斬其衣袪。重耳遂奔翟。使人伐屈。屈城守不可下。一（頓住）是歲也。晉復假道於虞以伐虢。（間接伐虢事）虞之大夫宮之奇。諫虞君曰。晉不可假道也。是且滅虞。虞君曰。晉我同姓。不宜伐我。宮之奇曰。太伯虞仲。太王之子也。太伯亡去。是以不嗣。虢仲虢叔。王季之子也。爲文王卿士。其記勳在王室。藏於盟府。將虢是滅。何愛於虞。且虞之親。能親於桓莊之族乎。桓莊之族何罪。盡滅之。虞之與虢。脣之與齒。脣亡則齒寒。虞公不聽。遂許晉。宮之奇以其族去虞。其冬。晉滅虢。虢公醜奔周。還。襲滅虞。虜虞公。及其大夫井伯。百里奚。以媵秦穆姬。而脩虞祀。荀息牽曩所遺虞屈產之乘馬。奉之獻公。獻公笑曰。馬則吾馬。齒亦老矣。—二十三年。獻公遂發賈華等伐屈。（間接屈城守事）屈潰。夷吾欲奔翟。冀芮曰。不可。重耳已在矣。今往。晉必移兵伐翟。翟畏晉。禍且及。不如走梁。梁近於秦。秦彊。吾君百歲後。可以求入焉。遂奔梁。—（頓住夷吾）二十五年。晉伐翟。（又接入重耳）翟以重耳故。亦擊晉於齧桑。晉兵解而去。—當此時。晉彊。西有河西。與秦接境。北邊翟。東至河內。—（又間點數句爲獻公搆禍之階亦爲重耳霸業之根）驪姬弟生悼子。—（點一句伏）二十六年。夏。齊桓公大會諸侯於葵丘。晉獻公病。行後。未至。逢周之宰孔。宰孔曰。齊桓公益驕。不務德而務遠畧。諸侯弗平。君第無會。毋如晉何。獻公亦病。復還歸。病甚。乃謂荀息曰。吾以奚齊爲後。年少。諸大臣不服。

恐亂起。子能立之乎。荀息曰。能。獻公曰。何以爲驗。對曰。使死者復生。生者不慚。爲之驗。死者豈能復生何以爲之驗似欺心語實是瀝血語也加三字妙　於是遂屬奚齊于荀息。荀息爲相主國政。秋九月。獻公卒。里克邳鄭欲內重耳。以三公子之徒作亂。謂荀息曰。三怨將起。秦晉輔之。子將何如。荀息曰。吾不可負先君言。十月。里克殺奚齊於喪次。獻公未葬也。荀息將死之。或曰。不如立奚齊弟悼子而傅之。應前悼子　荀息立悼子而葬獻公。十一月。里克弒悼子於朝。荀息死之。君子曰。詩所謂白圭之玷。猶可磨也。斯言之玷。不可爲也。其荀息之謂乎。不負其言。一

初。獻公將伐驪戎。卜曰。齒牙爲禍。奇語　及破驪戎。獲驪姬。愛之。竟以亂晉。驪姬兆亂正未已也中間先插此句作一束　里克等已殺奚齊悼子。緊接　使人迎公子重耳於翟。欲立之。重耳謝曰。負父之命出奔。父死不得脩人子之禮侍喪。重耳何敢入。大夫其更立他子。還報里克。里克使迎夷吾於梁。夷吾欲往。呂省郤芮曰。內猶有公子可立者而外求。難信。計非之秦。輔彊國之威以入。恐危。卽重耳不入意也重耳託辭故文呂郤陰謀故實　乃使郤芮厚賂秦。約曰。卽得入。請以晉河西之地予秦。乃遺里克書曰。誠得立。請遂封子於汾陽之邑。秦穆公乃發兵送夷吾於晉。齊桓公聞晉內亂。亦率諸侯如晉。秦兵與夷

吾亦至晉齊乃使隰朋會秦俱入夷吾立爲晉君是爲惠公齊桓公至晉之高梁而還歸（四節用四乃字貫接而下）惠公夷吾元年使邳鄭謝秦曰始夷吾以河西地許君今幸得入立大臣曰地者先君之地君亡在外何以得擅許秦者寡人爭之弗能得故謝秦亦不與里克汾陽邑而奪之權（前用兩句乃字並起此用一亦字側結）四月周襄王使周公忌父會齊秦大夫共禮晉惠公惠公以重耳在外畏里克爲變賜里克死謂曰微里子寡人不得立雖然子亦殺二君一大夫爲子君者不亦難乎里克對曰不有所廢君何以興欲誅之其無辭乎（答殺君大夫句帶愧色）乃言爲此臣聞命矣（答寡人得立句憤懣不平）遂伏劍而死於是邳鄭使謝秦未還故不及難（找邳鄭一筆明甚伏）晉君改葬恭太子申生秋狐突之下國遇申生申生與載而告之曰夷吾無禮余得請于帝將以晉與秦秦將祀余狐突對曰臣聞神不食非其宗君其祀毋乃絕乎君其圖之申生曰諾吾將復請帝後十日新城西偏將有巫者見我焉許之遂不見及期而往復見申生告之曰帝許罰有罪矣弊於韓（韓原也）兒乃謠曰恭太子更葬矣後十四年晉亦不昌昌乃在兄（奇事以奇語結）邳鄭使秦（間接）聞里克誅乃說秦繆公曰呂省郤稱冀芮實爲不從若重賂與謀出晉君入

重耳事必就秦繆公許之使人與歸報晉厚賂三子三子曰幣厚言甘此必邳鄭賣我於秦遂殺邳鄭及里克邳鄭之黨七輿大夫邳鄭子豹奔秦言伐晉繆公弗聽一頓住惠公之立倍秦地及里克誅七輿大夫國人不附一又提明一段頓住二年周使召公過禮晉惠公惠公禮倨召公譏之一四年晉饑乞糴於秦繆公問百里奚百里奚曰天菑流行國家代有救菑恤鄰國之道也與之邳鄭子豹曰伐之繆公曰其君是惡其民何罪卒與粟自雍屬絳五年秦饑請糴於晉晉君謀之慶鄭曰以秦得立已而倍其地約晉饑而秦貸我今秦饑請糴與之何疑而謀之七字作兩跌句法俊虢射曰往年天以晉賜秦秦弗知取而貸我今天以秦賜晉晉其可以逆天乎遂伐之惠公用虢射謀不與秦粟而發兵且伐秦又提明兩句正寫秦之難堪故下接秦大怒秦大怒亦發兵伐晉六年春秦繆公將兵伐晉晉惠公謂慶鄭曰秦師深矣奈何鄭曰秦內君君倍其賂晉饑秦輸粟秦饑而晉倍之乃欲因其饑伐之其深不亦宜乎又說一遍前簡峭此鋒鋩晉卜御右慶鄭皆吉公曰鄭不孫乃更令步陽御戎家僕徒為右進兵九月壬戌秦繆公晉惠公合戰韓原惠公馬騺不行秦兵至公窘召慶鄭為御鄭曰不用卜句敗句不亦當乎遂去更

令梁繇靡御。虢射爲右。輅秦繆公。繆公壯士冒敗晉軍。晉軍敗。遂失秦繆公。反獲晉公以歸。秦將以祀上帝。晉君姊爲繆公夫人。衰絰涕泣。公曰。得晉侯將以爲樂。今乃如此。且吾聞箕子見唐叔之初封。曰其後必當大矣。晉庸可滅乎。乃與晉侯盟王城而許之歸。晉侯亦使呂省等報國人曰。孤雖得歸。毋面目見社稷。卜日立子圉。晉人聞之皆哭。一言之善遂足感動人如此　秦繆公問呂省。晉國和乎。對曰。不和。小人懼失君亡親。不憚立子圉。曰必報讎。寧事戎狄。其君子則愛君而知罪。以待秦命。曰必報德。有此二故不和。左傳固妙然在此不得不簡　於是秦繆公更舍晉惠公。餽之七牢。十一月、歸晉侯。晉侯至國。誅慶鄭。修政教。謀曰。重耳在外。諸侯多利內之。欲使人殺重耳於狄。重耳聞之如齊。八年、使太子圉質秦。初惠公亡在梁。梁伯以其女妻之。生一男一女。梁伯卜之。男爲人臣。女爲人妾。故名男爲圉。女爲妾。女陪故後不見　十年、秦滅梁。梁伯好土功。治城溝。民力罷。怨其衆數相驚曰。秦寇至。民恐惑。秦竟滅之。因圉事併完梁事　十三年、晉惠公病。內有數子。太子圉曰。吾母家在梁。梁今秦滅之。我外輕於秦。而內無援于國。君卽不起。病大夫輕。更立他公子。乃謀與其妻俱亡歸秦。女曰。子一國太子。辱在此。秦使婢子侍以固子之心。子亡矣。我不從子。亦不敢言。子圉遂亡歸晉。十四年、九月、惠公卒。太子圉立。是爲懷公。一子圉之亡、秦怨之。乃求公子重耳。欲內之。子圉之立、畏秦之伐也。乃令國中諸從重耳亡者與期。期盡不到者盡滅其家。狐突之子毛及偃從重耳在秦。弗肯召。懷公怒。囚狐突。突曰。臣子事重耳有年數矣。今召之。是教之反君也。何以教之。懷公卒殺狐突。一秦繆公乃發兵送內重耳。使人告欒郤之黨爲內應。殺懷公於高梁。入重耳。重耳立。是爲文公。一自伐驪戎至此是一篇

晉文公重耳。晉獻公之子也。結完出奔入國事重鋪敘一番爲文公出色 自少好士。年十七。一年譜一 有賢士五人。曰趙衰。狐偃咎犯。文公舅也。賈佗。先軫。魏武子。先列諸公後列序 自獻公爲太子時。重耳固已成人矣。獻公卽位。重耳年二十一。年譜二 獻公十三年。以驪姬故。重耳備蒲城守秦。獻公二十一年。獻公殺太子申生。驪姬讒之。句 恐。句 不辭獻公而守蒲城。獻公二十二年。獻公使宦者履鞮趣殺重耳。重耳踰垣。宦者逐斬其衣袪。重耳遂奔狄。狄其母國也。遙應前乃知序中生母重耳母一段非閒文也 是時重耳年四十三。年譜三 從此五士。其餘不名者數十人。五士頂上不名者介推及壺叔等也 至狄。狄伐咎如。得二女。以長女妻重耳。生伯儵叔劉。以少女妻趙衰。生盾。居狄五歲。

（年譜四）而晉獻公卒。里克已殺奚齊悼子。乃使人迎欲立重耳。重耳畏殺。因固謝。不敢入。已而晉更迎其弟夷吾立之。是爲惠公。惠公七年、畏重耳。乃使宦者履鞮與壯士欲殺重耳。重耳聞之。乃謀趙衰等曰。始吾奔狄。非以爲可用興。以近易通。故且休足。休足久矣。固願徙之大國。夫齊桓公好善。志在霸王。收恤諸侯。今聞管仲隰朋死。此亦欲得賢佐。盍往乎。於是遂行。—（以上就文公年譜將前事重說一遍非贅也蓋爲重耳重立一小傳體也大中現小此于世家中另出一格○以下詳序歷國求入即伏下報施張本奔狄）—重耳謂其妻曰。待我二十五年不來。乃嫁。其妻笑曰（句）犂。（句犂即嘻字歎詞也）二十五年吾冢上柏大矣。雖然。妾待子。（語淨）重耳居狄凡十、二年、而去。（年譜五）過衞。（過衞二）衞文公不禮。去過五鹿。（句）饑。（句）而從野人乞食。野人盛土器中進之。重耳怒。趙衰曰。土者。有土也。君其拜受之。至齊。（至齊三）齊桓公厚禮。而以宗女妻之。有馬二十乘。重耳安之。重耳至齊二、歲。（年譜六）而桓公卒。會豎刁等爲內亂。齊孝公之立。諸侯兵數至。留齊凡五、歲。（年譜七）重耳愛齊女。毋去心。趙衰咎犯乃於桑下謀行。齊女侍者在桑上聞之。以告其主。其主乃殺侍者。勸重耳趣行。重耳曰。人生安樂。孰知其他。必死於此。不能去。齊女曰。子一國公子。窮而來此。數士者以子爲命。子不疾反國報勞臣而懷女德竊爲子羞之且不求何時得功轉一句更緊　乃與趙衰等謀醉重耳載以行寫閨房事與翟女對照　行遠而覺重耳大怒引戈欲殺咎犯咎犯曰殺臣成子偃之願也重耳曰事不成我食舅氏之肉咎犯曰事不成犯肉腥臊何足食乃止遂行過曹過曹四曹共公不禮欲觀重耳駢脅曹大夫釐負羈曰晉公子賢又同姓窮來過我奈何不禮共公不從其謀負羈乃私遺重耳食置璧其下重耳受其食還其璧去過宋過宋五宋襄公新困兵於楚傷于泓聞重耳賢乃以國禮禮於重耳宋司馬公孫固善於舅犯曰宋小國新困不足以求入更之大國乃去過鄭過鄭六　鄭文公弗禮鄭叔瞻諫其君曰晉公子賢而其從者皆國相且又同姓鄭之出自厲王而晉之出自武王鄭君曰諸侯亡公子過此者衆安可盡禮叔瞻曰君不禮不如殺之且後爲國患鄭君不聽重耳去之楚之楚七　楚成王以適諸侯禮待之重耳謝不敢當趙衰曰子亡在外十餘年小國輕子況大國乎今楚大國而固遇子子其毋讓此天開子也天開子一　遂以客禮見之成王厚遇重耳重耳甚卑成王曰子卽反國何以報寡人重耳曰羽毛齒角玉帛君王所餘未知所以報王曰雖然何以報不穀重耳曰卽不得已與君王以兵

車會平原廣澤。請辟王三舍。刪得簡淨 楚將子玉怒曰。王遇晉公子至厚。今重耳言不孫。請殺之。成王曰。晉公子賢而困於外久。從者皆國器。此天所置。庸可殺乎。天所置二 且言何以易之。言無以易其言其答是也 居楚數月。而晉太子圉亡秦。秦怨之。聞重耳在楚。乃召之。成王曰。楚遠。更數國乃至晉。秦晉接境。秦君賢。子其勉行。厚送重耳。重耳至秦。至秦八一段只逐段平序 繆公以宗女五人妻重耳。故子圉妻與往。重耳不欲受。司空季子曰。其國且伐。況其故妻乎。且受以結秦親而求入。子乃拘小禮。忘大醜乎。遂受。繆公大歡。與重耳飲。趙衰歌黍苗詩。繆公曰。知子欲急反國矣。趙衰與重耳下。再拜曰。孤臣之仰君。如百穀之望時雨。是時晉惠公十四年秋。惠公以九月卒。子圉立。十一月葬惠公。十二月。晉國大夫欒郤等聞重耳在秦。皆陰來勸重耳趙衰等反國。爲內應甚衆。於是秦繆公乃發兵與重耳歸晉。經過七八節至此乃入 晉聞秦兵來。亦發兵拒之。然皆陰知公子重耳入也。唯惠公之故貴臣呂郤之屬。不欲立重耳。先伏一句 重耳出亡凡十九歲而得入。時年六十二矣。年譜八至此始收 晉人多附焉。文公元年春。秦送重耳至河。咎犯曰。臣從君周旋天下。過亦多矣。臣猶知之。況於君乎。請從此去矣。重耳曰。若反國。所不與子犯共者。河伯視之。乃投璧河中。以與子犯盟。是時介子推從在船中。乃笑曰。天實開、公子。天開公子三子推事作兩節寫或傳聞之異詞也而子犯以爲己功。而要市於君。固足羞也。吾不忍與同位。乃自隱渡河。秦兵圍令狐。晉軍於廬柳。二月辛丑。咎犯與秦晉大夫盟於郇。壬寅、重耳入於晉師。丙午、入於曲沃。丁未、朝於武宮。卽位爲晉君。是爲文公。羣臣皆往。懷公圉奔高梁。戊申、使人殺懷公。

應晉人多附前懷公故大臣呂省、郤芮本不附文公。間應文公立。恐誅。乃欲與其徒謀燒公宮殺文公。文公不知。始嘗欲殺文公宦者履鞮。知其謀。遙應欲以告文公。解前罪。求見文公。文公不見。使人讓曰。蒲城之事。女斬予袪。其後我從狄君獵。女爲惠公來求殺我。惠公與女期三日至。而女一日至。何速也。女其念之。宦者曰。臣刀鋸之餘。不敢以二心事君倍主。故得罪於君。君已反國。其毋蒲翟乎。且管仲射鉤。桓公以霸。今刑餘之人以事告而君不見。禍又且及矣。於是見之。遂以呂郤等告文公。文公欲召呂郤。呂郤等黨多。文公恐初入國。國人賣己。乃爲微行。會秦繆公於王城。國人莫知。三月己丑。呂郤等果反。焚公宮。不得文公。文公之衞徒與戰。呂郤等引兵欲奔。秦繆公誘呂郤等。殺之河上。晉國復而文公得歸。夏、迎夫人於秦。秦所與文公妻者。卒爲夫人。（至此因思待二十五年者醉行公子者同歸乎棄置乎）秦送三千人爲衛。以備晉亂。一文公脩政施惠百姓。賞從亡者及功臣。大者封邑。小者尊爵。未盡行賞。（頓住）周襄王以弟帶難。出居鄭地。來告急晉。晉初定。欲發兵。恐他亂起。是以賞從亡未至隱者介子推。（觀下四項受賞則文公決不應忘介子推故補一筆爲前人圓謊○隱者則接舟中云云乃自隱也）推亦不言祿。祿亦不及。推曰。獻公子九人。唯君在矣。惠懷無親。外內棄之。天未絕晉。必將有主。主晉祀者。非君而誰。天實開之。（天未絕晉天實開之）二三子以爲己力。不亦誣乎。竊人之財。猶曰是盜。況貪天之功以爲己力乎。下冒其罪。上賞其姦。上下相蒙。難與處矣。其母曰。盍亦求之。以死誰懟。推曰。尤而效之。罪有甚焉。且出怨言。不食其祿。母曰。亦使知之。若何。對曰。言。身之文也。身欲隱。安用文之。文之。是求顯也。其母曰。能如此乎。與女偕隱。至死不復見。（與前一意前畧此詳豈前自隱此不求祿而終身不見乎）介子推從者憐之。乃懸書宮門曰。龍欲上天。五蛇爲輔。龍已升雲。四蛇各入其宇。一蛇獨怨。終不見處所。（如歌如謠詞亦奇甚）文公出。見其書。曰。此介子推也。吾方憂王室。未圖其功。（應前）使人召之。則亡。遂求所在。聞其入綿上山中。於是文公環綿上山中而封之。以爲介推田。號曰介山。以記吾過。且旌善人。一從亡賤臣壺叔曰。君三行賞。賞不及臣。敢請罪。文公報曰。夫導我以仁義。防我以德惠。此受上賞。何以不及介推豈眞以憂王室而忘之再求故而不得故曰圖譏也輔我以行。卒以成立。此受次賞。矢石之難。汗馬之勞。此復受次賞。若以力事我而無補吾缺者。此受次賞。三賞之後。故且及子。晉人聞之。皆說。一二年、春、秦軍河上。將入王。趙衰曰。求霸莫如入王尊周。周晉同姓。晉不先入王。後秦入之。毋以令于天下。方今尊王。晉之資也。晉文公入國後入王以求霸是第一事三月甲辰、晉乃發兵至陽樊。圍溫。入襄王于周。四月、殺王弟帶。周襄王賜晉河內陽樊之地。一四年、楚成王及諸侯圍宋。宋公孫固如晉告急。先軫曰。報施定霸。於今在矣。救宋以定霸是第二節狐偃曰。楚新得曹而初婚于衞。若伐曹衞。楚必救之。則宋免矣。於是晉作三軍。作三軍卽插于此作救宋之事便趙衰舉郤穀將中軍。郤臻佐之。使狐偃將上軍。狐毛佐之。命趙衰爲卿。中又插趙衰一句變法欒枝將下軍。先軫佐之。荀林父御戎。魏犨爲右。往伐。冬十二月、晉兵先下山東。而以原封趙衰。五年、春、晉文公欲伐曹。假道于衞。衞人弗許。還自河南度。侵曹。伐衞。正月、取五鹿。應得土之兆二月、晉侯齊侯盟于斂盂。衞侯請盟晉。晉人不許。衞侯欲予楚。國人不欲。故出其君以說晉。衞侯居襄牛。公子買守衞。楚救

衛不卒。不卒作其過不終解亦可晉侯圍曹。三月丙午、晉師入曹。數之以其不用釐負羈言。而用

美女乘軒者三百人也。負羈應前美女乘軒添出令軍毋入僖負羈宗家以報德。一楚圍宋。宋復

告急。晉文公欲救則攻楚。爲楚嘗有德。不欲伐也。欲釋宋。宋又嘗有德于晉。患之。應前

先軫曰。執曹伯分曹衛地以與宋。楚急曹衛。其勢宜釋宋。於是文公從之。而楚成王

乃引兵歸。楚將子玉曰。王遇晉至厚。今知楚急曹衛而故伐之。是輕王。王曰。晉侯亡

在外十九年。困日久矣。果得反國。險阨盡知之。能用其民。天之所開。不可當。天之所開五史

公子重耳之入國用天開者五蓋文公之艱難歷遍終至于霸豈非天乎故三致意焉子玉請曰。非敢必有功。願以間執讒慝

之口也。暗應蔿賈語楚王怒。少與之兵。於是子玉使宛春告晉。請復衛侯而封曹。臣亦釋

宋。咎犯曰。子玉無禮矣。君取一。臣取二。勿許。先軫曰。定人之謂禮。楚一言定三國。子

一言而亡之。我則無禮。不許楚。是棄宋也。不如私許曹衛以誘之。執宛春以怒楚。既

戰而後圖之。語亦折宕晉侯乃囚宛春于衛。且私許復曹衛。曹衛告絕于楚。楚得臣怒。擊

晉師。晉師退。軍吏曰。爲何退。文公曰。昔在楚。約退三舍。可倍乎。應前楚師欲去。得臣不

肯。四月戊辰、宋公。齊將。秦將。與晉侯次城濮。己巳、與楚兵合戰。楚兵敗。得臣收餘兵

去。一甲午、晉師還。至衡雍。作王宮于踐土。先伏一句 初鄭助楚。句 楚敗。句 懼。句 使人請盟晉侯。晉侯與鄭伯盟。一五月丁未、獻楚俘於周。駟介百乘。徒兵千。天子使王子虎命晉侯。爲伯。賜大輅。彤弓矢百。玈弓矢千。秬鬯一卣。珪瓚。虎賁三千人。晉侯三辭。然後稽首受之。周作晉文侯命。王若曰。父義和。丕顯文武。能愼明德。昭登于上。布聞在下。維時上帝集厥命于文武。恤朕身。繼予一人永其在位。於是晉文公稱伯。又點一句正爲一十 九年吐氣也 癸亥、王子虎盟諸侯于王庭。晉焚楚軍。火數日不息。文公歎。左右曰。勝楚而君猶憂何。文公曰。吾聞能戰勝安者唯聖人。是以懼。且子玉猶在。庸可喜乎。子玉之敗而歸。楚成王怒其不用其言。貪與晉戰。讓責子玉。子玉自殺。晉文公曰。我擊其外。楚誅其內。內外相應。於是乃喜。一一喜一懼相映成致 六月、晉人復入衞侯。一壬午、晉侯度河北歸國。行賞。狐偃爲首。或曰。城濮之事。先軫之謀。文公曰。城濮之事。偃說我毋失信。先軫曰。軍事勝爲右。吾用之以勝。然此一時之說。偃言萬世之功。奈何以一時之利而加萬世功乎。是以先之。一冬、晉侯會諸侯于溫。欲率之朝周。力未能。恐其有畔者。乃使人言周襄王狩于河陽。壬申、遂率諸侯朝王于踐土。應前築王宮于踐土。則河陽之狩。非一時之謀也

中華書局印行

孔子讀史記至文公。曰。諸侯無召王。王狩河陽者。春秋諱之也。一丁丑、諸侯圍許。曹伯臣或說晉侯曰。齊桓公合諸侯而國異姓。今君爲會而滅同姓。曹叔振鐸之後。晉唐叔之後。合諸侯而滅兄弟。非禮。晉侯說。復曹伯。一於是晉始作三行。荀林父將中行。先縠將右行。先蔑將左行。（前作三軍此作三行）七年、晉文公秦繆公共圍鄭。以其無禮于文公亡過時。及城濮時鄭助楚也。（雙應）圍鄭欲得叔瞻。叔瞻聞之自殺。鄭持叔瞻告晉。晉曰。必得鄭君而甘心焉。鄭恐。乃間令使謂秦繆公曰。亡鄭厚晉。于晉得矣。而秦未爲利。君何不解鄭。得爲東道交。秦伯說。罷兵。晉亦罷兵。一九年冬、晉文公卒。（晉文公重耳晉獻公之子也至此是一篇）子襄公歡立。一是歲鄭伯亦卒。鄭人或賣其國於秦。秦繆公發兵往襲鄭。十二月、秦兵過我郊。一襄公元年春、秦師過周無禮。王孫滿譏之。兵至滑。鄭賈人弦高將市于周。遇之。以十二牛勞秦師。秦師驚而還。滅滑而去。晉先軫曰。秦伯不用蹇叔。反其衆心。此可擊。欒枝曰。未報先君施于秦。擊之不可。先軫曰。秦侮吾孤。伐吾同姓。何德之報。遂擊之。襄公墨衰絰。（兵事不可凶服入故以墨染衰也）四月、敗秦師于殽。虜秦三將孟明視。西乞秫。白乙丙。以歸。遂墨以葬文公。（衰不再作故卽以墨衰葬也）文公夫人秦女。謂襄公曰。

秦欲得其三將戮之。公許遣之。先軫聞之。謂襄公曰。患生矣。軫乃追秦將。秦將渡河。已在船中。頓首謝。卒不反。後三年、秦果使孟明伐晉。報殽之敗。取晉汪以歸。四年、秦繆公大興兵伐我。渡河。取王官。封殽尸而去。晉恐。不敢出。遂城守。五年、晉伐秦。取新城。報王官役也。一（秦殽之敗因有報殽之役晉王官之敗因有報王官之役寫秦晉之報復）六年、趙衰成子、欒貞子、咎季子犯。霍伯皆卒。趙盾代趙衰執政。一 七年、八月、襄公卒。太子夷皋少。晉人以難故。欲立長君。趙盾曰。立襄公弟雍。好善而長。先君愛之。且近于秦。（近在于秦也故下秦送之）秦故好也。立善則固。事長則順。奉愛則孝。結舊好則安。賈季曰。不如其弟樂。辰嬴嬖于二君。立其子。民必安之。趙盾曰。辰嬴賤。班在九人下。其子何震之有。且為二君嬖。淫也。為先君子。不能求大而出在小國。僻也。母淫子僻。無威。陳小而遠。無援。將何可乎。（此節俱以短語疊句跌落為勝）使士會如秦。迎公子雍。賈季亦使人召公子樂于陳。趙盾廢賈季。以其殺陽處父。一（殺陽處父事不明）十月、葬襄公。一 十一月、賈季犇翟。是歲、秦繆公亦卒。一 靈公元年四月、秦康公曰。昔文公之入也無衛。故有呂郤之患。乃多與公子雍衛。太子母繆嬴日夜抱太子以號泣于朝。曰。先君何罪。其嗣亦何罪。舍適而外求君。將安置此。（一段號于朝責諸大夫也出朝。則抱以適趙盾所。頓首曰。先君奉此子而屬之子。曰此子材。吾受其賜。不材吾怨子。今君卒。言猶在耳。而棄之若何。一段出朝適趙盾所責盾也趙盾與諸大夫皆患繆嬴。雙接且畏誅。乃背所迎而立太子夷皐。是爲靈公。發兵以距秦送公子雍者。趙盾爲將。往擊秦。敗之令狐。先蔑隨會亡奔秦。秋。齊宋衛鄭曹許君皆會趙盾。盟于扈。以靈公初立故也。四年。伐秦。取少梁。秦亦取晉之郩。六年。秦康公伐晉。取羈馬。晉侯怒。使趙盾趙穿郤缺擊秦。大戰河曲。趙穿最有功。趙盾背秦遂致秦晉連兵故接寫于此七年。晉六卿患隨會之在秦。常爲晉亂。乃詳令魏壽餘反晉降秦。秦使隨會之魏。因執會以歸晉。八年。周頃王崩。公卿爭權。故不赴。晉使趙盾以車八百乘平周亂。而立匡王。是年。楚莊王初卽位。楚事插序十二年。齊人弒其君懿公。弒君附見十四年。靈公壯。應抱太子事也侈。厚斂以雕牆。從臺上彈人。觀其避丸也。宰夫胹熊蹯不熟。靈公怒。殺宰夫。使婦人持其屍出棄之。過朝。趙盾隨會前數諫。不聽。前數諫厚斂雕墻等事也已。又見死人手。二人前諫。隨會先諫。此則見死人手而諫宰夫之事而隨會又先諫也不聽。靈公患之。使鉏麑刺趙盾。盾閨門開。居處節。鉏麑退。歎曰。殺忠臣。棄君命。罪一也。遂觸樹而死。初。盾常田首山。見桑下有餓人。追插入有法餓人示眯明也。疊一餓人好盾與之食。食其半。問其故。曰宦三年。未知母之存不。願遺母。盾義之。益與之飯肉。已而為晉宰夫。趙盾弗復知也。剔得明且頓住九月、晉靈公飲趙盾酒。伏甲將攻盾。公宰示眯明知之。接上恐盾醉不能起。而進曰。君賜臣觴三行可以罷。欲以去趙盾。令先毋及難。加五字益明盾既去。靈公伏士未會。為縱狗之地先縱齧狗名敖。明為盾搏殺狗。盾曰。棄人用狗。雖猛何為。然不知明之為陰德也。又勒一句段段頓挫已而靈公縱伏士出。接士未會逐趙盾。示眯明反擊靈公之伏士。伏士不能進。而竟脫盾。盾問其故。曰我桑下餓人。問其名。弗告。明亦因亡去。盾遂奔。寫得拉雜奔湊簡淨而精悍未出晉境。乙丑。盾昆弟將軍趙穿襲殺靈公於桃園。而迎趙盾。趙盾素貴得民和。靈公少。句侈。句民不附。應前壯侈故為弒易。盾復位。晉太史董狐書曰。趙盾弒其君。以視於朝。盾曰。弒者趙穿。我無罪。太史曰。子為正卿。而亡不出境。反不誅國亂。非子而誰。孔子聞之。曰。董狐古之良史也。書法不隱。宣子良大夫也。為法受惡。惜也。出疆乃免。一靈公壯侈至此是一篇

一趙盾使趙穿迎襄公弟黑臀于周而立之。是為成公。一成公者。文公少子。其母周女也。點得明壬申、朝於武宮。一成公元年、賜趙氏為公族。一伐鄭。鄭倍晉故也。一三

年、鄭伯初立。附晉而棄楚。楚怒伐鄭。晉往救之。—六年、伐秦。鹵秦將赤。—七年、成公與楚莊王爭彊。會諸侯于扈。陳畏楚不會。晉使中行桓子伐陳。因救鄭。與楚戰。敗楚師。—是年成公卒。子景公據立。—景公元年春。陳大夫夏徵舒弑其君靈公。—弑君附見二年、楚莊王伐陳。誅徵舒。—楚事插序三年、楚莊王圍鄭。鄭告急晉。晉使荀林父將中軍。隨會將上軍。趙朔將下軍。郤克欒書先縠韓厥鞏朔佐之。—重點三軍六月、至河。聞楚已服鄭。鄭伯肉袒與盟而去。荀林父欲還。先縠曰。凡來救鄭。不至不可。將率離心。卒度河。楚已服鄭。欲飲馬於河爲名而去。楚與晉軍大戰。鄭新附楚。畏之。反助楚攻晉。晉軍敗走河。爭度。船中人指甚衆。楚鹵我將智罃。歸而林父曰。臣爲督將。軍敗當誅。請死。景公欲許之。隨會曰。昔文公之與楚戰城濮。成王歸殺子玉。而文公乃喜。今楚已敗我師。又誅其將。是助楚殺仇也。乃止。四年、先縠以首計而敗晉軍河上。恐誅。乃犇翟。與翟謀伐晉。晉覺。乃族縠。縠、先軫子也。—著一筆以其不肖也五年、伐鄭。爲助楚故也。是時楚莊王彊。以挫晉兵河上也。—六年、楚伐宋。宋來告急晉。晉欲救之。伯宗謀曰。楚天方開之。不可當。乃使解揚紿爲救宋。鄭人執與楚。楚厚賜。使反其言。令宋急下。解揚紿許之。卒致晉君言。楚欲殺之。或諫。乃歸解揚。一七年、晉使隨會滅赤狄。一八年、使郤克於齊。齊頃公母從樓上觀而笑之。所以然者。郤克僂。而魯使蹇。衛使眇。故齊亦令人如之以導客。（刪得簡而明尤好）郤克怒。歸至河上。曰。不報齊者。河伯視之。至國。請君欲伐齊。景公問知其故。曰。子之怨。安足以煩國。弗聽。魏文子請老休。辟郤克。克執政。一九年、楚莊王卒。一（楚事插序應楚莊王強挫晉兵句）晉伐齊。齊使太子彊爲質於晉。晉兵罷。一十一年、春。齊伐魯。取隆。魯告急衛。衛與魯皆因郤克告急於晉。晉乃使郤克欒書韓厥以兵車八百乘。與魯衛共伐齊。夏。與頃公戰於鞌。傷困頃公。頃公乃與其右易位。下取飲。以得脫去。（序得明淨是刪繁法）齊師敗走。晉追北至齊。頃公獻寶器以求平。不聽。郤克曰。必得蕭桐姪子爲質。（左作叔子是）齊使曰。蕭桐姪子。頃公母。頃公母猶晉君母。奈何必得之。不義。（刪亦明淨）請復戰。晉乃許與平而去。一楚申公巫臣盜夏姬以犇晉。晉以巫臣爲邢大夫。一十二年、冬。齊頃公如晉。欲上尊晉景公爲王。景公讓不敢。一晉始作六卿。韓厥。鞏朔。趙穿。荀騅。趙括。趙旃皆爲卿。一智罃自楚歸。一十三年、魯成公朝晉。晉弗敬。魯怒去。倍晉。一晉伐鄭。取汜。一十四年、梁山崩。問伯宗。伯宗以爲不足怪也。一（只一十句點）

中華書局印行

六年、楚將子反怨巫臣。滅其族。巫臣怒。遺子反書曰。必令子罷於犇命。乃請使吳。令其子爲吳行人。敎吳乘車用兵。吳晉使通。約伐楚。一十七年、誅趙同趙括。族滅之。何以不著趙朔。韓厥曰。趙衰趙盾之功。豈可忘乎。奈何絕祀。牽前後作一節寫 乃復令趙庶子武爲趙後。復與之邑。一十九年夏、景公病。立其太子壽曼爲君。是爲厲公。後月餘景公卒。一厲公元年、初立。欲和諸侯。與秦桓公夾河而盟。歸而秦倍盟。與翟謀伐晉。三年、使呂相讓秦。讓秦事不載 因與諸侯伐秦。至涇。敗秦於麻隊。虜其將成差。一五年、三郤讒伯宗殺之。伯宗以好直諫得此禍。國人以是不附厲公。一六年春、鄭倍晉與楚盟。晉怒。欒書曰。不可以當吾世而失諸侯。乃發兵。厲公自將。五月、渡河。聞楚兵來救。范文子請公欲還。郤至曰。發兵誅逆。見彊辟之。無以令諸侯。遂與戰。癸巳、射中楚共王目。楚兵敗于鄢陵。子反收餘兵。拊循欲復戰。晉患之。共王召子反。其侍者豎陽穀進酒。子反醉。不能見王。怒讓子反。子反死。王遂引兵歸。晉由此威諸侯。欲以令天下求霸。一襲文公之餘威晉至此猶彊盛 厲公多外嬖姬。句 歸。句 欲盡去羣大夫。而立諸姬兄弟。寵姬兄曰胥童嘗與郤至有怨。及欒書又怨郤至不用其計而遂敗楚。接上、乃使人間謝楚。楚來詐厲公曰。鄢陵之戰。實至召楚。欲作亂。內子周立之。會與國不具。是以事不成。厲公告欒書。欒書曰。其殆有矣。願公試使人之周。微考之。（子周入周事前不見）果使郤至於周。欒書又使公子周見郤至。郤至不知見賣也。厲公驗之。信然。遂怨郤至。欲殺之。八年、厲公獵。與姬飲。郤至殺豕奉進。宦者奪之。郤至射殺宦者。公怒曰。季子欺予。將誅三郤。未發也。郤錡欲攻公。曰。我雖死。公亦病矣。郤至曰。信不反君。智不害民。勇不作亂。失此三者。誰與我。我死耳。十二月壬午、公令胥童以兵八百人襲攻殺三郤。胥童因以劫欒書中行偃于朝。曰。不殺二子。患必及公。公曰。一旦殺三卿。寡人不忍益也。對曰。人將忍君。（一句陗險）公弗聽。謝欒書等以誅郤氏罪。大夫復位。二子頓首曰。幸甚幸甚。公使胥童爲卿。閏月乙卯、厲公游匠驪氏。欒書中行偃以其黨襲捕厲公。囚之。殺胥童。而使人迎公子周於周而立之。是爲悼公。悼公元年、正月庚申、欒書中行偃弒厲公。葬之以一乘車。厲公囚六日（句）死（句）死十日庚午。智罃迎公子周來。至絳。刑雞與大夫盟而立之。是爲悼公。（前是迎來此則既至而立之也）辛巳、朝武宮。二月乙酉、卽位。一悼公周者。其大父捷晉襄公少子也。不得立。號爲桓叔。桓叔最愛。桓叔生惠伯談。談生悼公周。周之立。年十四矣。立（後補出世系年歲）（序文章不可捉摸史記豈易讀哉）悼公曰。大父句。父句。皆不得立。而辟難於周。客死焉。（公子周入周事至此乃補）寡人自以疏遠。毋幾爲君。今大夫不忘文襄之意。而惠立桓叔之後。賴宗廟大夫之靈。得奉祭祀。豈敢不戰戰乎。大夫其亦佐寡人。於是逐不臣者七人。脩舊功。施德惠。收文公入時功臣後。一秋、伐鄭。鄭師敗。遂至陳。一三年。晉會諸侯。悼公問羣臣可用者。祁傒舉解狐。解狐傒之仇。復問。舉其子祁午。君子曰。祁傒可謂不黨矣。外舉不隱仇。內舉不隱子。一（刪得簡淨）方會諸侯。悼公弟楊干亂行。魏絳戮其僕。悼公怒。或諫公。公卒賢絳。任之政。使和戎。戎大親附。一（二事虛寫）十一年、悼公曰。自吾用魏絳。九合諸侯。和戎狄。魏子之力也。賜之樂。三讓。乃受之。一冬、秦取我櫟。一十四年、晉使六卿率諸侯伐秦。度涇。大敗秦軍。至棫林而去。一十五年、悼公問治國於師曠。師曠曰。唯仁義爲本。一冬、悼公卒。子平公彪立。一平公元年、伐齊。齊靈公與戰靡下。齊師敗走。晏嬰曰。君亦毋勇。何不止戰。遂去。晉追。遂圍臨菑。盡燒屠其郭中。東至膠南。至沂。齊皆城守。晉乃引兵歸。一六年、魯襄公朝晉。一（敗秦敗齊文公餘威）晉欒逞有罪。犇齊。八年、齊莊公微遣欒逞於曲沃。以兵隨之。齊兵上太行。欒逞從曲沃中反。襲入絳。不戒。平公欲自殺范獻子止公以其徒擊逞逞敗走曲沃曲沃攻逞逞死遂滅欒氏宗。逞者欒書孫也其入絳與魏氏謀齊莊公聞逞敗乃還取晉之朝歌去以報臨菑之役也。十年、齊崔杼弒其君莊公。（弒君附見）晉因齊亂伐敗齊於高唐去報太行之役也。十四年、吳延陵季子來使與趙文子韓宣子魏獻子語曰晉國之政卒歸此三家矣。十九年、齊使晏嬰如晉與叔嚮語叔嚮曰晉季世也公厚賦爲臺池而不恤政政在私門其可久乎晏子然之。（疊虛寫二事爲六卿擅晉之始晉從此衰矣）二十二年、伐燕。二十六年平公卒子昭公夷立。昭公六年卒六卿彊公室卑（虛寫）子頃公去疾立頃公六年周景王崩王子爭立晉六卿平王室亂立敬王。九年、魯季氏逐其君昭公昭公居乾侯。（逐君附見）十一年、衛宋使使請晉納魯君季平子私賂范獻子獻子受之乃謂晉君曰季氏無罪不果入魯君。十二年、晉之宗家祁傒孫叔嚮子（著宗家字見公族之衰）相惡於君六卿欲弱公室乃遂以法盡滅其族而分其邑爲十縣各令其子爲大夫晉益弱六卿皆大。（六卿皆大）十四年、頃公卒子定公午立。定公十一年、魯陽虎奔晉趙鞅簡子舍之。十二年、孔子相魯（提綱）十五年、趙鞅使邯鄲大夫午不信欲殺午午與中行寅。范吉射。親攻趙鞅。鞅走保晉陽。定公圍晉陽。荀櫟。韓不信。魏侈。與范中行爲仇。乃移兵伐范中行。范中行反晉。晉君擊之。敗范中行。范中行走朝歌。保之。韓魏爲趙鞅謝晉君。乃赦趙鞅。復位。—二十二年、晉敗范中行氏。二子犇齊。—三十年、定公與吳王夫差會黃池。爭長。趙鞅時從。卒長吳。—三十一年、齊田常弑其君簡公。而立簡公弟驁爲平公。—弑君附見三十三年、孔子卒。—三十七年、定公卒。子出公鑿立。—出公十七年、知伯與趙韓魏共分范中行地以爲邑。六卿并而爲四出公怒。告齊魯。欲以伐四卿。四卿恐。遂反攻出公。出公犇齊。道死。故知伯乃立昭公曾孫驕。爲晉君。是爲哀公。—哀公大父雍。晉昭公少子也。號爲戴子。戴子生忌。世系亦補序忌善知伯。早死。故知伯欲盡并晉。未敢。乃立忌子驕爲君。當是時。晉國政皆決知伯。晉哀公不得有所制。知伯遂有范中行地。最彊。—欲寫知氏之滅先寫其最彊哀公四年、趙襄子。韓康子。魏桓子。共殺知伯。盡并其地。—四卿又并而爲三十八年、哀公卒。子幽公柳立。幽公之時。晉畏。反朝韓趙魏之君。獨有絳曲沃。餘皆入三晉。晉極弱十五年、魏文侯初立。—十八年、幽公淫婦人。夜竊出邑中。盜殺幽公。魏文侯以兵誅晉亂。立幽公子止。是爲烈公。—烈公十九年、周威烈王賜趙韓魏皆命爲諸侯。丨晉之諸臣智氏郤氏欒氏先氏賈氏荀氏范氏中行氏相侵相併於此遂畢爲之一歎二十七年、烈公卒。子孝公頎立。丨孝公九年、魏武侯初立。襲邯鄲。不勝而去。丨十七年、孝公卒。子靜公俱酒立。是歲齊威王元年也。丨靜公二年、魏武侯韓哀侯趙敬侯滅晉後而三分其地。靜公遷爲家人。晉絕不祀。

太史公曰、晉文公古所謂明君也。亡居外十九年。至困約。及卽位而行賞。尙亡介子推。況驕主乎。只將介推事詠歎作致靈公既弒。其後成景致嚴。至厲大刻。大夫懼誅。禍作。悼公以後日衰。六卿專權。故君道之御其臣下。固不易哉。

晉世家比他世家加倍濃郁蓋有曲沃事驪姬事文公出亡事趙盾事可以出色也吾愛其中提文公另作起結中藏小文一篇尤爲奇格○吾讀孫月峯批評每嫌史公此篇刪改左傳佳語不知左傳逐篇立格故易好世家包羅衆事爲難工何也世家事多故不得不刪煩就簡一也且事多則左不盡載欲句句學左則不能若一段左傳文法一段史公筆仗則夾揷難看故不得不改削以就我二也月峯此言亦未爲設身處地耳○悼公以後晉既漸衰文亦漸衰蓋無可寫故未免草草也

楚世家

楚之先祖出自帝顓頊高陽。高陽者。黃帝之孫昌意之子也。丨提一句高陽生稱。稱生卷章。卷章生重黎。重黎爲帝嚳高辛居火正。甚有功。能光融天下。帝嚳命曰祝融。—共工氏作亂。帝嚳使重黎誅之而不盡。帝乃以庚寅日誅重黎。楚之世系自微漸盛逐節寫來祝融一盛而以其弟吳回爲重黎後。復居火正。爲祝融。—吳回生陸終。陸終生子六人。坼剖而產焉。奇事其長一曰昆吾。二曰參胡。三曰彭祖。四曰會人。五曰曹姓。六曰季連。羋姓。楚其後也。—楚之世系自高陽分出稱一枝至重黎又分出吳回一枝至陸終又分出季連一枝始爲楚之祖序法詳昆吾氏。夏之時嘗爲侯伯。桀之時。湯滅之。彭祖氏。殷之時嘗爲侯伯。殷之末世。滅彭祖氏。帶敘完昆吾彭祖以終六人之義下乃接入季連實序楚事季連生附沮。附沮生穴熊。其後中微。或在中國。或在蠻夷。弗能紀其世。詳處詳畧處亦畧。周文王之時。季連之苗裔曰鬻熊。鬻熊子事文王。蚤卒。其子曰熊麗。熊麗生熊狂。熊狂生熊繹。熊繹當周成王之時。舉文武勤勞之後嗣。而封熊繹于楚蠻。封以子男之田。姓羋氏。居丹陽。—熊繹再盛楚子熊繹與魯公伯禽。衛康叔子牟。晉侯燮。齊太公子呂伋。俱事成王。—又點出諸賢以爲熊繹助色熊繹生熊艾。熊艾生熊䵣。熊䵣生熊勝。熊勝以弟熊楊爲後。熊楊生熊渠。熊渠生子三人。當周夷王之時。王室微。諸侯或不朝。相伐。熊渠甚得江漢間民和。乃興兵伐庸楊粵。至于鄂。熊渠曰。我蠻夷也。不與中國之號諡。乃立其長子康。爲句亶王。中子紅。爲鄂王。少子執疵。爲越章王。皆在江上楚蠻之地。（熊渠三盛）及周厲王之時。暴虐。熊渠畏其伐楚。亦去其王。—後爲熊毋康。毋康蚤死。熊渠卒。子熊摯紅立。—（熊毋康即長子康應爲後而蚤死故熊渠卒而立中子紅也）摯紅卒。其弟弒而代立。曰熊延。熊延生熊勇。熊勇六年、而周人作亂。攻厲王。厲王出犇彘。（提綱）熊勇十年卒。弟熊嚴爲後。—熊嚴十年卒。有子四人。長子伯霜。中子仲雪。次子叔堪。少子季徇。熊嚴卒。長子伯霜代立。是爲熊霜。—熊霜元年、周宣王初立。—熊霜六年卒。三弟爭立。仲雪死。叔堪亡。避難於濮。而少弟季徇立。是爲熊徇。—熊徇十六年、鄭桓公初封於鄭。—（鄭事插序）二十二年、熊徇卒。子熊咢立。—熊咢九年卒。子熊儀立。是爲若敖。—若敖二十年、周幽王爲犬戎所弒。周東徙。而秦襄公始立爲諸侯。—（提綱）二十七年、若敖卒。子熊坎立。是爲霄敖。—霄敖六年卒。子熊眴立。是爲蚡冒。—蚡冒十三年、晉始亂。以曲沃之故。—（晉事插序）蚡冒十七年卒。蚡冒弟熊通弒蚡冒子而代立。是爲楚武王。—武王十七年、晉之曲沃莊伯弒主國晉孝侯。—（弒君附見）十九年、鄭伯弟段作亂。（鄭事插序）二十一年、鄭侵天子之田。—（鄭事插序）二十三年、衛弒其君桓公。—（弒君附見）二十九年、魯弒其君隱公。一弑君附見三十一年、宋太宰華督弑其君殤公。一弑君附見三十五年、楚伐隨。隨曰。我無罪。楚曰。我蠻夷也。今諸侯皆爲叛相侵或相殺。我有敝甲。欲以觀中國之政。請王室尊吾號。寫得情態俱好隨人爲之周。請尊楚。王室不聽。還報楚。三十七年、楚熊通怒曰。吾先鬻熊。文王之師也。早終。成王舉我先公。乃以子男田令居楚。蠻夷皆率服。而王不加位。我自尊耳。乃自立爲武王。與隨人盟而去。于是始開濮地而有之。武王熊通四盛五十一年、周召隨侯。數以立楚爲王。楚怒。以隨背己伐隨。武王卒師中而兵罷。一子文王熊貲立。始都郢。一文王二年、伐申過鄧。鄧人曰。楚王易取。鄧侯不許也。一六年、伐蔡。虜蔡哀侯以歸。已而釋之。一楚彊。陵江漢間小國。小國皆畏之。十一年、齊桓公始霸。楚亦始大。一十二年、伐鄧。滅之。一十三年卒。子熊囏立。是爲杜敖。一杜敖五年、欲殺其弟熊惲。惲犇隨。與隨襲弑杜敖代立。是爲成王。一成王惲元年、初卽位。布德施惠。結舊好於諸侯。使人獻天子。天子賜胙曰。鎭爾南方夷越之亂。無侵中國。於是楚地千里。成王惲五盛十六年、齊桓公以兵侵楚。至陘山。楚成王使將軍屈完以兵禦之。與桓公盟。桓公數以周之賦不入王室。楚許之。乃去。一畧序十八年、成王以兵北伐許。許君肉祖謝。乃釋之。—二十二年。伐黃。—二十六年、滅英。—三十三年、宋襄公欲爲盟會。召楚。楚王怒曰。召我。我將好往襲辱之。遂行至盂。遂執辱宋公。已而歸之。—三十四年、鄭文公南朝楚。—楚成王北伐宋。敗之泓。射傷宋襄公。襄公遂病創死。—三十五年、晉公子重耳過楚。成王以諸侯客禮饗。而厚送之于秦。—三十九年、魯僖公來請兵以伐齊。楚使申侯將兵伐齊。取穀。置齊桓公子雍焉。齊桓公七子皆犇楚。楚盡以爲上大夫。—滅夔。夔不祀祝融鬻熊故也。—（應前夔即熊摯後也）夏。伐宋。宋告急於晉。晉救宋。成王罷歸。將軍子玉請戰。成王曰。重耳亡居外久。卒得反國。天之所開。不可當。子玉固請。乃與之少師而去。晉果敗子玉于城濮。成王怒。誅子玉。—（畧序）四十六年、初。成王將以商臣爲太子。語令尹子上。子上曰。君之齒未也。而又多內寵。（句）絀。（句）乃亂也。楚國之舉。常在少者。且商臣蠭目而豺聲。忍人也。不可立也。王不聽。立之。後又欲立子職。而絀太子商臣。商臣聞而未審也。告其傅潘崇曰。何以得其實。崇曰。饗王之寵姬江芊。而勿敬也。商臣從之。江芊怒曰。宜乎王之欲殺若而立職也。商臣告潘崇曰。信矣。崇曰。能事之乎。曰。不能。能亡去乎。曰。不能。能行大事乎。曰。能。（用短句三調）冬十月、商臣以宮衛兵圍成王。成王請食熊蹯而死。不聽。丁未。成王自絞殺。商臣代立。是爲穆王。穆王立。以其太子宮予潘崇。[太子宮卽商臣爲太子所居之宮也]使爲太師。掌國事。一穆王三年、滅江。一四年、滅六蓼。六蓼。皐陶之後。一八年、伐陳一十三年卒。子莊王侶立。一莊王卽位三年。不出號令。日夜爲樂。令國中曰。有敢諫者死無赦。伍擧入諫。莊王左抱鄭姬。右抱越女。坐鐘鼓之間。[故作歸色]伍擧曰。願有進隱。曰有鳥在于阜。三年不蜚不鳴。是何鳥也。莊王曰。三年不蜚。蜚將沖天。三年不鳴。鳴將驚人。擧退矣。吾知之矣。[文勢便應罷酒聽政矣下又作一頓托出蘇從]居數月。淫益甚。[一頓]大夫蘇從乃入諫。王曰。若不聞令乎。對曰。殺身以明君臣之願也。於是乃罷淫樂。聽政。所誅者數百人。所進者數百人。任伍擧蘇從以政。國人大悅。一是歲滅庸。一六年、伐宋。獲五百乘。一八年、伐陸渾戎。遂至洛。觀兵于周郊。周定王使王孫滿勞楚王。楚王問鼎小大輕重。對曰。在德不在鼎。莊王曰。子無阻九鼎。楚國折鉤之喙。足以爲九鼎。[添折鉤句俊甚]王孫滿曰。嗚呼。君王其忘之乎。昔虞夏之盛。遠方皆至。貢金九牧。鑄鼎象物。百物而爲之備。使民知神姦。桀有亂德。鼎遷于殷。載祀六百。殷紂暴虐。鼎遷于周。德之休明。雖小必重。其姦回昏亂。雖大必輕。[文勢緊鍊]昔成王定鼎于郟鄏。卜世三十。卜年七百。天所命也。周德雖衰。天命未改。鼎之輕重。未可問也。楚王乃歸。一九年。相若敖氏人或讒之王。恐誅。反攻王。王擊滅若敖氏之族。一十三年。滅舒。一十六年。伐陳。殺夏徵舒。徵舒弒其君。故誅之也。已破陳。卽縣之。羣臣皆賀。申叔時使齊。句來。句不賀。王問。對曰。鄙語曰。牽牛徑人田。田主取其牛。徑者則不直矣。取之牛。不亦甚乎。(比左明白甚)且王以陳之亂而率諸侯伐之。以義伐之而貪其縣。亦何以復令于天下。莊王乃復陳國後。一十七年春。楚莊王圍鄭。三月克之。入自皇門。鄭伯肉袒牽羊以逆。曰。孤不天。不能事君。君用懷怒以及敝邑。孤之罪也。敢不唯命是聽。賓之南海。若以臣妾賜諸侯。亦唯命是聽。若君不忘厲宣桓武。不絕其社稷。使改事君。孤之願也。非所敢望也。敢布腹心。楚羣臣曰。王弗許。莊王曰。其君能下人。必能信用其民。庸可絕乎。莊王自手旗。左右麾軍。(添手旗事助色)引兵去三十里而舍。遂許之平。潘尫入盟。子良出質。一夏六月。晉救鄭。與楚戰。大敗晉師河上。遂至衡雍而歸。一二十年。圍宋。以殺楚使也。圍宋五月。城中食盡。易子而食。析骨而炊。宋華元出告以情。莊王曰。君子哉。遂罷兵去。一(序畧)二十三年。莊王卒。子共王審立。一共王十六年、晉伐鄭。鄭告急。共王救鄭。與晉兵戰鄢陵。晉敗楚。射中共王目。共王召將軍子反。子反嗜酒。從者豎陽穀進酒。句醉。句王怒。射殺子反。遂罷兵歸。—署序。三十一年、共王卒。子康王招立。—康王立十五年卒。子員立。是爲郟敖。—康王寵弟公子圍。子比。子晳。棄疾。先立三句爲爭國張本郟敖三年。以其季父康王弟公子圍爲令尹。主兵事。四年、圍使鄭。道聞王疾而還。十二月己酉、圍入問王疾。絞而弒之。遂殺其子莫及平夏。使使赴於鄭。伍舉問曰。誰爲後。對曰。寡大夫圍。伍舉更曰。共王之子圍爲長。赴鄭是實伍舉楚臣代鄭設爲問詞而使對不如法故爲更之也子比奔晉。而圍立。是爲靈王。—靈王三年六月、楚使使告晉。欲會諸侯。諸侯皆會楚于申。伍舉曰。昔夏啟有鈞臺之饗。商湯有景亳之命。周武王有盟津之誓。成王有岐陽之蒐。康王有豐宮之朝。穆王有塗山之會。齊桓有召陵之師。晉文有踐土之盟。八疊句君其何用。靈王曰。用桓公。時鄭子產在焉。於是晉宋魯衞不往。靈王已盟。有驕色。伍舉曰。桀爲有仍之會。有緡叛之。紂爲黎山之會。東夷叛之。幽王爲太室之盟。戎翟叛之。上有八句下復三句應之以成文法君其愼終。—七月、楚以諸侯兵伐吳。圍朱方。八月、克之。囚慶封。滅其族。以封徇曰。無效齊慶封弒其君而弱其孤。以盟諸大夫。

封反曰。莫如楚共王庶子圍弒其君兄之子員而代之。立。句亦峭峻 於是靈王使棄疾殺之。━七年、就章華臺。下令內亡人實之。八年、使公子棄疾將兵滅陳。━十年、召蔡侯醉而殺之。使棄疾定蔡。因爲陳蔡公。━十一年、伐徐以恐吳。靈王次于乾谿以待之。王曰。齊晉魯衞其封皆受寶器。我獨不。今吾使使周求鼎以爲分。其予我乎。析父對曰。其予君王哉。昔我先王熊繹辟在荆山。蓽露藍蔞以處草莽。好涉山林以事天子。唯是桃弧棘矢以共王事。齊王舅也。晉及魯衞王母弟也。楚是以無分而彼皆有。周今與四國服事君王。將唯命是從。豈敢愛鼎。故作一颺 靈王曰。昔我皇祖伯父昆吾。舊許是宅。今鄭人貪其田。不我予。今我求之。其予我乎。對曰。周不愛鼎。鄭安敢愛田。又作一颺 只兩句更好 靈王曰。昔諸侯遠我而畏晉。今吾大城陳蔡不羹。賦皆千乘。諸侯畏我乎。對曰。畏哉。三颺 靈王喜曰。析父善言古事焉。━此段意全在後而史記即此住何也蓋借靈王自滿之詞以爲被弒之本不必作悔過之詞也史公自有剪裁豈可輕議 十二年春、楚靈王樂乾谿不能去也。國人苦役。頓住 初、靈王會兵于申。又追敘別事合入接上頭緒不亂 僇越大夫常壽過。殺蔡大夫觀起。起子從亡在吳。乃勸吳王伐楚。爲閒越大夫常壽過而作亂。爲吳閒。使矯公子棄疾命召公子比於晉。至蔡。與吳越兵欲襲蔡。令公子比見棄疾。與盟于鄧。遂入殺靈王太子祿。立子比爲王。公子子晳爲令尹。棄疾爲司馬。先除王宮。觀從從師于乾谿。令楚衆曰。國有王矣。先歸復爵邑田室。後者遷之。楚衆皆潰。去靈王而歸。應國人苦役 靈王聞太子祿之死也。自投車下而曰。人之愛子亦如是乎。侍者曰。甚是。王曰。余殺人之子多矣。能無及此乎。右尹曰。請待于郊。以聽國人。王曰。衆怒不可犯。曰。且入大縣而乞師於諸侯。王曰。皆叛矣。又曰。且奔諸侯。以聽大國之慮。王曰。大福不再。祇取辱耳。三段排句法變 於是王乘舟將欲入鄢。右尹度王不用其計。懼俱死。亦去王亡。靈王于是獨傍偟山中。野人莫敢入王。王行遇其故鋗人。謂曰。爲我求食。我已不食三日矣。鋗人曰。新王下法。有敢饟王從王者。罪及三族。二折 且又無所得食。兩段一長一短變法 王因枕其股而臥。鋗人又以土自代。逃去。王覺而弗見。遂饑弗能起。故作一頓一事窮矣下又轉出一事 芋尹申無宇之子申亥曰。吾父再犯王命。王弗誅。恩孰大焉。乃求王。遇王饑于釐澤。奉之以歸。夏五月癸丑。王死申亥家。申亥以二女從死。并葬之。完靈王事 是時楚國雖已立比爲王。一段序靈王事已將楚事丟開故一句緊接所謂閒中忙接也 畏靈王復來。又不聞靈王死。接上事詳 故觀從謂初王比曰。不殺棄疾。雖得國。猶受禍。王曰。余不忍。從曰。人將忍王。王不聽。乃去。棄疾歸。國人每、夜、驚、曰。靈王入矣。乙卯夜、棄疾使船人從江上走呼曰。靈王至矣。國人愈驚、兩驚字對右尹請待于郊云云若從之不至是也 又使曼成然告初王比及令尹子晳曰。王至矣。國人將殺君。數句作兩節此是告王比之詞 司馬將至矣。君蚤自圖。無取辱焉。衆怒如水火。不可救也。此是告子晳之詞 初王及子晳遂自殺。一 丙辰、棄疾即位爲王。一 改名熊居。是爲平王。平王以詐弒兩王而自立。總收 恐國人及諸侯畔之。乃施惠百姓。復陳蔡之地。而立其後如故。歸鄭之侵地。存恤國中。修政敎。一 吳以楚亂故。獲五率以歸。一 吳事虛序 平王謂觀從。恣爾所欲。欲爲卜尹。王許之。一、初。共王有寵子五人。無適立。乃望祭羣神。請神決之。使主社稷。而陰與巴姬埋璧於室內。召五公子齊而入。康王跨之。靈王肘加之。子比子晳皆遠之。平王幼。抱而入。再拜壓紐。句法俱好 故康王以長立。至其子失之。圍爲靈王。及身而弒。子比爲王十餘日。子晳不得立。又俱誅。四子皆絕無後。唯獨棄疾後立爲平王。竟續楚祀。如其神符。一 爲棄疾得國事追敘一段 初。子比自晉歸。韓宣子問叔向曰。子比其濟乎。對曰。不就。宣子曰。同惡相求。如市賈焉。何爲不就。對曰。無與同好。誰與同惡。取國有五難。有寵無人。一也。有人無主。二也。有主無謀。三也。有謀而無民。四也。有民而無德。五也。先出五無字子比在晉十三年矣。晉楚之從。不聞通者。可謂無人矣。族盡親叛。可謂無主矣。無釁而動。可謂無謀矣。爲羇終世。可謂無民矣。亡無愛徵。可謂無德矣。又出五無字襯王虐而不忌。子比涉五難以弒君。誰能濟之。有楚國者。其棄疾乎。君陳蔡。方城外屬焉。苛慝不作。盜賊伏隱。私欲不違。民無怨心。先神命之。國民信之。芈姓有亂。必季實立。楚之常也。子比之官。則右尹也。數其貴寵。則庶子也。以神所命。則又遠之。民無懷焉。將何以立。句法句句頂接一氣而下宣子曰。齊桓晉文。不亦是乎。對曰。齊桓。衛姬之子也。有寵於釐公。有鮑叔牙賓須無隰朋以爲輔。有莒衛以爲外主。有高國以爲內主。從善如流。施惠不倦。有國不亦宜乎。又出五有字與上五無字照映昔我文公。狐季姬之子也。有寵于獻公。好學不倦。生十七年。有士五人。有先大夫子餘子犯以爲腹心。有魏犨賈佗以爲股肱。有齊宋秦楚以爲外主。有欒郤狐先以爲內主。又出五有字照映亡十九年。守志彌篤。惠懷棄民。民從而與之。故文公有國。不亦宜乎。齊桓晉文作兩比對子比無施於民。無援於外。兩無字餘波去晉。晉不送。歸楚。楚不迎。何以有國。子比果不終。焉卒立者棄疾。如叔向言也。一爲子比失國棄疾得國事又補序一段上神決是一層此

（又是一層插閒事作波瀾）平王二年。使費無忌如秦。爲太子建娶婦。婦好句來句未至。無忌先歸。
說平王曰秦女好可自娶。爲太子更求平王聽之。卒自娶秦女生熊珍。更爲太子娶。
（太子建事作五層寫娶秦女是第一節）是時伍奢爲太子太傅無忌爲少傅。無忌無寵于太子。常讒惡
太子建。（無忌讒太子是二節）建時年十五矣。其母蔡女也。無寵于王。王稍益疏外建也六年、使
太子建居城父守邊。（無寵疏外是三節）無忌又日夜讒太子建於王曰。自無忌入秦女太子
怨。亦不能無望于王。王少自備焉。且太子居城父。擅兵外交諸侯。且欲入矣。（又讒太子是四節）
平王召其傅伍奢責之。伍奢知無忌讒。乃曰王奈何以小臣疏骨肉。無忌曰今不
制。後悔也。（無忌又讒是五節曲曲引入至是始搆）於是王遂囚伍奢。而召其二子而告以免父死。乃令
司馬奮揚召太子建欲誅之。太子聞之。亡犇宋。無忌曰伍奢有二子。不殺者爲楚國
患。盡以免其父召之。必至。於是王使使謂奢能致二子則生。不能將死。奢曰尚至胥
不至。王曰。何也。（先立至不至兩句）奢曰尚之爲人句廉句死節。慈孝而仁。聞召而免父。必至。
不顧其死。胥之爲人。智而好謀。勇而矜功。知來必死。必不來。（後出必至必不來兩段應上）然爲楚
國憂者。必此子。（又單收一句勁）於是王使人召之曰。來句吾免爾父。伍尚謂伍胥曰。聞父免

而莫奔。不孝也。父戮莫報。無謀也。度能任事。智也。（三也字一句說伍尚一句說伍胥一句總說）子其行矣。我其歸死。伍尚遂歸。伍胥彎弓屬矢。出見使者。（爲子胥出色）曰父有罪。何以召其子爲將射。使者還走。遂出奔吳。伍奢聞之。曰胥亡。楚國危哉。（應前）楚人遂殺伍奢及尙 — 十年、楚太子建母在居巢。開吳。吳使公子光伐楚。遂敗陳蔡。取太子建母而去。楚恐。城郢。—（此城郢實）初吳之邊邑卑梁。與楚邊邑鍾離。小童爭桑。兩家交怒相攻。滅卑梁人。卑梁大夫怒。發邑兵攻鍾離。楚王聞之怒。發國兵滅卑梁。吳王聞之大怒。亦發兵。使公子光因建母家攻楚。遂滅鍾離居巢。楚乃恐而城郢。—（此因城郢追序其初因卑梁爭桑而起也總是一事索隱誤矣）十三年、平王卒。將軍子常曰。太子珍少。且其母乃前太子建所當娶也。（應前）欲立令尹子西。子西平王之庶弟也。有義。（先點有義後出讓國事）子西曰。國有常法。更立則亂。（此國法不可更也）言之則致誅。（如有言立子西者則行誅也）乃立太子珍。是爲昭王。— 昭王元年、楚衆不說費無忌。以其讒亡太子建。殺伍奢子尙與郤宛。宛之宗姓伯氏子嚭及子胥皆奔吳。吳兵數侵楚。楚人怨無忌甚。楚令尹子常誅無忌以說衆。衆乃喜。—（自太子建事至此是一段）四年、吳三公子奔楚。楚封之以扞吳。— 五年、吳伐取楚之六潛。— 七年、楚使子常伐吳。吳大敗楚于豫章。—十年冬、吳王闔閭。伍子胥。伯嚭。與唐蔡俱伐楚。楚大敗。吳兵遂入郢。辱平王之墓。說得雅以伍子胥故也。—此先提入郢辱墓作一案虛吳兵之來。楚使子常以兵迎之。夾漢水陣。吳伐敗子常。子常亡奔鄭。楚兵奔。吳乘勝逐之。五戰及郢。己卯、昭王出奔。庚辰、吳人入郢。—此乃實序吳兵初來以至入郢之事作兩重寫前城郢則先實後虛此則先虛後實昭王亡也至雲夢。雲夢不知其王也。射傷王。王走鄖。鄖公之弟懷曰。平王殺吾父。今我殺其子。不亦可乎。鄖公止之。然恐其弒昭王。乃與王出奔隨。吳王聞昭王往。卽進擊隨。謂隨人曰。周之子孫封於江漢之間者。楚盡滅之。欲殺昭王。王從臣子綦乃深匿王。自以爲王。謂隨人曰。以我予吳。隨人卜予吳不吉。乃謝吳王曰。昭王亡。不在隨。吳請入自索之。隨不聽。吳亦罷去。—昭、王、之、出、郢、也。此時事多故用昭王亡也昭王之出郢也提清序去便覺楚楚使申包胥請救於秦。秦以車五百乘救楚。楚亦收餘散兵。與秦擊吳。十一年六月、敗吳於稷。—會吳王弟夫概又插入一事以會字領入見吳王兵傷敗。乃亡歸。自立爲王。闔閭聞之。引兵去楚。歸擊夫概。夫概敗奔楚。楚封之堂谿。號爲堂谿氏。—楚昭王滅唐。九月、歸入郢。—前入郢出郢至此收十二年、吳復伐楚。取番。楚恐。去郢。郢字餘波北徙都鄀。—十六年、孔子相魯。提綱二十年、楚滅頓。滅

胡。二十一年、吳王闔閭伐越。越王句踐射傷吳王。遂死。吳由此怨越而不西伐楚。一

二十七年春。吳伐陳。楚昭王救之。軍城父。十月、昭王病于軍中。有赤雲如鳥。夾日而飛。昭王問周太史。太史曰。是害於楚王。然可移于將相。將相聞是言。乃請自以身禱于神。（插入一語助色）昭王曰。將相孤之股肱也。今移禍。庸去是身乎。（句峭）弗聽。卜而河為祟。大夫請禱河。昭王曰。自吾先王受封。望不過江漢。而河非所獲罪也。止不許。孔子在陳。聞是言曰。楚昭王通大道矣。其不失國宜哉。一（中插入孔子作論斷。俊永）昭王病甚。乃召諸公子大夫曰。孤不佞。再辱楚國之師。今乃得以天壽終。孤之幸也。讓其弟公子申為王。不可。又讓次弟公子結。亦不可。乃又讓次弟公子閭。五讓。乃後許為王。一（疊句法老○後者最後之讓也。）將戰、庚寅。昭王卒于軍中。子閭曰。王病甚。舍其子讓羣臣。臣所以許王。以廣王意也。今君王卒。臣豈敢忘君王之意乎。（句雋）乃與子西子綦謀。伏師閉塗。（字法好）迎越女之子章立之。是為惠王。然後罷兵歸葬昭王。一

惠王二年、子西召故平王太子建之子勝於吳。以為巢大夫。號曰白公。白公好兵而下士。欲報仇。六年、白公請兵令尹子西伐鄭。（亦先立案。下解明）初白公父建亡在鄭。鄭殺之。白公亡走吳。子西復召之。故以此怨鄭。

欲伐之。（欲伐鄭報仇註脚）子西許而未爲發兵。八年、晉伐鄭。鄭告急楚。楚使子西救鄭。受賂而去。白公勝怒。（簡淨）乃遂與勇力死士石乞等襲殺令尹子西子綦於朝。因刼惠王置之高府。欲弑之。惠王從者屈固負王亡走昭王夫人宮。白公自立爲王。月餘。會葉公來救楚。楚惠王之徒。與共攻白公。殺之。惠王乃復位。—是歲也滅陳而縣之。—十三年、吳王夫差彊陵齊晉。來伐楚。—十六年、越滅吳。—四十二年、楚滅蔡。—四十四年、楚滅杞。與秦平。—是時越已滅吳而不能正江淮北。楚東侵廣地至泗上。—五十七年、惠王卒。子簡王中立。—簡王元年北伐滅莒。—八年、魏文侯韓武子趙桓子始列爲諸侯。（提綱）二十四年、簡王卒。子聲王當立。—聲王六年、盜殺聲王。子悼王熊疑立。—悼王二年、三晉來伐楚。至乘丘而還。—四年、楚伐周。鄭殺子陽。—九年、伐韓。取負黍。—十一年、三晉伐楚。敗我大梁榆關。楚厚賂秦。與之平。—二十一年。悼王卒。子肅王臧立。—肅王四年、蜀伐楚。取茲方。於是楚爲扞關以距之。—十年、魏取我魯陽。—十一年、肅王卒。無子。立其弟熊良夫。是爲宣王。—宣王六年、周天子賀秦獻王。秦始復彊。而三晉益大。魏惠王齊威王尤彊。—（插諸侯事作照映）三十年、秦封衛鞅于商。南侵楚。—

是年、宣王卒。子威王熊商立。一威王六年。周顯王置文武胙於秦惠王。一秦事插序秦楚敵國
秦之盛楚之衰也 七年、齊孟嘗君父田嬰欺楚。楚威王伐齊。敗之於徐州。而令齊必逐田嬰。
田嬰恐。張丑僞謂楚王曰。王所以戰勝于徐州者。田盼子不用也。論下文意當曰田盼子不用而申紀
用也今只說田盼因田盼帶下申紀爲避板也〇一折 盼子者。有功于國。而百姓爲之用。二折 嬰子弗善。而用申
紀。三折 申紀者。大臣不附。百姓不爲用。故王勝之也。四折 今王逐嬰子。嬰子逐。盼子必用
矣。五折轉折多故勝 復摶其士卒以與王遇。必不便于王矣。楚王因勿逐也。一十一年、威王
卒。子懷王熊槐立。一魏聞楚喪。伐楚。取我陘山。一懷王元年、張儀始相秦惠王。一四
年、秦惠王初稱王。一秦事插序 六年、楚使柱國昭陽將兵而攻魏。破之于襄陵。得八邑。又
移兵而攻齊。齊王患之。陳軫適爲秦使齊。齊王曰。爲之奈何。陳軫曰。王勿憂。請令罷
之。卽往見昭陽軍中。曰。願聞楚國之法。破軍殺將者何以貴之。先立一峯好是戰國常調 昭陽曰。
其官爲上柱國。封上爵執珪。陳軫曰。其有貴於此者乎。又進一層好 昭陽曰。令尹。陳軫曰。
今君已爲令尹矣。此國冠之上。句句附脗 臣請得譬之。人有遺其舍人一卮酒者。舍人相
謂曰。數人飲此。不足以偏。請遂畫地爲蛇。蛇先成者獨飲之。一層 一人曰。吾蛇先成。二層

舉酒而起。曰吾能爲之足。三層 及其爲之足。而後成人奪之酒而飲之。曰蛇固無足。今爲之足。是非蛇也。四層以層疊作致 今君相楚而攻魏。破軍殺將。功莫大焉。冠之上不可以加矣。應前 今又移兵而攻齊。攻齊勝之。官爵不加於此。攻之不勝。身死爵奪。有毀於楚。此爲蛇爲足之說也。一句警入好 不若引兵而去。以德齊。此持滿之術也。昭陽曰善。引兵而去。一燕韓君初稱王一 燕韓事插序爲楚先稱王故也 秦使張儀與楚齊魏相會。盟齧桑。一十一年、蘇秦約從山東六國兵攻秦。楚懷王爲從長。至函谷關。秦出兵擊六國。六國兵皆引而歸。齊獨後。一 畧序 十二年、齊湣王伐敗趙魏軍。秦亦伐敗韓。與齊爭長。一 齊事插序 十六年、秦欲伐齊。而楚與齊從親。秦惠王患之。乃宣言張儀免相。使張儀南見楚王。謂楚王曰。敝邑之王所甚說者。無先大王。雖儀之所甚願爲門闌之廝者。亦無先大王。敝邑之王所甚憎者。無先齊王。雖儀之所甚憎者。亦無先齊王。兩層作四段雙疊文致好 而大王和之。是以敝邑之王不得事王。而令儀亦不得爲門闌之廝也。王爲儀閉關而絕齊。今使使者從儀西取故秦所分楚商於之地方六百里。如是則齊弱矣。是北弱齊。西德于秦。私商於以爲富。此一計而三利俱至也。文法警絕說來可聽 懷王大悅。乃置相璽於張儀曰與置酒宣言吾復得吾商於之地正爲不得商於故先裝點高興一番是反剔法羣臣皆賀而陳軫獨弔懷王曰何故陳軫對曰秦之所爲重王者以王之有齊也一轉今地未可得而齊交先絕是楚孤也二轉夫秦又何重孤國哉必輕楚矣三轉且先出地而後絕齊則秦計不爲先絕齊而後責地則必見欺于張儀四轉見欺於張儀則王必怨之五轉怨之是西起秦患北絕齊交六轉西起秦患北絕齊交則兩國之兵必至一段俱用疊句臣故弔楚王弗聽因使一將軍西受封地張儀至秦佯醉墜車稱病不出一頓三月地不可得遲處極遲楚王曰儀以吾絕齊爲尚薄邪乃使勇士宋遺北辱齊王儀傳作借宋之符齊王大怒折楚符而合于秦秦齊交合張儀乃起朝快處極快謂楚將軍曰子何不受地從某至某廣袤六里楚將軍曰臣之所以見命者六百里不聞六里卽以歸報懷王懷王大怒興師將伐秦陳軫又曰伐秦非計也不如因賂之一名都與之伐齊是我亡于秦取償于齊也吾國尚可全一正今王已絕於齊而責欺于秦是吾合秦齊之交而來天下之兵也國必大傷矣一反前作六轉此只作兩段楚王不聽遂絕和于秦發兵西攻秦秦亦發兵擊之十七年春與秦戰丹陽秦大敗我軍斬甲士八萬虜我大將軍屈匄裨將軍逢侯丑等

七十餘人。遂取漢中之郡。楚懷王大怒。乃悉國兵復襲秦。戰于藍田。大敗楚軍。韓魏聞楚之困。乃南襲楚。至于鄧。楚聞。乃引兵歸。十八年、秦使使約復與楚親。分漢中之半以和楚。儀傳作黔中 楚王曰。願得張儀。不願得地。張儀聞之。請之楚。秦王曰。楚且甘心於子。奈何。不如儀傳詳然儀傳一人故宜詳楚國事多故應畧也 張儀曰。臣善其左右靳尚。靳尚又能得事於楚王幸姬鄭袖。袖所言無不從者。轉一 且、儀以前使負楚以商於之約。今秦楚大戰。有惡。臣非面自謝楚不解。轉二 且、大王在楚。楚不宜敢取儀。轉三 誠殺儀以便國。臣之願也。儀遂使楚。句 至。句 懷王不見。因而囚張儀。欲殺之。儀私于靳尚。靳尚為請懷王曰。拘張儀。秦王必怒。天下見楚無秦。必輕王矣。又謂夫人鄭袖曰。秦王甚愛張儀。而王欲殺之。今將以上庸之地六縣賂楚。以美人聘楚王。以宮中善歌者為之媵。楚王重地。秦女必貴。而夫人必斥矣。用兩必字文勢益緊語勢益危 夫人不若言而出之。鄭袖卒言張儀于王而出之。儀出。懷王因善遇儀。儀因說楚王以畔從約而與秦合親。約婚姻。張儀已去。亦約畧序而實意盡 屈原使從齊來。諫王曰。何不誅張儀。懷王悔。使人追儀。弗及。作臨去餘波 ○自秦欲伐齊至此是一篇 是歲、秦惠王卒。二十年、齊湣王欲為從長。惡楚之與秦合。前秦患楚與齊合此齊患楚與秦合從相照映乃使使遺楚王書曰。寡人患楚之不察于尊名也。只一句今秦惠王死。武王立。張儀走魏。樗里疾公孫衍用。而楚事秦。夫樗里疾善乎韓。而公孫衍善乎魏。楚必事秦。韓魏恐。必因二人求合于秦。則燕趙亦宜事秦。四國爭事秦。則楚爲郡縣矣。所謂不察于尊名也王何不與寡人幷力收韓魏燕趙。與爲從而尊周室。以案兵息民。令于天下。莫敢不樂聽。則王名成矣。此所謂尊名也王率諸侯並伐。破秦必矣。王取武關蜀漢之地。私吳越之富。而擅江海之利。韓魏割上黨。西薄函谷。則楚之彊百萬也。前誘以名此誘以利且王欺于張儀。亡地漢中。兵銼藍田。天下莫不代王懷怒。今乃欲先事秦。願大王孰計之。又將張儀近事一激文法矯健楚王業已欲和於秦。見齊王書。猶豫不決。一頓下其議羣臣。羣臣或言和秦。或曰聽齊。昭睢曰。王雖東取地于越。不足以刷恥。必且取地于秦。而後足以刷恥於諸侯。一層王不如深善齊韓。以重樗里疾。如是則王得韓齊之重以求地矣。二層秦破韓宜陽。而韓猶復事秦者。以先王墓在平陽。而秦之武遂去之七十里。以故尤畏秦。三層不然。秦攻三川。趙攻上黨。楚攻河外。韓必亡。楚之救韓。不能使韓不亡。然存韓者楚也。四層韓已得武遂于秦。以河山爲塞。所報德莫如楚厚。臣以爲其事王必疾。五層齊之所信于韓者。以韓公子昧爲齊相也。韓已得武遂于秦。王甚善之。使之以齊韓重樗里疾。六層 疾得齊韓之重。其主弗敢棄疾也。今又益之以楚之重。樗里子必言秦復與楚之侵地矣。七層 層層發議山疊波委 於是懷王許之。竟不合秦而合齊以善韓。二十四年、倍齊而合秦。倍齊事只暗序閒 秦昭王初立。乃厚賂於楚。楚往迎婦。二十五年、懷王入與秦昭王盟約于黃棘。秦復與楚上庸。二十六年、齊韓魏爲楚負其從親而合於秦。三國共伐楚。楚使太子入質於秦而請救。秦乃遣客卿通將兵救楚。三國引兵去。二十七年、秦大夫有私與楚太子鬬。楚太子殺之而亡歸。二十八年、秦乃與齊韓魏共攻楚。殺楚將唐昧。取我重丘而去。二十九年、秦復攻楚。大破楚。楚軍死者二萬。殺我將軍景缺。懷王恐。乃使太子爲質于齊以求平。三十年、秦復伐楚。取八城。秦昭王貽楚王書曰。始寡人與王約爲弟兄。盟於黃棘。太子爲質。至驩也。太子陵殺寡人之重臣。不謝而亡去。寡人誠不勝怒。使兵侵君王之邊。今聞君王乃令太子質於齊以求平。寡人與楚接境壤界。故爲婚姻。所從相親久矣。而今秦楚不驩。則無以令諸侯。寡人願與君王會武關。面相約。結盟而去。寡人之願也。敢以聞下執事。辭命

中華書局印行

質而直楚懷王見秦王書。患之。欲往。恐見欺。無往。恐秦怒。作兩調昭睢曰。王毋行。而發兵自守耳。秦虎狼不可信。有并諸侯之心。懷王子子蘭。勸王行。曰。奈何絕秦之驩心。亦作兩調於是往會秦昭王。昭王詐令一將軍伏兵武關。號爲秦王。楚王至。則閉武關。遂與西至咸陽。朝章臺。如蕃臣。不與亢禮。楚懷王大怒。悔不用昭子言。結完昭子秦因留楚王。要以割巫黔中之郡。楚王欲盟。秦欲先得地。楚王怒曰。秦詐我。而又彊要我以地。不復許秦。秦因留之。楚大臣患之。乃相與謀曰。吾王在秦不得還。要以割地。而太子爲質于齊。齊秦合謀。則楚無國矣。句好乃欲立懷王子在國者。昭睢曰。王與太子俱困於諸侯。而今又倍王命而立其庶子。不宜。乃詐赴於齊。齊湣王謂其相曰。不若留太子以求楚之淮北。一層相曰。不可。郢中立王。是吾抱空質而行不義于天下也。二層或曰。不然。郢中立王。因與其新王市。曰。予我下東國。吾爲王殺太子。不然。將與三國共立之。然則東國必可得矣。三層以三節作三層逐層深入齊王卒用其相計。而歸楚太子。太子橫至。立爲王。是爲頃襄王。乃告于秦曰。賴社稷神靈。國有王矣。一頓住頃襄王橫元年。秦要懷王。不可得地。楚立王以應秦。接上重起秦昭王怒。發兵出武關。攻楚。大敗楚軍。斬首五萬。取

析十五城而去。二年、楚懷王亡逃歸。秦覺之。遮楚道。懷王恐。乃從閒道走趙以求
歸。趙主父在代。其子惠王初立。行王事。（句）恐。（句）不敢入楚王。楚王欲走魏。秦追至。遂
與秦使復之秦。懷王遂發病。頃襄王三年、懷王卒于秦。秦歸其喪於楚。楚人皆憐之。
如悲親戚。諸侯由是不直秦。秦楚絕。（自昭王遺書至此是一篇俱用短調另一種色澤）六年、秦使白起伐韓
于伊闕。大勝。斬首二十四萬。秦乃遺楚王書曰。楚倍秦。秦且率諸侯伐楚。爭一旦之
命。願王之飭士卒得一樂戰。（遺詞奇橫）楚頃襄王患之。乃謀復與秦平。七年、楚迎婦于
秦。秦楚復平。十一年、齊秦各自稱爲帝。月餘復歸帝爲王。（齊秦事插序）十四年、楚頃
襄王與秦昭王好會于宛。結和親。十五年、楚王與秦三晉燕共伐齊。取淮北。十
六年、與秦昭王好會于鄢。其秋、復與秦王會穰。十八年、楚人有好以弱弓微繳加
歸鴈之上者。頃襄王聞。召而問之。對曰。小臣之好射鶀鴈羅鸗。小矢之發也。何足爲
大王道也。（問弋事一句揭過）且稱楚之大。因大王之賢。所弋非直此也。（進一層法）昔者三王以弋
道德。五霸以弋戰國。（兩句冒三王道德虛下實接弋戰國事）故秦魏燕趙者。鶀雁也。齊魯韓魏者。青首
也。鄒費郯邳者。羅鸗也。外其餘則不足射者。見鳥六雙。以王何取。（奇語）王何不以聖人

爲弓。以勇士爲繳。時張而射之。更奇此六雙者。可得而囊載也。其樂。非特朝夕之樂也。
其獲。非特鳧雁之實也。一段論冒總序下乃分序射列國事王朝張弓而射魏之大梁之南。加其右臂。
而徑屬之於韓。則中國之路絕。而上蔡之郡壞矣。還射圉之東。解魏左肘。而外擊定
陶。則魏之東外棄。而大宋方與二郡者舉矣。且魏斷二臂。顚越矣。膺擊郯國。大梁可
得而有也。王請繳蘭臺。飲馬西河。定魏大梁。此一發之樂也。一段繳還魏韓郯文法雄奇若王之
于弋。誠好而不厭。又宕一句則出寶弓。碆新繳。射噣鳥於東海。插弋事還蓋長城以爲防。朝
射東莒。夕發浿丘。夜加即墨。顧據午道。則長城之東收。而泰山之北舉矣。西結境于
趙。而北達於燕。三國布翅。則從不待約而可成也。北遊目於燕之遼東。而南登望于
越之會稽。此再發之樂也。若夫泗上十二諸侯。左縈而右拂之。可一日而盡也。帶泗上諸
侯一句法變此段繳還齊趙燕其魯鄒費郯邳暗帶于泗上十二諸侯內今秦破韓。以爲長憂。得列城而不敢守也。伐魏
而無功。擊趙顧病。顧字索隱作反字解是則秦魏之勇力屈矣。楚之故地漢中析酈。可得而復
有也。王出寶弓。碆新繳。插弋事涉鄳塞而待秦之倦也。山東河內。可得而一也。勞民休
衆。南面稱王矣。故曰。秦爲大鳥。負海內而處。東面而立。左臂據趙之西南。右臂傅楚

鄢郢。膺擊韓魏。垂頭中國。處既形便。勢有地利。奮翼鼓翅。方三千里。則秦未可得獨招而夜射也。（此段繳還秦秦爲大鳥一段更爲奇肆）欲以激怒襄王。故對以此言。襄王因召與語。遂言曰。夫先王爲秦所欺。而客死于外。怨莫大焉。今以匹夫有怨。尙有報萬乘。白公子胥是也。今楚之地。方五千里。帶甲百萬。猶足以踊躍中野也。而坐受困。臣竊爲大王弗取也。（一篇文字只作數語收雖魯縞之末然勁勢未已）於是頃襄王遣使於諸侯。復爲從。欲以伐秦。秦聞之。發兵來伐楚。（自楚人弱弓微繳至此是一篇此是文人虛空結撰作文字耳然雄奇絕世可爲擊節）楚欲與齊韓連和伐秦。因欲圖周。周王赧使武公謂楚相昭子曰。三國以兵割周郊地。以便輸而南器。以尊楚。臣以爲不然。（一句即振轉勢提）夫弒共主。臣世君。大國不親。以衆脅寡。小國不附。（一疊）大國不親。小國不附。不可以致名實。（二疊）名實不得。不足以傷民。夫有圖周之聲。非所以爲號也。（只此頓住）昭子曰。乃圖周則無之。（兩語一折）雖然。周何故不可圖也。對曰。軍不五不攻。城不十不圍。（句奇峭想當時成語）夫一周爲二十晉。公之所知也。（索隱周爲天下之所尊故二十倍于晉也）韓嘗以二十萬之衆。辱於晉之城下。銳士死。中士傷。而晉不拔。公之無百韓以圖周。此天下之所知也。（一層）夫怨結於兩周。以塞騶魯之心。交絕于齊。聲失天下。其爲事危矣。（二層）夫危兩周以厚三川。方城之外。必爲韓弱矣。（三層下即正轉）何以知其然也。西周之地。絕長補短。不過百里。名爲天下共主。裂其地。不足以肥國。得其衆。不足以勁兵。雖無攻之。（無字應作然字方通）名爲弑君。然而好事之君。喜攻之臣。發號用兵。未嘗不以周爲終始。是何也。見祭器在焉。欲器之至。而忘弑君之亂。今韓以器之在楚。臣恐天下以器讐楚也。（一句振轉疾如轉丸）臣請譬之。夫虎肉臊。其兵利身。人猶攻之也。若使澤中之麋。蒙虎之皮。人之攻之。必萬之於虎。（又下一譬文法奇句法峭）列楚之地。足以肥國。詘楚之名。足以尊主。（對周裂地不足肥國四句）今子將以欲誅殘天下之共主。居三代之傳器。吞三翮六翼。以高世主。非貪而何。周書曰。欲起無先。故器南。則兵至矣。（收得乾淨勁捷此段俱以明快勝）於是楚計輟不行。—十九年秦伐楚。楚軍敗。割上庸漢北地予秦。—二十年、秦將白起拔我西陵。—二十一年、秦將白起。遂拔我郢。燒先王墓夷陵。楚襄王兵散。遂不復戰。東北保于陳城。—二十二年、秦復拔我巫黔中郡。—二十三年、襄王乃收東地兵。得十餘萬。復西取秦所拔我江旁十五邑以爲郡距秦。—二十七年、使三萬人助三晉伐燕。復與秦平。而入太子爲質于秦。楚使左徒侍太子於秦。—三十六年、頃襄王病。太子亡歸。秋頃襄王卒。太子熊元代立。是爲考烈王。━考烈王以左徒爲令尹。封以吳。號春申君。━考烈王元年、納州于秦以平。是時楚益弱。━六年、秦圍邯鄲。趙告急楚。楚遣將軍景陽救趙。━七年、至新中。秦兵去。━十二年、秦昭王卒。楚王使春申君弔祠於秦。━十六年、秦莊襄王卒。秦王趙政立。━（秦事插序）二十二年、與諸侯共伐秦。不利而去。楚東徙都壽春。命曰郢。━二十五年、考烈王卒。子幽王悍立。李園殺春申君。━幽王三年、秦魏伐楚。秦相呂不韋卒。━九年、秦滅韓。━十年、幽王卒。同母弟猶代立。是爲哀王。哀王立二月餘。哀王庶兄負芻之徒襲殺哀王而立負芻爲王。━是歲、秦虜趙王遷。━王負芻元年、燕太子丹使荆軻刺秦王。━（秦事插序）二年、秦使將軍伐楚。大破楚軍。亡十餘城。━三年、秦滅魏。（秦事插序）四年、秦將王翦破我軍於蘄。而殺將軍項燕。━五年、秦將王翦蒙武遂破楚國。虜楚王負芻。滅楚名爲楚郡云。（以上只作序事點完）

太史公曰、楚靈王方會諸侯於申。誅齊慶封。作章華臺。求周九鼎之時。志小天下。及餓死于申亥之家。爲天下笑。操行之不得。悲夫。勢之於人也。可不愼與。棄疾以亂立。嬖淫秦女。甚乎哉。幾再亡國。（單提靈王作咏歎而末借棄疾一點雋永之極）

譜世家止序周一代之事或不及周一代之事趙魏等是也越始于禹而楚則始于高辛益遠矣數尺之書欲載二千年之事不得不用簡法然一用簡法未免太羹玄酒不成文章故前後只畧序點完而于靈王以後襄王以前數段出色正是善用巧者也○前序世系絕古峭有法可爲譜牒之例

越王句踐世家

越王句踐、其先禹之苗裔。而夏后帝少康之庶子也。封于會稽以奉守禹之祀。文身斷髮。披草萊而邑焉。後二十、餘世至于允常。越以前不通中國無事可序也允常之時與吳王闔廬戰而相怨伐。允常卒子句踐立。是爲越王。入得簡淨元年吳王闔廬聞允常死。乃興師伐越。越王句踐使死士挑戰。三行至吳陳呼而自剄。吳師觀之。越因襲擊吳師。吳師敗于檇李。射傷吳王闔廬。闔廬且死。告其子夫差曰。必毋忘越。頓住且接越事三年句踐聞吳王夫差日夜勒兵。且以報越。越欲先吳未發往伐之。范蠡諫曰。不可。臣聞兵者凶器也。戰者逆德也。爭者事之末也。陰謀逆德。好用凶器。試身於所。末。三句排下即以奇峭語接好上帝禁之。行者不利。越王曰。吾已決之矣。遂興師。吳王聞之。悉發精兵擊越。敗之夫椒。越王乃以餘兵五千人保棲于會稽。吳王追而圍之。越王謂范蠡曰。以不聽子故至於此。爲之奈何。蠡對曰。持滿者與天。定傾者與人。節事者以地。卑辭厚禮以遺

之不許而身與之市 排三句下亦以奇語接不說明更好 句踐曰諾乃令大夫種行成於吳膝行頓首曰君王亡臣句踐使陪臣種敢告下執事句踐請爲臣妻爲妾 一篇大詞命只兩語明透之極 吳王將許之子胥言於吳王曰天以越賜吳勿許也種還以報句踐句踐欲殺妻子燔寶器觸戰以死 欲作行成先作一關是反跌法也 種止句踐曰夫吳太宰嚭貪可誘以利請閒行言之於是句踐乃以美女寶器令種閒獻吳太宰嚭嚭受乃見大夫種於吳王種頓首言曰願大王赦句踐之罪盡入其寶器不幸不赦句踐將盡殺其妻子燔其寶器五千人觸戰必有當也 因上勢又作一關 嚭因說吳王曰越以服爲臣若將赦之此國之利也吳王將許之 又作一頓 子胥進諫曰今不滅越後必悔之句踐賢君種蠡良臣若反國將爲亂吳王弗聽卒赦越罷兵而歸 寫行成事數折方結 句踐之困會稽也喟然歎曰吾終於此乎種曰湯繫夏臺文王囚羑里晉重耳犇翟齊小白犇莒其卒王霸由是觀之何遽不爲福乎 罷兵後不直接嘗膽事倒揷會稽一段結上引下章法之妙 吳既赦越 閒接 越王句踐反國乃苦身焦思置膽於坐坐臥卽仰膽飲食亦嘗膽也曰女忘會稽之恥邪身自耕作夫人自織食不加肉衣不重采折節下賢人厚遇賓客振貧弔死與百姓同其勞 伏一段爲報吳

張本欲使范蠡治國政。蠡對曰。兵甲之事。種不如蠡。鎭撫國家。親附百姓。蠡不如種。於
是舉國政屬大夫種。而使范蠡與大夫柘稽行成。爲質於吳。先提種蠡者非衡量種蠡也此時正需鎭撫故
種留尙不用甲兵故蠡行也二歲而。吳歸蠡。—句。踐。自。會。稽。歸。間接七年。拊循其士民。士民欲用以
報吳。大夫逢同諫曰。國新流亡。今乃復殷給。繕設備。利吳必懼。懼則難必至。且鷙鳥
之擊也。必匿其形。今夫吳兵加齊晉。怨深於楚越。名高天下。實害周室。德少而功多。
必淫。自矜。爲越計。莫若結齊。親楚。附晉。以厚吳。吳之志廣。必輕戰。是我連其權。三國
伐之。越承其弊。可克也。句踐曰。善。—伐吳事刻刻陰謀節節頓住情事如此文法如此此第一頓居二年。吳王將
伐齊。子胥諫曰。未可。臣聞句踐食不重味。與百姓同苦樂。此人不死。必爲國患。吳有
越。腹心之疾。齊與吳。疥癬也。願王釋齊先越。吳王勿聽。第二頓遂伐齊。敗之艾陵。鹵齊
高國以歸。讓子胥。子胥曰。王毋喜。王怒。子胥欲自殺。王聞而止之。—寫子胥自殺亦先作一颺越
大夫種曰。臣觀吳王政驕矣。請試嘗之貸粟。以卜其事。請貸。吳王欲與。子胥諫勿與。
王遂與之。越乃私喜。子胥言曰。王不聽諫。後三年。吳其墟乎。—第三頓太宰嚭聞之。乃
數與子胥爭越議。因讒子胥曰。伍員貌忠而實忍人。其父兄不顧。安能顧王。讒人之言如許

宛曲主前欲伐齊。員彊諫。已而有功。用是反怨王。王不備伍員。員必爲亂。與逢同共謀。讒之王。王始不從。殺子胥又作一颺乃使子胥於齊。聞其託子於鮑氏。王乃大怒。兩颺之後忽爾逼入曰。伍員果欺寡人。欲反。使人賜子胥屬鏤劍以自殺。子胥大笑曰。我令爾父霸。我又立若。若初欲分吳國半予我。我不受。已今若反以讒誅我。五我字三若字歷落緊峭嗟乎嗟乎。一人固不能獨立。又跌出一波報使者曰。必取吾眼置吳東門。以觀越兵入也。又跌出一波凡作三跌愈緩愈緊○此數語吳世家伍傳已詳此又以簡峭取勢風雲千變之妙於是吳任嚭政。第四━頓居三年、句踐召范蠡曰。吳已殺子胥。導諛者衆。可乎。對曰。未可。第五━頓至明年春、吳王北會諸侯於黃池。吳國精兵從王。惟獨老弱與太子留守。句踐復問范蠡。蠡曰。可矣。乃發習流二千。教士四萬人。君子六千人。諸御千人。伐吳。吳師敗。遂殺吳太子。吳告急於王。王方會諸侯於黃池。懼天下聞之。乃祕之。吳王已盟黃池。乃使人厚禮以請成。越自度亦未能滅吳。乃與吳平。第六━頓其後四年。越復伐吳。吳士民罷弊。輕銳盡死於齊晉。而越大破吳。因而留圍之三年。凡伐吳事作六頓至此撤入吳師敗。越遂復棲吳王於姑蘇之山。吳王使公孫雄肉袒膝行而前。請成越王曰。孤臣夫差敢布腹心。異日嘗得罪於會稽。夫差不敢逆命。得與君王成以歸。今君王舉玉趾而誅孤臣。孤臣惟命是聽。意者亦欲如會稽之赦孤臣之罪乎。（行成詞越質吳婉各自成妙）句踐不忍。欲許之。范蠡曰。會稽之事。天以越賜吳。吳不取。今天以吳賜越。越其可逆天乎。（即用伍胥舊語一折明透）且夫君王蚤朝晏罷。非爲吳邪。謀之二十二年。一旦而棄之。可乎。（二折）且夫天與弗取。反受其咎。伐柯者其則不遠。君忘會稽之厄乎。（三折明透之極）句踐曰。吾欲聽子言。吾不忍其使者。范蠡乃鼓進兵曰。王已屬政於執事。使者去。不者且得罪。吳使者泣而去。句踐憐之。乃使人謂吳王曰。吾置王甬東。君百家。吳王謝曰。吾老矣。不能事君王。遂自殺。乃蔽其面曰。吾無面以見子胥也。（并帶收完吳事）越王乃葬吳王而誅太宰嚭。一句踐已平吳。乃以兵北渡淮。與齊晉諸侯會于徐州。致貢於周。周元王使人賜句踐胙。命爲伯。句踐已去。渡淮南。以淮上地與楚。歸吳所侵宋地於宋。與魯泗東方百里。當是時、越兵橫行於江淮東。諸侯畢賀。號稱霸王。一（極寫越之盛爲會稽吐氣一虛一盈天之道也）范蠡遂去。自齊遺大夫種書曰。蜚鳥盡。良弓藏。狡兔死。走狗烹。越王爲人長頸鳥喙。可與共患難。不可與共樂。子何不去。（書詞奇矯爲人用熟不覺其妙）種見書。稱病不朝。人或讒種且作亂。越王乃賜種劍曰。子教寡人伐吳七術。

寡人用其三而敗吳其四在子(四字奇附)子為我從先王試之(語奇孈刻入)種遂自殺—(自首至此是一篇)句踐卒子王鼫與立—王鼫與卒子王不壽立—王不壽卒子王翁立—王翁卒子王翳立—王翳卒子王之侯立—王之侯卒子王無彊立—王無彊時越興師北伐齊西伐楚與中國爭彊當楚威王之時越北伐齊齊威王使人說越王曰越不伐楚大不王小不霸(兩句正文下卽疾轉)圖越之所為不伐楚者為不得晉也(二轉晉卽韓魏也)韓魏固不攻楚(三轉)韓之攻楚覆其軍殺其將則葉陽翟危魏亦覆其軍殺其將則陳上蔡不安(四轉)故二晉之事越也不至於覆軍殺將馬汗之力不效(五轉)所重於得晉者何也(反掉一句結轉折快利如風又是一種筆法)越王曰所求於晉者不至頓刃接兵而況于攻城圍邑乎(答覆軍殺將)願魏以聚大梁之下願齊之試兵南陽莒地以聚常剡之境則方城之外不南淮泗之間不東商於析酈宋胡之地夏路以左不足以備秦江南泗上不足以待越矣(疊句一氣瀉下勢如建瓴)則齊秦韓魏得志於楚也是二晉不戰而分地不耕而獲之不此之為而頓刃於河山之間以為齊秦用所待者如此其失計奈何其以此王也齊使者曰幸也越之不亡也吾不貴其用智之如目見豪毛而不見其睫也(一轉)今王知晉之

失計。而不自知越之過。是目論也。轉二 王所待於晉者。非其汗馬之力也。又非可與合軍連和也。將待之以分楚衆也。轉三 今楚衆已分。何待於晉。口舌快利如風之旋如刃之截 越王曰。奈何。曰楚三大夫張九軍。北圍曲沃於中。以至無假之關者。三千七百里。景翠之軍。北聚魯齊南陽。分有大此者乎。轉一 且王之所求者。鬬晉楚也。晉楚不鬬。越兵不起。是知二五而不知十也。轉二 此時不攻楚。臣以是知越大不王。小不霸。復讐轉三 龐長沙。楚之粟也。竟澤陵。楚之材也。越窺兵通無假之關。此四邑者。不上貢事於郢矣。轉四 臣聞之。圖王不王。其儆可以伯。然而不伯者。王道失也。故願大王之轉攻楚也。收一句 於是越遂釋齊而伐楚。楚威王興兵而伐之。大敗越。殺王無彊。盡取故吳地至浙江。北破齊於徐州。而越以此散。諸族子爭立。或爲王。或爲君。濱於江南海上。服朝於楚。後七世至閩君搖。佐諸侯平秦。漢高帝復以搖爲越王。以奉越後。東越閩君。皆其後也。一越事完〇王無彊至此是一篇

范蠡事越王句踐。范蠡附傳 既苦身戮力。與句踐深謀二十餘年。竟滅吳。報會稽之恥。北渡兵於淮。以臨齊晉。號令中國。以尊周室。句踐以霸。而范蠡稱上將軍。越事已詳入范傳只作現成說 還反國。范蠡以爲大名之下。難以久居。且句踐爲人。可與同患。難與

處安。爲書辭句踐曰。臣聞主憂臣勞。主辱臣死。昔者君王辱於會稽。所以不死。爲此事也。今既以雪恥。臣請從會稽之誅。書詞亦詳婉　句踐曰。孤將與子分國而有之。不然將加誅于子。范蠡曰。君行令。臣行意。只六字妙　乃裝其輕寶珠玉。自與其私徒屬乘舟浮海以行。終不反。於是句踐表會稽山以爲范蠡奉邑。一完范蠡伯越事　范蠡浮海出齊。變姓名。自謂鴟夷子皮。耕於海畔。苦身戮力。父子治產。居無幾何。致產數千萬。齊人聞其賢以爲相。范蠡喟然歎曰。居家則致千金。居官則至卿相。此布衣之極也。久受尊名。不祥。應前是范蠡一生學問　乃歸相印。盡散其財。以分與知友鄉黨。而懷其重寶。閒行以去。止于陶。以爲此天下之中。交易有無之路通。爲生可以致富矣。於是自謂陶朱公。頓一　復約要。父子耕畜。廢居。候時轉物。逐什一之利。居無何。則致貲累巨萬。天下稱陶朱公。一自稱陶朱公天下稱陶朱公作兩層寫　朱公居陶。生少子。爲後棄財之故先點明一句伏　少子及壯。而朱公中男殺人。囚於楚。朱公曰。殺人而死。職也。然吾聞千金之子不死於市。不說明　告其少子往視之。即不死市之故與莊生云云也　乃裝黃金千溢。置褐器中。載以一牛車。偏于細事詳寫　且遣其少子。且頓一住下　乃另起一峯　朱公長男固請欲行。朱公不聽。長男曰。家有長子曰家督。今弟有罪。大人不

中華書局印行

遣。乃遣少弟。是吾不肖。欲自殺。其母爲言曰。今遣少子。未必能生中子也。而先空亡
長男。奈何。未必眞自殺未必眞亡長男爲不得已遣長男之故爾朱公不得已而遣長子。不了爲一封書遺故所
善莊生。曰。至則進千金于莊生所。聽其所爲。愼無與爭事。更不了長男既行。亦自私齎
數百金。先伏一句至楚。莊生家負郭。披藜藋到門。居甚貧。然長男發書。進千金。如其父言。
莊生曰。可疾去矣。愼毋留。即弟出。勿問所以然。一愈不了了三段俱作不了語先長爲後文伏脈有欲行又止之妙
男既去。不過莊生而私留。以其私齎。獻遺楚國貴人用事者。又伏住不了莊生雖居窮閻。
然以廉直聞於國。自楚王以下皆師尊之。始點明莊生及朱公進金。非有意受也。欲以成
事後。復歸之以爲信耳。故金至。謂其婦曰。此朱公之金。有如病不宿。誡後復歸。勿動。
就事論事莊生反覆小人耳然或奇士也故史公內爲周旋一筆而朱公長男。不知其意。以爲殊無短長也。一又外爲長
男寫一筆頓住一路疑團寫得鶻深莊生間時入見楚王。言某星宿某。此則害於楚。楚王素信莊生。曰
今爲奈何。莊生曰。獨以德爲可以除之。楚王曰。生休矣。寡人將行之。王乃使使者封
三錢之府。亦不了了楚貴人驚告朱公長男曰。王且赦。忽然而來曰。何以也。曰。每王且赦。常封
三錢之府。昨暮王使使封之。乃明封庫之故朱公長男。以爲赦。弟固當出也。重千金。虛棄莊

生。無所爲也。應殊無短長乃復見莊生。莊生驚曰。若不去邪。長男曰。固未也。初爲事弟弟今議自赦。故辭生去。莊生知其意欲復得其金。曰。若自入室取金。長男卽自入室取金持去。獨自歡幸。欲得金莊生知其欲得金入室取金兩人情事默會○獨自歡幸爲重棄金之故亦不說出莊生羞爲兒子所賣。乃入見楚王曰。臣前言某星事。王言欲以修德報之。今臣出道路。皆言陶之富人朱公之子殺人囚楚。其家多持金錢賂王左右。故王非能恤楚國而赦。乃以朱公子故也。楚王大怒曰。寡人雖不德耳。奈何以朱公之子故而施惠乎。令論殺朱公子。明日遂下赦令。朱公長男竟持其弟喪歸。一竟字奇若以爲固然者妙至其母邑人盡哀之。唯朱公獨笑。盡哀獨笑相映成致曰。吾固知必殺其弟也。轉彼非不愛其弟。顧有所不能忍者也。殺弟之故先說大槩不說明頓住是少與我居。見苦爲生難。故重棄財。至如少弟者。生而見我富。乘堅驅良逐狡兔。豈知財所從來。故輕去之。非所惜吝。殺弟之故尙不說明且列其事再頓前日吾所爲欲遣少子。固爲其能棄財故也。而長者不能。故卒以殺其弟。事之理也。無足悲者。兩頓之後一句卽明一路疑團至此始豁吾日夜固以望其喪之來也。一又找一句以信其必然故范蠡三徙。成名於天下。非苟去而已。所止必成名。所重在成名不重在致財故又此點明卒老死於陶。故世傳曰陶朱公。與上自稱

陶朱公天下稱陶朱公兩句相應

太史公曰。禹之功大矣。漸九川。定九州。至于今諸夏艾安。及苗裔句踐。苦身焦思。終滅彊吳。北觀兵中國。以尊周室。號稱霸王。句踐可不謂賢哉。蓋有禹之遺烈焉。范蠡三遷。皆有榮名。名垂後世。臣主若此。欲毋顯得乎。

戰國諸公喜談吳越間事故左國而外與吳越春秋越絕書闡發已盡卽史公吳世家及伍子胥傳亦旣詳悉矣故越世家另換一種簡峭轉折筆仗收束删削畧存大意更爲明淨輕妙○王無彊一段純是一策士之言以轉折勝如陂塘千頃淸而不挑○范蠡畧其大事反以少子殺人一段作致節節頓住語語不了後乃一瀉卽明益見其妙

鄭世家

鄭桓公友者、周厲王少子。而宣王庶弟也。宣王立二十二年。友初封于鄭一封、三十、三歲。百姓皆便愛之。幽王以爲司徒。和集周民。周民皆說。河雒之間人便思之。世系中另是一種序法爲司徒一歲。一歲頂爲司徒下見王室之亂非桓公之罪也幽王以褒后故。王室治多邪。諸侯或畔之。於是桓公問太史伯曰。王室多故。予安逃死乎。太史伯對曰。獨雒之東土河濟之南可居。一頓公曰。何以。對曰。地近虢鄶。虢鄶之君貪而好利。百姓不附。今公爲司徒。民皆愛公。公誠請居之。虢鄶之君見公方用事。輕分公地。公誠居之。虢鄶之民皆公之民也。正意已完下文生出兩峯 公曰。吾欲南之江上。何如。對曰。昔祝融爲高辛氏火正。其功大矣。而其于周未有興者。楚其後也。周衰。楚必興。句 興。句 非鄭之利也。公曰。吾欲居西方何如。對曰。其民貪而好利。難久居。兩段一頓 公曰。周衰。何國興者。對曰。齊秦晉楚乎。夫齊姜姓。伯夷之後也。伯夷佐堯典禮。秦嬴姓。伯翳之後也。伯翳佐舜懷柔百物。及楚之先。皆嘗有功于天下。而周武王克紂後。成王封叔虞於唐。其地阻險。以此有德與周衰竝。亦必興矣。桓公曰。善。又泛論一段天下後世事如指諸掌文亦緊鍊 於是卒言王。東徙其民雒東。而虢鄶果獻十邑。竟國之。— 國之二字奇 二歲、犬戎殺幽王於驪山下。并殺桓公。鄭人共立其子掘突。是爲武公。武公十年、娶申侯女爲夫人。曰武姜。生太子寤生。生之難。及生。夫人弗愛。後生少子叔段。段生易。夫人愛之。— 二十七年、武公疾。夫人請公。欲立段爲太子。公弗聽。— 是歲、武公卒。寤生立。是爲莊公。— 莊公元年、封弟段于京。號太叔。祭仲曰。京大於國。非所以封庶也。莊公曰。武姜欲之。我弗敢奪也。段至京。繕治甲兵。與其母武姜謀襲鄭。— 二十二年、段果襲鄭。武姜爲內應。莊公發兵伐段。段走。伐京。

京人畔段。段出走鄢。鄢潰。段出奔共。於是莊公遷其母武姜於城潁。誓言曰不至黃泉毋相見也。居歲餘已悔思母。潁谷之考叔有獻於公。公賜食。考叔曰臣有母請君食賜臣母。莊公曰我甚思母。惡負盟。奈何。考叔曰穿地至黃泉則相見矣。於是遂從之見母。—此段固不如左佳然刪繁爲簡正見煅煉之妙 二十四年、宋繆公卒。公子馮奔鄭。鄭侵周地取禾。—二十五年、衛州吁弒其君桓公自立。與宋伐鄭。以馮故也。—二十七年、始朝周桓王。桓王怒其取禾。弗禮也。—二十九年、莊公怒周弗禮。與魯易祊許田。—三十三年、宋殺孔父。—宋事插序 三十七年、莊公不朝周。周桓王率陳蔡虢衛伐鄭。莊公與祭仲高渠彌發兵自救。王師大敗。祝瞻射中王臂。祝瞻請從之。鄭伯止之曰犯長且難之。況敢陵天子乎。乃止。夜令祭仲問王疾。—三十八年、北戎伐齊。齊使求救。鄭遣太子忽將兵救齊。齊釐公欲妻之。忽謝曰我小國非齊敵也。時祭仲與俱。勸使取之。曰君多內寵。太子無大援。將不立。三公子皆君也。句倩 所謂三公子者。太子忽。其弟突。次弟子亹也。—即三公子句帶出忽突亹三人即伏下案何等便 四十三年、鄭莊公卒。初祭仲甚有寵于莊公。莊公使爲卿。公使娶鄧女。生太子忽。使祭仲爲公娶鄧女也 故祭仲立之。是爲昭公。莊公又娶宋雍氏女生厲公突。倒插法 雍氏有寵于宋。宋莊公聞祭仲之立忽。乃使人誘召祭仲。而執之。曰不立突。將死。亦執突以求賂焉。祭仲許宋。與宋盟。以突歸立之。昭公忽聞祭仲以宋要立其弟突。九月辛亥。忽出奔衛。己亥。突至鄭。句立句是爲厲公。厲公四年。祭仲專國政。厲公患之。陰使其壻雍糾欲殺祭仲。糾妻。祭仲女也。知之。謂其母曰。父與夫孰親。母曰。父一而已。人盡夫也。女乃告祭仲。祭仲反殺雍糾。戮之於市。厲公無奈祭仲何。添一句詳 怒糾曰。謀及婦人。死固宜哉。夏。厲公出居邊邑櫟。祭仲迎昭公忽。六月乙亥。復入鄭。即位。秋。鄭厲公突因櫟人殺其大夫單伯。遂居之。諸侯聞厲公出奔。伐鄭。弗克而去。宋頗予厲公兵。自守於櫟。鄭以故亦不伐櫟。應完宋事 昭公二年。自昭公爲太子時。倒插法 父莊公欲以高渠彌爲卿。太子忽惡之。莊公弗聽。卒用渠彌爲卿。及昭公即位。懼其殺己。冬十月辛卯。渠彌與昭公出獵。射殺昭公於野。祭仲與渠彌不敢入厲公。乃更立昭公弟子亹爲君。是爲子亹也。無謚號。子亹元年七月。齊襄公會諸侯于首止。鄭子亹往會。高渠彌相從。祭仲稱疾不行。所以然者。亦用倒插法 子亹自齊襄公爲公子之時。嘗會鬭相仇。及會諸侯。祭仲請子亹無行。子亹曰。齊強。而厲公居櫟。卽不往。是率諸侯伐我。內厲公。我不如往。往何遽必辱。且又何至是。（又插一句調好）卒行。於是祭仲恐齊并殺之。故稱疾。子亹至。不謝齊侯。齊侯怒。遂伏甲而殺子亹。高渠彌亡歸。歸與祭仲謀召子亹弟公子嬰於陳而立之。是爲鄭子。一是歲。齊襄公使彭生醉拉殺魯桓公。一（齊事插序）鄭子八年。齊人管至父等作亂。弒其君襄公。一（弒君附見）十二年。宋人長萬弒其君湣公。一（弒君附見）鄭祭仲死。十四年。故鄭亡厲公突在櫟者。使人誘刼鄭大夫甫瑕。要以求入。瑕曰。舍我。我爲君殺鄭子而入君。厲公與盟。乃舍之。六月甲子。瑕殺鄭子及其二子。而迎厲公突。突自櫟復入。卽位。初。內蛇與外蛇鬬於鄭南門中。（倒插法）內蛇死。居六年。厲公果復入。入而讓其伯父原曰。我亡國外居。伯父無意入我。亦甚矣。原曰。事君無二心。人臣之職也。原知罪矣。遂自殺。厲公於是謂甫瑕曰。子之事君有二心矣。（就勢一掉文致極佳）遂誅之。瑕曰。重德不報。誠然哉。厲公突後元年。齊桓公始霸。一五年。燕衞與周惠王弟穨伐王。王出奔溫。立弟穨爲王。一六年。惠王告急鄭。厲公發兵擊周王子穨。弗勝。於是與周惠王歸。王居于櫟。一七年。春。鄭厲公與虢叔襲殺王子穨而入惠王于周。一秋。厲公卒。子文公踕立。一厲公初立四歲亡居櫟居櫟十七歲復入立七歲與亡凡二十八年（厲公總序一段變法）文公十七年齊桓公以兵破蔡遂伐楚至召陵（齊事挿序）二十四年文公之賤妾曰燕姞夢天與之蘭曰余爲伯儵句余句爾祖也（倒句法倩）以是爲爾子蘭有國香以夢告文公文公幸之而予之草蘭爲符遂生子名曰蘭（有先序近事倒挿前事者以上數段是也有先序前事後照映者此與下無禮文公是也一處一樣）

（文法）三十六年晉公子重耳過文公弗禮文公弟叔詹曰重耳賢且又同姓窮而過君不可無禮文公曰諸侯亡公子過者多矣安能盡禮之詹曰君如弗禮遂殺之弗殺使卽反國爲鄭憂矣文公弗聽

三十七年春晉公子重耳反國句立句是爲文公

秋鄭入滑滑聽命已而反與衞於是鄭伐滑周襄王使伯犕請滑鄭文公怨惠王之亡在櫟而文公父厲公入之而惠王不賜厲公爵祿（又追序前事）又恐襄王之與衞滑故不聽襄王請而囚伯犕王怒與翟人伐鄭弗克

冬翟攻伐襄王襄王出奔鄭鄭文公居王于氾

三十八年晉文公入襄王成周

四十一年助楚擊晉自晉文公之過無禮故背晉助楚

四十三年晉文公與秦穆公共圍鄭討其助楚攻晉者及文公過時之無禮也（應前）初鄭文公有三夫人寵子五人皆以罪蚤死公怒漑（漑左傳作瑕是）

逐羣公子。子蘭奔晉。從晉文公圍鄭。時蘭事晉文公甚謹。愛幸之。乃私於晉。以求入鄭為太子。一晉於是欲得叔詹為僇。鄭文公恐。不敢謂叔詹言。詹聞。言於鄭君曰。臣謂君。君不聽臣。前應晉卒為患。然晉所以圍鄭。以詹。詹死而赦鄭國。詹之願也。乃自殺。鄭人以詹尸與晉。晉文公曰。必欲一見鄭君。辱之而去。鄭人患之。乃使人私於秦曰。破鄭益晉。非秦之利也。秦兵罷。一晉文公欲入蘭為太子。間接以告鄭。鄭大夫石癸曰。吾聞姞姓乃后稷之元妃。其後當有興者。子蘭母其後也。且夫人子盡已死。餘庶子。無如蘭賢。今圍急。晉以為請。利孰大焉。遂許晉。與盟。卒而立子蘭為太子。應前晉兵乃罷去。一四十五年、文公卒。子蘭立。是為繆公。繆公元年春、秦繆公使三將將兵欲襲鄭。至滑。逢鄭賈人弦高。詐以十二牛勞軍。故秦兵不至而還。晉敗之於殽。一畧序初往年鄭文公之卒也、鄭司城繒賀以鄭情賣之。秦兵故來。倒插法三年、鄭發兵從晉伐秦。敗秦兵於汪。一往年楚太子商臣弑其父成王代立。一弑君附見往年之事倒插于此變法二十一年、與宋華元伐鄭。接上商臣事華元殺羊食士。不與其御羊斟。怒以馳鄭。鄭囚華元。宋贖華元。元亦亡去。一畧序晉使趙穿以兵伐鄭。一二十二年、鄭繆公卒。子夷立。是為靈公。一靈公元年、春、楚獻黿于靈公。子家。子公將朝靈公。子公之食指動。謂子家曰。佗日指動。必食異物。及入。見靈公進黿羹。子公笑曰。果然。靈公問其笑。故具告靈公。靈公召之。獨弗予羹。子公怒。染其指。嘗之而出。刪得簡直 公怒。欲殺子公。子公與子家謀、先夏弑靈公。一鄭人欲立靈公弟去疾。去疾讓曰。必以賢。則去疾不肖。必以順。則公子堅長。堅者。靈公庶弟。去疾之兄也。一又註句 於是乃立子堅。是爲襄公。一襄公立。將盡去繆氏。繆氏者。殺靈公子公之族家也。與上文同相配作文法 去疾曰。必去繆氏。我將去之。乃止。皆以爲大夫。一襄公元年、楚怒鄭受宋賂縱華元。伐鄭。鄭背楚與晉親。一五年、楚復伐鄭。晉來救之。一六年、子家卒。國人復逐其族。以其弑靈公也。一完弑靈公案 七年、鄭與晉盟鄢陵。一八年、楚莊王以鄭與晉盟。來伐。圍鄭三月、鄭以城降楚。楚王入自黃門。鄭襄公肉袒掔羊以迎。曰。孤不能事邊邑。使君王懷怒以及敝邑。孤之罪也。敢不唯命是聽。君王遷之江南。及以賜諸侯。亦唯命是聽。若君王不忘厲宣王桓武公。哀不忍絕其社稷。錫不毛之地。使復得改事君王。孤之願也。然非所敢望也。敢布腹心。唯命是聽。莊王爲却三十里而後舍。與楚世家畧 楚羣臣曰。自郢至此。士大夫亦久勞矣。今得國●

舍之。何如。添句詳一莊王曰。所爲伐。伐不服也。今已服。尙何求乎。卒去。晉聞楚之伐鄭。發兵救鄭。其來持兩端。故遲。比至河。楚兵已去。晉將率。或欲渡。或欲還。卒渡河。莊王聞。還擊晉。鄭反助楚。大破晉軍于河上。一十年、晉來伐鄭。以其反晉而親楚也。一十一年、楚莊王伐宋。宋告急于晉。晉景公欲發兵救宋。伯宗諫晉君曰。天方開楚。未可伐也。乃求壯士。得霍人解揚。字子虎。解揚附傳誑楚。令宋毋降。過鄭。鄭與楚親。乃執解揚而獻楚。楚王厚賜。與約。使反其言。令宋趣降。三要。乃許。於是楚登解揚樓車。令呼宋。遂負楚約。而致其晉君命曰。晉方悉國兵以救宋。宋雖急。愼毋降楚。晉兵今至矣。楚莊王大怒。將殺之。解揚曰。君能制命爲義。臣能承命爲信。受吾君命以出。有死無隕。莊王曰。若之許我。已而背之。其信安在。解揚曰。所以許王。欲以成吾君命也。將死。顧謂楚軍曰。爲人臣毋忘盡忠得死者。又借此作波楚王諸弟皆諫王赦之。於是赦解揚。使歸。晉爵之爲上卿。一解揚事不入晉楚世家反因鄭人一執附序于此章法奇變十八年、襄公卒。子悼公濆立。一悼公元年、鄦公惡鄭于楚。悼公使弟睔於楚自訟。訟不直。楚囚睔。於是鄭悼公來與晉平。遂親。睔私於楚子反。子反言歸睔於鄭。一二年、楚伐鄭。晉兵來救。一是歲、悼公卒。

立其弟睔。是爲成公。成公三年、楚共王曰。鄭成公。孤有德焉。使人來與盟。成公私與盟。秋成公朝晉。晉曰鄭私平於楚。執之。使欒書伐鄭。四年春、鄭患晉圍公子如乃立成公庶兄繻爲君。其四月、晉聞鄭立君。乃歸成公。鄭人聞成公歸。亦殺君繻迎成公。晉兵去。十年、背晉盟。盟於楚。晉厲公怒。發兵伐鄭。楚共王救鄭。晉楚戰鄢陵。楚兵敗。晉射傷楚共王目。俱罷而去。十三年、晉悼公伐鄭。兵于洧上。鄭城守。晉亦去。十四年成公卒。子惲立。是爲釐公。釐公五年、鄭相子駟朝釐公。釐公不禮。子駟怒。使廚人藥殺釐公。赴諸侯曰。釐公暴病卒。立釐公子嘉。嘉時年五歲。是爲簡公。簡公元年、諸公子謀欲誅相子駟。子駟覺之。反盡誅諸公子。二年、晉伐鄭。鄭與盟。晉去。冬又與楚盟。子駟畏誅。故兩親晉楚。註明三年、相子駟欲自立爲君。公子子孔使尉止殺相子駟而代之。子孔又欲自立。子產曰。子駟爲不可。誅之。今又效之。是亂無時息也。於是子孔從之而相鄭。簡公四年、晉怒鄭與楚盟。伐鄭。鄭與盟。楚共王救鄭。敗晉兵。簡公欲與晉平。楚又囚鄭使者。十二年、簡公怒相子孔專國權。誅之。而以子產爲卿。十九年、簡公如晉。請衛君還。而封子產以六邑。子產讓受其三邑。一二十二年、吳使延陵季子於鄭。見子產如舊交。謂子產曰。鄭之執政者侈。
難將至。政將及子。子為政必以禮。不然。鄭將敗。子產厚遇季子。一畧序二十三年、諸公
子爭寵相殺。又欲殺子產。公子或諫曰。子產仁人。鄭所以存者子產也。勿殺。乃止。一
二十五年、鄭使子產於晉。問平公疾。平公曰。卜而曰實沈臺駘為祟。史官莫知。敢問。
對曰。高辛氏有二子。長曰閼伯。季曰實沈。居曠林。不相能也。日操干戈以相征伐。后
帝弗臧。遷閼伯於商丘。主辰。商人是因。故辰為商星。遷實沈於大夏。主參。唐人是因。
服事夏商。其季世曰唐叔虞。當武王邑姜方娠太叔。夢帝謂己。余命而子曰虞。乃與
之唐。屬之參。而蕃育其子孫。及生。有文在其掌曰虞。遂以命之。及成王滅唐。而國太
叔焉。故參為晉星。兩對商畧晉詳由是觀之。則實沈。參神也。昔金天氏有裔子曰昧。為玄冥
師。生允格臺駘。臺駘能業其官。宣汾洮。障大澤。以處太原。帝用嘉之。國之汾川。沈姒
蓐黃實守其祀。今晉主汾川而滅之。由是觀之。則臺駘。汾洮神也。一實沈臺駘作兩段序用閼伯允
格陪閼伯實序允格虛然是二者。不害君身。山川之神。則水旱之菑禜之。日月星辰之神。則雪
霜風雨不時禜之。若君疾。飲食哀樂女色所生也。平公及叔嚮曰。善。博物君子也。厚

為之禮於子產。—二十七年、夏、鄭簡公朝晉。—冬、畏楚靈王之彊。又朝楚。子產從。—二十八年、鄭君病。使子產會諸侯。與楚靈王盟於申。誅齊慶封。—三十六年、簡公卒。子定公寧立。—秋、定公朝晉昭公。—定公元年、楚公子棄疾弒其君靈王而自立。為平王。欲行德諸侯。歸靈王所侵鄭地于鄭。—四年、晉昭公卒。其六卿彊。公室卑。子產謂韓宣子曰。為政必以德。毋忘所以立。—（署序）六年、鄭火。公欲禳之。子產曰。不如修德。—（署序）八年、楚太子建來奔。—十年、太子建與晉謀襲鄭。鄭殺建。建子勝奔吳。—十一年、定公如晉。晉與鄭謀誅周亂臣。入敬王于周。—十三年、定公卒。子獻公蠆立。—獻公十三年、卒。子聲公勝立。—當是時。晉六卿彊。侵奪鄭。鄭遂弱。—聲公五年、鄭相子產卒。鄭人皆哭泣。悲之如亡親戚。子產者。鄭成公少子也。為人仁愛人。事君忠厚。孔子嘗過鄭。與子產如兄弟云。及聞子產死。孔子為泣曰。古之遺愛也。兄事子產。—（子產雖已入循吏傳。於此再出色一番。若論若贊。妙。）八年、晉范中行氏反晉。告急于鄭。鄭救之。晉伐鄭。敗鄭軍于鐵。—十四年、宋景公滅曹。—（宋事插序）二十年、齊田常弒其君簡公。而常相於齊。—（弒君附見）二十二年、楚惠王滅陳。—（楚事插序）孔子卒。—二十六年、晉知伯伐鄭。取九邑。—三十七年、聲公卒。子哀公易立。一哀公八年、鄭人弑哀公而立聲公弟丑。是爲共公。一共公三年、晉滅知伯。（晉事插序）三十年、共公卒。子幽公已立。一幽公元年、韓武子伐鄭、殺幽公。鄭人立幽公弟駘。是爲繻公。一繻公十五年、韓景侯伐鄭、取雍丘。鄭城京。一十六年、鄭伐韓、敗韓兵于負黍。一二十年、韓趙魏立爲諸侯。（提綱）一二十三年、鄭圍韓之陽翟。一二十五年、鄭君殺其相子陽。一二十七年、子陽之黨共弑繻公駘而立幽公弟乙爲君。是爲鄭君。一鄭君乙立二年、鄭負黍反、復歸韓。一十一年、韓伐鄭、取陽城。一二十一年、韓哀侯滅鄭、并其國。

太史公曰、語有之。以權利合者、權利盡而交疏。甫瑕是也。甫瑕雖以劫殺鄭子內厲公。厲公終背而殺之。此與晉之里克何異。守節如荀息、身死而不能存奚齊。變所從來。亦多故矣。（此贊以跌宕勝因甫瑕以及里克因以里克而及荀息杳然無際）

（鄭爲小國間于晉楚之間故事務繁多俱用簡法畧點如盆花几石妍媚可觀另是一種手眼）

趙世家

趙氏之先、與秦共祖。（先提一句下即分）至中衍、爲帝大戊御。其後世蜚廉有子二人、而命其一子曰惡來事紂爲周所殺其後爲秦（分二支秦一支是客）惡來弟曰季勝其後爲趙（趙一支是主）一束季勝生孟增孟增幸於周成王是爲宅皋狼皋狼生衡父衡父生造父造父幸於周繆王造父取驥之乘匹與桃林盜驪驊騮綠耳獻之繆王繆王使造父御西巡狩見西王母樂之忘歸而徐偃王反繆王日馳千里馬攻徐偃王大破之乃賜造父以趙城由此爲趙氏一（二束）自造父已下六世至奄父（世系詳）曰公仲周宣王時伐戎爲御及千畝戰奄父脫宣王奄父生叔帶叔帶之時周幽王無道去周如晉事晉文侯始建趙氏於晉國一（二束）自叔帶以下趙宗益興五世而生趙夙一（又總一筆承上起下乃入趙事序法詳盡）趙夙晉獻公之十六年伐霍魏耿而趙夙爲將伐霍霍公求犇齊晉大旱卜之曰霍太山爲祟使趙夙召霍君於齊復之以奉霍太山之祀晉復穰晉獻公賜趙夙耿夙生共孟當魯閔公之元年也（插魯事提綱）共孟生趙衰字子餘趙衰卜事晉獻公及諸公子莫吉卜事公子重耳吉卽事重耳重耳以驪姬之亂亡奔翟趙衰從翟伐廧咎如得二女翟以其少女妻重耳長女妻趙衰而生盾初重耳在晉時趙衰妻亦生趙同趙括趙嬰齊趙衰從重耳出亡凡十九年得反國重耳爲晉文公趙衰爲原大夫

居原。任國政。文公所以反國及霸。多趙衰計策。語在晉事中。略序趙衰既反晉。晉之妻固要迎翟妻。而以其子盾為適嗣。晉妻三子皆下事之。晉襄公之六年。而趙衰卒。諡為成季。趙衰從重耳事畧序簡核趙盾代成季任國政。二年而晉襄公卒。太子夷皋年少。盾為國多難。欲立襄公弟雍。雍時在秦。使使迎之。太子母日夜啼泣。頓首謂趙盾曰。先君何罪。釋其適子而更求君。趙盾患之。恐其宗與大夫襲誅之。迺遂立太子。是為靈公。發兵距所迎襄公弟於秦者。靈公既立。趙盾益專國政。提一句為下宮張本靈公立十四年。益驕。趙盾驟諫。靈公弗聽。及食熊蹯。胹不熟。殺宰人。持其尸出。趙盾見之。靈公由此懼。欲殺盾。盾素仁愛人。嘗食桑下餓人。反扞救盾。盾以得亡。未出境。而趙穿弒靈公而立襄公弟黑臀。是為成公。趙盾復反。任國政。君子譏盾為正卿。亡不出境。反不討賊。故太史書曰。趙盾弒其君。趙盾事亦畧序以有晉世家在也晉景公時而趙盾卒。諡為宣孟。子朔嗣。趙朔。晉景公之三年。朔為晉將下軍救鄭。與楚莊王戰河上。朔娶晉成公姊為夫人。先提一句。晉景公之三年。大夫屠岸賈欲誅趙氏。又提一句下乃入事穿插明白初趙盾在時。夢見叔帶持要而哭。甚悲。已而笑。拊手且歌。盾卜之。兆絕而後好。趙史援占之曰。此夢甚惡。非君之身乃君之子然亦君之咎至孫趙將世益衰插入一段屠岸賈者間接始有寵於靈公及至於景公而賈爲司寇將作難乃治靈公之賊以致趙盾寫出私意徧告諸將曰盾雖不知猶爲賊首以臣弒君子孫在朝何以懲罪請誅之韓厥曰靈公遇賊趙盾在外吾先君以爲無罪故不誅一轉今諸君將誅其後是非先君之意二轉而今妄誅妄誅爲之亂臣三轉有大事而君不聞是無君也屠岸賈不聽韓厥告趙朔趣亡朔不肯曰子必不絕趙祀朔死不恨韓厥許諾稱疾不出賈不請而擅與諸將攻趙氏於下宮不請擅與殺趙朔趙同趙括趙嬰齊皆滅其族伏下案趙朔妻成公姊開接章法之妙有遺腹走公宮匿趙朔客曰公孫杵臼頓住下插嬰曰杵臼謂朔友人程嬰曰胡不死一客一友人已分厚薄伏下程嬰曰朔之婦有遺腹若幸而男吾奉之即女也吾徐死耳又頓住下入索兒事居無何而朔婦免身生男屠岸賈聞之索於宮中夫人置兒袴中祝曰趙宗滅乎若號即不滅若無聲及索兒竟無聲又頓住下入嬰曰已脫程嬰謂公孫杵臼曰今一索不得後必且復索之奈何公孫杵臼曰立孤與死孰難應上胡不死程嬰曰死易立孤難耳公孫杵臼曰趙氏先君遇子厚子彊爲其難者吾爲其易者一椿大事說得輕倩妙請先死頓住乃二人謀取他人嬰兒

負之衣以文葆匿山中。程嬰出。謬謂諸將軍曰。嬰不肖不能立趙孤。誰能與我千金。
吾告趙氏孤處。諸將皆喜。許之。發師隨程嬰。攻公孫杵臼。杵臼謬曰。小人哉程嬰。昔
下宮之難不能死。與我謀匿趙氏孤兒。今又賣我。縱不能立。而忍賣之乎。（一反跌語氣如生）
抱兒呼曰。天乎天乎。趙氏孤兒何罪。請活之。獨殺杵臼可也。（又作一反跌段段入妙）諸將不許。
遂殺杵臼與孤兒。諸將以為趙氏孤兒良已死。大喜。然趙氏眞孤乃反在。（數語一托一段文法）
（精神逼現）程嬰卒與俱匿山中。居十五年。晉景公疾。卜之。大業之後不遂者為祟。景公問
韓厥。厥知趙孤在。乃曰。大業之後在晉絕祀者。其趙氏乎。夫自中衍者皆嬴姓也。中
衍人面鳥噣。降佐殷帝大戊。（中衍形事於此補出）及周天子。皆有明德。下及幽厲無道。而叔帶
去周適晉。事先君文侯。至於成公。世有立功。未嘗絕祀。今吾君獨滅趙宗。國人哀之。
故見龜策。唯君圖之。景公問趙尚有後子孫乎。韓厥具以實告。於是景公乃與韓厥、
謀、立、趙孤兒。（一謀匿一謀立對照）召而匿之宮中。諸將入問疾。景公因韓厥之衆。以脅諸將而
見趙孤。趙孤名曰武。（一段止說趙孤至此始出名字）諸將不得已。乃曰。昔下宮之難。屠岸賈為之。矯
以君命。并命羣臣。（應前）非然孰敢作難。（一折）微君之疾。羣臣固且請立趙後。今君有命。羣

臣之願也。於是召趙武程嬰。徧拜諸將。遂反與程嬰趙武攻屠岸賈。滅其族。復與趙武田邑如故。及趙武冠。爲成人。程嬰乃辭諸大夫。謂趙武曰。昔下宮之難。皆能死。我非不能死。我思立趙氏之後。今趙武旣立。爲成人。復故位。我將下報趙宣孟與公孫杵臼。事奇語奇。復得奇筆寫出。妙。趙武啼泣頓首固請曰。武願苦筋骨以報子至死。而子忍去我死乎。程嬰曰。不可。彼以我爲能成事。故先我死。今我不報。是以我事爲不成。遂自殺。又借程嬰作餘波。奇險華燦。趙武服齊衰三年。爲之祭邑。春秋祠之。世世勿絕。以上下宮之難是一篇 趙氏復位十一年。而晉厲公殺其大夫三郤。欒書畏及。乃遂弒其君厲公。更立襄公曾孫周。是爲悼公。晉由此大夫稍彊。四束大夫稍强。正爲趙氏有國張本 趙武續趙宗二十七年。晉平公立。平公十二年。而趙武爲正卿。十三年。吳延陵季子使於晉。曰。晉國之政。卒歸於趙武子韓宣子魏獻子之後矣。趙武死。謚爲文子。文子生景叔。景叔之時。齊景公使晏嬰於晉。晏嬰與晉叔向語。嬰曰。齊之政後卒歸田氏。叔向亦曰。晉國之政。將歸六卿。六卿侈矣。而吾君不能恤也。兩段爲趙氏有國張本 趙景叔卒。生趙鞅。是爲簡子。趙簡子在位。晉頃公之九年。簡子將合諸侯戍於周。其明年。入周敬王於周。辟弟子朝之故也晉頃公之十二年六卿以法誅公族祈氏羊舌氏分其邑爲十縣六卿各令其族爲之大夫晉公室由此益弱一五東晉室益弱正爲趙氏之地後十三年魯賊臣陽虎來奔趙簡子受賂厚遇之趙簡子疾五日不知人大夫皆懼醫扁鵲視之句出句董安于問扁鵲曰血脈治也而何怪在昔秦繆公嘗如此七日而寤寤之日告公孫支與子輿曰我之帝所甚樂吾所以久者適有學也帝告我晉國將大亂五世不安其後將霸未老而死霸者之子且令而國男女無別公孫支書而藏之秦讖於是出矣獻公之亂文公之霸而襄公敗秦師於殽而歸縱淫此子之所聞今主君之疾與之同不出三日疾必間句間句必有言也先借秦事作證如小說擺頭妙甚居二日半簡子寤語大夫曰我之帝所甚樂與百神遊於鈞天廣樂九奏萬舞不類三代之樂其聲動人心有一熊欲來援我帝命我射之中熊熊死又有一羆來我又射之中羆羆死帝甚喜賜我二笥皆有副吾見兒在帝側帝屬我一翟犬曰及而子之壯也以賜之帝告我晉國且世衰七世而亡嬴姓將大敗周人於范魁之西而亦不能有也今余思虞舜之勳適余將以其冑女孟姚配而七世之孫董安于受言而書藏之以扁鵲言告簡子簡子賜

扁鵲田四萬畝。中一段實序　他日簡子出。有人當道。辟之不去。從者怒。將刃之。當道者曰。吾欲有謁於主君。從者以聞。簡子召之曰。譆句　吾有所見子句　晰也。句蓋曰吾有一處曾見子矣甚明晰也然記不起是遇夢中人語妙　當道者曰。屏左右。願有謁。簡子屏人。當道者曰。主君之疾。臣在帝側。簡子曰。然。有之。子之見我。我何為。反問妙是問夢中人語　當道者曰。帝令主君射熊與羆。皆死。反從夢中人說出妙盡情事　簡子曰。是句　且何也。當道者曰。晉國且有大難。主君首之。帝令主君滅二卿。夫熊與羆。皆其祖也。簡子曰。帝賜我二笥。皆有副。何也。前是夢中人說此從簡子說錯綜之妙　當道者曰。主君之子。將克二國於翟。皆子姓也。簡子曰。吾見兒在帝側。帝屬我一翟犬。曰及而子之長以賜之。夫兒何謂以賜翟犬。法變　當道者曰。兒主君之子也。翟犬者。代之先也。主君之子。且必有代。及主君之後嗣。且有革政而胡服。幷二國於翟。簡子問其姓而延之以官。當道者曰。臣野人。致帝命耳。遂不見。簡子書藏之府。一夢凡作三段序一段借秦事證一段夢中事一段問夢中人事始句句解明章法妙　異日。姑布子卿見簡子。簡子徧召諸子相之。子卿曰。無為將軍者。簡子曰。趙氏其滅乎。子卿曰。吾嘗見一子於路。殆君之子也。簡子召子毋卹。毋卹至。則子卿起曰。此真將軍矣。簡子曰。此其母賤。翟婢也。奚道貴哉。子卿曰。天所授。雖賤必貴。一節自是之後。簡子盡召諸子與語。毋恤最賢。虛簡子乃告諸子曰。吾藏寶符於常山上。上句先得者賞。求句諸子馳之常山上。無所得。毋恤還。曰已得符矣。簡子曰。奏之。毋恤曰。從常山上臨代。代可取也。簡子於是知毋恤果賢。乃廢太子伯魯。而以毋恤爲太子。此又借姑布子卿借藏符事作兒賜翟犬餘波以終上章之義〇以上簡子夢是一篇後二年。晉定公之十四年。范中行作亂。明年春。簡子謂邯鄲大夫午曰。歸我衛士五百家。吾將置之晉陽。邯鄲范中行地午許諾。歸而其父兄不聽。倍言。趙鞅捕午。四之晉陽。乃告邯鄲人曰。我私有誅午也。諸君欲誰立。遂殺午。范中行事有數節殺午是一節趙稷涉賓以邯鄲反。晉君使籍秦圍邯鄲。邯鄲反是二節荀寅范吉射與午善。不肯助秦而謀作亂。董安于知之。荀范作亂是三節十月。范中行氏伐趙鞅。鞅奔晉陽。晉人圍之。圍晉陽是四節范吉射荀寅仇人魏襄等謀逐荀寅。以梁嬰父代之。逐吉射。以范皐繹代之。魏襄謀逐是五節荀躒言於晉侯曰。君命大臣。始亂者死。今三臣始亂。而獨逐鞅。用刑不均。請皆逐之。荀躒請皆逐是六節十一月。荀躒韓不佞魏哆奉公命以伐范中行氏。不克。范中行氏反伐公。公擊之。范中行敗走。伐范中行是七節丁未。二子奔朝歌。二子奔是八節韓魏以趙氏爲請。十二月辛未。趙鞅入絳。盟於公宮。

（趙鞅入盟是九節）其明年。知伯文子謂趙鞅曰。范中行雖信爲亂。安于發之。是安于與謀也。晉國有法。始亂者死。夫二子已伏罪而安于獨在。趙鞅患之。安于曰。臣死趙氏定晉國寧。吾死晚矣。遂自殺。趙氏以告知伯。然後趙氏寧。（殺董安于是十節）孔子聞趙簡子不請晉君而執邯鄲午。保晉陽。故書春秋曰趙鞅以晉陽畔。（無數事縮作數百言頭緒秩然）趙簡子有臣曰周舍。好直諫。周舍死。簡子每聽朝。常不悅。大夫請辠。簡子曰。大夫無罪。吾聞千羊之皮。不如一狐之腋。諸大夫朝。徒聞唯唯。不聞周舍之鄂鄂。是以憂也。簡子由此能、附趙邑而懷晉人。（六東）晉定公十八年。趙簡子圍范中行于朝歌。中行文子奔邯鄲。明年。衞靈公卒。簡子與陽虎送衞太子蒯聵於衞。衞不內。居戚。晉定公二十一年。簡子拔邯鄲。中行文子奔柏人。簡子又圍柏人。中行文子范昭子遂奔齊。趙竟有邯鄲柏人。（完邯鄲事）范中行餘邑入於晉。趙名晉卿。實專晉權。奉邑侔於諸侯。（七東趙氏漸大）晉定公三十年。定公與吳王夫差爭長於黃池。趙簡子從晉定公。卒長吳。定公三十七年卒。而簡子除三年之喪。期而已。是歲越王句踐滅吳。（越事插序）晉出公十一年。知伯伐鄭。趙簡子疾。使太子毋恤將而圍鄭。知伯醉。以酒灌擊毋恤。毋恤羣臣請死之。

毋恤曰。君所以置毋恤。爲能忍詢。然亦慍知伯。知伯歸。因謂簡子。使廢毋恤。簡子不
聽。毋恤由此怨知伯。由慍而怨以漸而深 晉出公十七年。簡子卒。太子毋恤代立。是爲襄子。趙
襄子元年。越圍吳。襄子降喪食。使楚隆問吳王。襄子姊前爲代王夫人。簡子既葬。未
除服。北登夏屋。請代王。使厨人操銅料以食代王及從者。句行斟。句陰令宰人各以
料擊殺代王及從官。遂興兵平代地。應上常山實符事 其姊聞之。泣而呼天。摩笄自殺。代人
憐之。所死地名之爲摩笄之山。遂以代封伯魯子周爲代成君。伯魯者。襄子兄。故太
子。太子蚤死。故封其子。又點明一應上 襄子立四年。知伯與趙韓魏盡分其范中行故地。
晉出公怒。告齊魯。欲以伐四卿。四卿恐。遂共攻出公。出公奔齊。道死。知伯乃立昭公
曾孫驕。是爲晉懿公。知伯益驕。請地韓魏。韓魏與之。請地趙。趙不與。以其圍鄭之辱。
點明接上 知伯怒。遂率韓魏攻趙。趙襄子懼。乃奔保晉陽。原過從。句後。句 至於王澤。見三
人。自帶以上可見。自帶以下不可見。與原過竹二節。莫通。曰。爲我以是遺趙毋恤。原
過既至。以告襄子。襄子齋三日。親自剖竹。有朱書曰。趙毋恤。余霍泰山山陽侯天使
也。三月丙戌。余將使女反滅知氏。女亦立我百邑。余將賜女林胡之地。至於後世。且

有伉王。赤黑。龍面而鳥噣。鬢麋髭頿。大膺大胸。修下而馮。左衽界乘。奄有河宗。至于休溷諸貉。南伐晉別。北滅黑姑。文筆奇幻襄子再拜。受三神之令。三國攻晉陽。歲餘。引汾水灌其城。城不浸者三版。城中懸釜而炊。易子而食。羣臣皆有外心。禮益慢。唯高共不敢失禮。襄子懼。乃夜使相張孟同私於韓魏。韓魏與合謀。以三月丙戌。三國反滅知氏。共分其地。晉陽只略寫反借神書寫出色因韓魏二傳詳故別作機杼也於是襄子行賞。高共爲上。張孟同曰。晉陽之難。唯共無功。襄子曰。方晉陽急。羣臣皆懈。惟共不敢失人臣禮。是以先之。—於是趙北有代。南幷知氏。彊於韓魏。遂祠三神於百邑。使原過主霍泰山祠祀。—八束

趙氏益強其後娶空同氏。生五子。襄子爲伯魯之不立也。不肯立子。且必欲傳位與伯魯子代成君。成君先死。乃取代成君子浣立爲太子。襄子立三十三年卒。浣立。是爲獻侯。獻侯少卽位。治中牟。襄子弟桓子逐獻侯。自立於代。一年卒。國人曰。桓子立非襄子意。乃共殺其子。而復迎立獻侯。十年。中山武公初立。十三年。城平邑。十五年。獻侯卒。子烈侯籍立。烈侯元年。魏文侯伐中山。使太子擊守之。六年。魏韓趙皆相立爲諸侯。追尊獻子爲獻侯。—九束自初起至立侯凡九段收束烈侯好音。謂相國公仲連曰。寡人有愛。可

以貴之乎。公仲曰。富之可。貴之則否。烈侯曰。然。夫鄭歌者槍石二人。吾賜之田。八萬畝。公仲曰。諾。不與。一頓居一月。烈侯從代來。問歌者田。公仲曰。求句未有可者。頓二有頃。烈侯復問。公仲終不與。三頓乃稱疾不朝。番吾君自代來。謂公仲曰。君實好善。而未知所持。今公仲相趙。於今四年。亦有進士乎。公仲曰。未也。番吾君曰。牛畜荀欣徐越皆可。公仲乃進三人。及朝。烈侯復問歌者田何如。公仲曰。方使擇其善者。四頓忙中又插一句文法不板牛畜侍烈侯以仁義。約以王道。烈侯逌然。明日。荀欣侍以選練舉賢。任官使能。明日。徐越侍以節財儉用。察度功德。所與無不充。君說。兩明日相對作姿烈侯使使謂相國曰。歌者之田且止。官牛畜爲師。荀欣爲中尉。徐越爲內史。賜相國衣二襲。九年。烈侯卒。弟武公立。武公十三年卒。趙復立烈侯太子章。是爲敬侯。是歲魏文侯卒。魏事插序敬侯元年。武公子朝作亂。不克。出奔魏。趙始都邯鄲。二年。敗齊於靈丘。三年。救魏於廩丘。大敗齊人。四年。魏敗我兎臺。築剛平以侵衞。五年。齊魏爲衞攻趙。取我剛平。六年。借兵於楚伐魏。取棘蒲。八年。拔魏黃城。九年。伐齊。齊伐燕。趙救燕。十年。與中山戰于房子。十一年。魏韓趙共滅晉。分其地。伐中山。又戰于中人。十二年。敬侯卒。子成侯種立。

成侯元年。公子勝與成侯爭立。爲亂。二年。六月雨雪。三年。大戊午爲相。伐衞。取鄉邑七十三。魏敗我藺。四年。與秦戰高安。敗之。五年。伐齊於鄄。魏敗我懷。攻鄭。敗之。以與韓。韓與我長子。六年。中山築長城。中山事插序 伐魏。敗涿澤。圍魏惠王。七年。侵齊至長城。與韓攻周。八年。與韓分周以爲兩。九年。與齊戰阿下。十年。攻衞。取甄。十一年。秦攻魏。趙救之石阿。十二年。秦攻魏少梁。趙救之。十三年。秦獻公使庶長國伐魏少梁。虜其太子座。秦事插序 魏敗我澮。取皮牢。成侯與韓昭侯遇上黨。十四年。與韓攻秦。十五年。助魏攻齊。十六年。與韓魏分晉。封晉君以端氏。十七年。成侯與魏惠王遇葛孽。十九年。與齊宋會平陸。與燕會阿。二十年。魏獻榮椽。因以爲檀臺。二十一年。魏圍我邯鄲。二十二年。魏惠王拔我邯鄲。齊亦敗魏於桂陵。二十四年。魏歸我邯鄲。與魏盟漳水上。秦攻我藺。二十五年。成侯卒。公子緤與太子肅侯爭立。緤敗。亡奔韓。肅侯元年。奪晉君端氏。徙處屯留。二年。與魏惠王遇於陰晉。三年。公子范襲邯鄲。不勝而死。四年。朝天子。六年。攻齊。拔高唐。七年。公子刻攻魏首垣。十一年。秦孝公使商君伐魏。虜其將公子卬。秦事插序 趙伐魏。十二年。秦孝公卒。商君死。秦事插序 十五年。起壽陵。魏惠王卒。魏事插序十六年。肅侯遊大陵。出於鹿門。大戊午扣馬曰。耕事方急。一日不作。百日不食。只兩句佳勝。肅侯下車謝。十七年。圍魏黃不克。築長城。十八年。齊魏伐我。我決河水灌之。兵去。二十二年。張儀相秦。趙疵與秦戰。敗。秦殺疵河西。取我藺離石。三十三年。韓舉與齊魏戰。死於桑丘。二十四年。肅侯卒。秦楚燕齊魏出銳師各萬人來會葬。子武靈王立。以上俱散序。至武靈王後又復生色矣 武靈王元年。陽文君趙豹相。梁襄王與太子嗣。韓宣王與太子倉來朝信宮。武靈王少。未能聽政。博聞師三人。左右司過三人。及聽政。未能聽政及聽政作兩節對 先問先王貴臣肥義。加其秩。加秩肥義是一事 國三老年八十。月致其禮。致禮三老是一事 三年。城鄗。四年。與韓會於區鼠。五年。娶韓女爲夫人。爲惠后先伏 八年。韓擊秦。不勝而去。五國相王。趙獨否。曰。無其實。敢處其名乎。簡淨 令國人謂己曰君。九年。與韓魏共擊秦。秦敗我。斬首八萬級。齊敗我觀澤。十年。秦取我西都及中陽。齊破燕。燕相子之爲君。君反爲臣。十一年。王召公子職於韓。立以爲燕王。使樂池送之。十三年。秦拔我藺。虜將軍趙莊。楚惠王來。過邯鄲。十四年。趙何攻魏。十六年。秦惠王卒。秦事插序 王遊大陵。他日。王夢見處女。鼓琴而歌。詩曰。美人熒熒兮。顏若苕之榮。命乎命乎。曾無我嬴。歌詩清倩 異日王飲酒樂。數言所夢。想見其狀。若宋玉賦中語吳廣聞之。因夫人而內其女娃嬴。孟姚也。孟姚甚有寵於王。是爲惠后。十七年。王出九門。爲野臺。以望齊中山之境。十八年。秦武王與孟說舉龍文赤鼎。絕臏而死。趙王使代相趙固。迎公子稷于燕。送歸。立爲秦王。是爲昭王。十九年春正月。大朝信宮。召肥義與議天下。五日而畢。先虛寫一筆作引是一篇文字王北畧中山之地。至于房子。遂之代。北至無窮。西至河。登黃華之上。又虛寫一段不便出胡服起處事文情悠宕之妙召樓緩謀曰。我先王因世之變。以長南藩之地。屬阻漳滏之險。立長城。又取藺郭狼。敗林人於荏。而功未遂。一段自度今中山在我腹心。北有燕。東有胡。西有林胡樓煩秦韓之邊。而無彊兵之救。是亡社稷。奈何。一段度人夫有高世之名。必有遺俗之累。吾欲胡服。一句即入便住樓緩曰。善。胡服一篇亦作四節寫先是樓緩一節○胡服之議說第一一逼語意簡隋點首會意是親臣密謀語羣臣皆不欲。於是肥義侍王曰。簡襄主之烈。計胡翟之利。爲人臣者。寵有孝悌長幼順明之節。通有補民益主之業。此兩者臣之分也。一轉今吾欲繼襄主之跡。開於胡翟之鄉。而卒世不見也。二轉爲敵弱。用力少而功多。可以毋盡百姓之勞。而序往古之勳。三轉夫有高世之功者。負遺俗之累。有獨智之慮者。任驁民之怨。今吾將胡服騎射。以教百姓。而世必議寡人。奈何。[卽與樓緩之言而加詳焉○胡服之議說第二遍語氣畧縱] 肥義曰。臣聞疑事無功。疑行無名。王既定負遺俗之慮。殆無顧天下之議矣。[轉一] 夫論至德者不和於俗。成大功者不謀於衆。[轉二] 昔者舜舞有苗。禹袒裸國。非以養欲而樂志也。務以論德而約功也。[轉三] 愚者闇成事。智者覩未形。則王何疑焉。[卽樓緩之對亦加詳焉] 王曰。吾不疑胡服也。吾恐天下笑我也。狂夫之樂。智者哀焉。愚者所笑。賢者察焉。世有順我者。胡服之功未可知也。雖驅世以笑我。胡地中山。吾必有之。[胡服之議說第三遍語簡節緊是大臣坐論語] 於是遂胡服矣。[以上兩反兩復][至此一頓若決意胡服無他議矣孰知又有公子成一節哉文情之妙○肥義是第二節] 使王緤告公子成曰。寡人胡服。將以朝也。亦欲叔服之。[先點後轉] 家聽於親。而國聽於君。古今之公行也。子不反親。臣不逆君。兄弟之通義也。今寡人作敎易服。而叔不服。吾恐天下議之也。[轉二] 制國有常。利民爲本。從政有經。令行爲上。明德先論於賤。而行政先信於貴。[卽上意而語加階○三轉] 今胡服之意。非以養欲而樂志也。事有所止。而功有所出。事成功立。然後善也。[轉四] 今寡人恐叔之逆從政之經。以輔叔之議。[轉五] 且寡人聞之。事利國者行無邪。因貴戚者名不累。故願慕公叔之義。以成胡服之功。使緤謁之叔。請服焉。[胡服之議說第四遍悠揚和緩令人易入是對至親之語] 公子成再拜稽首曰。臣固聞王之胡服也。臣不佞寢疾。未能趨走以滋進也。王命之。臣敢對。因竭其愚忠。曰。臣聞中國者。蓋聰明徇智之所居也。萬物財用之所聚也。聖賢之所教也。仁義之所施也。詩書禮樂之所用也。異敏技能之所試也。遠方之所觀赴也。蠻夷之所義行也。一直滾下句法如風雨之集又一種筆法 今王舍此而襲遠方之服。變古之教。易古之道。逆人之心。而怫學者。離中國。故臣願王圖之也。使者以報。王曰。吾固聞叔之疾也。我將自往請之。中又一變 王遂往之公子成家。因自請之。曰。夫服者。所以便用也。禮者。所以便事也。聖人觀鄉而順宜。因事而制禮。所以利其民而厚其國也。一轉 夫翦髮文身。錯臂左衽。甌越之民也。黑齒雕題。卻冠秫絀。大吳之國也。二轉 故禮服莫同。其便一也。鄉異而用變。事異而禮易。三轉 是以聖人果可以利其國。不一其用。果可以便其事。不同其禮。儒者一師而俗異。中國同禮而教離。況於山谷之便乎。四轉 故去就之變。知者不能一。遠近之服。聖賢不能同。窮鄉多異。曲學多辯。不知而不疑。異于己而不非者。公焉而衆求盡善也。五轉 今叔之所言者俗也。吾所言者所以制俗也。住而復起一段論理〇六轉 吾國東有河薄洛之水。與齊中山同之。無舟楫之用。客 自常山以至代上黨。東有燕東胡之境。而西有樓煩秦韓之邊。今無騎射之備。七轉故寡人無舟楫之用。夾水居之民。將何以守河薄洛之水。變服騎射。以備燕三胡秦韓之邊。八轉且昔者簡主不塞晉陽以及上黨。而襄主幷戎取代以攘諸胡。此愚知所明也。先時中山負齊之彊兵侵暴吾地。係累吾民。引水圍鄗。微社稷之神靈。則鄗幾於不守也。先王醜之。而怨未能報也。九轉今騎射之備。近可以便上黨之形。而遠可以報中山之怨。而叔順中國之俗以逆簡襄之意。惡變服之名。以忘鄗事之醜。非寡人之所望也。一段論勢〇胡服之議說第五遍始淋漓明暢

公子成再拜稽首曰。臣愚不達於王之義。敢道世俗之聞。臣之辠也。今王將繼簡襄之意。以順先王之志。臣敢不聽命乎。再拜稽首。乃賜胡服。明日服而朝。於是始出胡服令也。公子成之後又一頓以爲無遺議矣孰知又有趙文等一段哉文章樂事〇公子成是三節

趙文趙造周袑趙俊皆諫止王毋胡服如故法便。省王曰。先王不同俗。何古之法。帝王不相襲。何禮之循。先立句柱四虙戲神農教而不誅。黃帝堯舜誅而不怒。及至三王。隨時制法。因事制禮。法度制令各順其宜。衣服器械。各便其用。一轉故禮也不必一道。而便國不必古。聖人之興也不相襲而王。夏殷之衰也。不易禮而滅。二轉然則反古未可非。而循禮未足多也。四轉且服

奇者志淫。則是鄒魯無奇行也。俗辟者民易。則是吳越無秀士也。五轉 且聖人利身謂之服。便事謂之禮。六轉 夫進退之節。衣服之制者。所以齊常民也。非所以論賢者也。七轉 故齊民與俗流。賢者與變俱。故諺曰。以書御者不盡馬之情。以古制今者不達事之變。循法之功。不足以高世。法古之學。不足以制今。子不及也。胡服之議說第六遍義嚴而正詞峭而勁是對羣臣語一遍是一種語氣一種文法 遂胡服招騎射。二十年。王略中山地。至寧葭。西略胡地。至榆中。林胡王獻馬。復寫略地應前 歸。使樓緩之秦。仇液之韓。王賁之楚。富丁之魏。趙爵之齊。代相趙固主胡。致其兵。此是胡服之効○自大朝信宮至此是一篇 二十一年。攻中山。趙袑爲右軍。許均爲左軍。公子章爲中軍。王并將之。牛翦將車騎。趙希并將胡代。趙與之陘。合軍曲陽。攻取丹丘華陽鴟之塞。王軍取鄗石邑封龍東垣。中山獻四邑和。王許之。罷兵。二十三年。攻中山。二十五年。惠后卒。使周袑胡服傅王子何。二十六年。復攻中山。攘地北至燕代。西至雲中九原。以上戰勝攻取俱胡服之効 二十七年五月戊申。大朝於東宮。傳國。立王子何以爲王。王廟見禮畢。出臨朝。大夫悉爲臣。肥義爲相國。并傅王。是爲惠文王。惠文王。惠后吳娃子也。點應前 武靈王自號爲主父。主父欲令子主治國。而身胡服將士大夫西北畧胡地。而欲從雲中九原直南襲秦。寫主父每多氣色俱用此等句 於是詐自爲使者入秦。秦昭王不知。已而怪其狀甚偉。非人臣之度。使人逐之。而主父馳已脫關矣。審問之。乃主父也。秦人大驚。主父所以入秦者。欲自畧地形。因觀秦王之爲人也。住一筆嬌健 惠文王二年。主父行新地。遂出代。西遇樓煩王於西河而致其兵。三年。滅中山。遷其王於膚施。起靈壽。北地方從代道大通。還歸行賞。大赦。置酒酺五日。又暢寫一筆胡服之効而極盛則衰矣 封長子章爲代安陽君。章素侈。心不服其弟所立。主父又使田不禮相章也。一頓事正起反作住筆妙 李兌謂肥義曰。公子章彊壯而志驕。黨衆而欲大。殆有私乎。公子章 田不禮之爲人也。忍殺而驕。田不禮兩對句法各變 二人相得。必有謀。陰賊起。一出身徼幸。論章禮只此住 夫小人有欲。輕慮淺謀。徒見其利而不顧其害。同類相推。俱入禍門。易林佳句○一段泛說 以吾觀之。必不久矣。子任重而勢大。亂之所始。禍之所集也。子必先患。一段緊入 仁者愛萬物而智者備禍於未形。不仁不智。何以爲國。一段泛說 子奚不稱疾毋出。傳政於公子成。又一段緊入 毋爲怨府。毋爲禍梯。終以泛說佳句竟住 肥義曰。不可。昔者主父以王屬義也。曰。毋變而度。毋異而慮。堅守一心。以沒而世。應前俱以銘贊語作態 義再拜受命而籍之。今畏不禮之難。而忘吾籍。變孰大焉。進受嚴命。退而不全。負孰甚焉。變負之臣。不容於刑。諺曰。死者復生。生者不愧。吾言已在前矣。吾欲全吾言。安得全吾身。句法精綻下轉 且夫貞臣也難至而節見。忠臣也累至而行明。兩也字句法新倩 子則有賜而忠我矣。雖然。吾有語在前者也。終不敢失。又找一句明暢 李兌曰。諾。子勉之矣。吾見子已今年耳。奇句 涕泣而出。李兌數見公子成。以備田不禮之事。李兌兩說一明一暗帶作餘波 異日肥義謂信期曰。公子與田不禮。甚可憂也。其於義也。聲善而實惡。此爲人也不子不臣。兩對句法換 吾聞之也。姦臣在朝。國之殘也。讒臣在中。主之蠹也。又兩對 此人貪而欲大。內得主而外爲暴。矯令爲慢。以擅一旦之命。不難爲也。禍且逮國。今吾憂之。夜而忘寐。饑而忘食。盜賊出入。不可不備。自今以來。若有召王者。必見吾面。我將先以身當之。句 無故句 而王乃入。信期曰。善哉。吾得聞此也。頓住 四年。朝羣臣。安陽君亦來朝。主父令王聽朝。而自從旁觀窺羣臣宗室之禮。見其長子章儽然也。反北面爲臣。詘於其弟。心憐之。於是乃欲分趙而王章於代。計未決而輟。中插序事佳便俗手爲之便移在前反將李兌肥義兩節放此下矣 主父及王游沙丘異宮。公子章卽以其徒與田不禮作亂。詐以主父令召王。肥義先入。殺之。高信卽與王戰。公子成與李兌自國至。乃起四邑之兵。入距難。殺公子章及田不禮。滅其黨賊而定王室。公子成爲相。號安平君。李兌爲司寇。公子章之敗。往走主父。主父開之。（前事倒插入）成兌因圍主父宮。公子章死。公子成李兌謀曰。以章故圍主父。卽解兵。吾屬夷矣。乃遂圍主父。令宮中人後出者夷。宮人中悉出。主父欲出不得。又不得食。探雀鷇而食之。三月餘而餓死沙丘宮。主父定死。（又補一句是一人餓死空宮無人傳訃久而後知之也）乃發喪赴諸侯。是時王少。成兌專政。畏誅。故圍主父。（結圍主父事）主父初以長子章爲太子。（一層）後得吳娃。愛之。爲不出者數歲。生子何。乃廢太子章而立何爲王。（二層）吳娃死。愛弛。憐故太子。欲兩王之。猶豫未決。（三層）故亂起。以至父子俱死。爲天下笑。豈不痛乎。一（中作論贊一段法變○自封長子章至此是一篇）主父死。惠文王立。立五年。與燕鄚易。八年。城南行唐。九年。趙梁將與齊合軍攻韓。至魯關下。及十年。秦自置爲西帝。（秦事插序）十一年。董叔與魏氏伐宋。得河陽於魏。秦取梗陽。十二年。趙梁將攻齊。十三年。韓徐爲將攻齊。公主死。一十四年。相國樂毅將趙秦韓魏燕攻齊。取靈丘。與秦會中陽。十五年。燕昭王來見。趙與韓魏秦共擊齊。齊王敗走。燕獨深入。取臨菑。十六年。秦復與趙數擊齊。齊人患之。蘇厲爲齊遺趙王書曰。臣聞古之賢君。其德行非布於海內也。敎順非洽於民人也。祭祀時享。非數常於鬼神也。甘露降。時雨至。年穀豐熟。民不疾疫。衆人善之。然而賢主圖之。今足下之賢行功力。非數加於秦也。怨毒積怒。非素深於齊也。秦趙與國。以彊徵兵於韓。秦誠愛趙乎。其實憎齊乎。物之甚者。賢主察之。秦非愛趙而憎齊也。欲亡韓而吞二周。故以齊餤天下。恐事之不合。故出兵以劫魏趙。恐天下畏己也。故出質以爲信。恐天下亟反也。故徵兵於韓以威之。聲以德與國。而實伐空韓。臣以秦計爲必出於此。夫物固有勢異而患同者。楚久伐而中山亡。今齊久伐而韓必亡。破齊。王與六國分其利也。亡韓。秦獨擅之。收二周。西取祭器。秦獨私之。賦田計功。王之獲利。孰與秦多。說士之計曰。韓亡三川。魏亡晉國。市朝未變。而禍已及矣。燕盡齊之北地。去沙丘鉅鹿斂三百里。韓之上黨去邯鄲百里。燕秦謀王之河山。間三百里而通矣。秦之上郡近挺關。至於楡中者千五百里。秦以三郡攻王之上黨。羊腸之西。勾注之南。非王有已。踰勾注。斬常山而守之。三百里而通於燕。代馬胡犬不東下。昆山之玉不出。此三寶者。亦非王有已。王久伐齊。從彊秦攻韓。其禍必至於此。願王孰慮之。且齊之所以伐者。以事王也。天下屬行以謀王也燕秦之約成而兵出有日矣五國三分王之地齊倍五國之約而殉王之患西兵以禁彊秦秦廢帝請服反高平根柔於魏反巠分九俞於趙齊之事王宜為上佼而今乃抵罪臣恐天下後事王者之不敢自必也願王孰計之也今王毋與天下攻齊天下必以王為義齊抱社稷而厚事王天下必盡重王義王以天下善秦秦暴王以天下禁之是一世之名寵制於王也於是趙乃輟謝秦不擊齊—王與燕王遇—廉頗將攻齊昔陽取之十七年樂毅將趙師攻魏伯陽而秦怨趙不與己擊齊伐趙拔我兩城十八年秦拔我石城王再之衞東陽決河水伐魏氏大潦漳水出魏冉來相趙十九年秦敗我二城趙與魏伯陽趙奢將攻齊麥丘取之二十年廉頗將攻齊王與秦昭王遇西河外二十一年趙徙漳水武平西二十二年大疫置公子丹為太子二十三年樓昌將攻魏幾不能取十二月廉頗將攻幾取之（不取取之兩應）二十四年廉頗將攻魏房子拔之因城而還又攻安陽取之二十五年燕周將攻昌城高唐取之與魏共擊秦秦將白起破我華陽得一將軍二十六年取東胡歐代地二十七年徙漳水武平南封趙豹為平陽君河水出大潦二十八年藺相如伐齊至

平邑。罷城北九門大城。燕將成安君公孫操弒其王。（燕事插序）二十九年。秦韓相攻而圍
閼與。趙使趙奢將擊秦大破秦軍閼與下。賜號爲馬服君。三十三年。惠文王卒。太子
丹立是爲孝成王。孝成王元年。秦伐我拔三城。趙王新立。太后用事。秦急攻之。趙氏
求救於齊。齊曰。必以長安君爲質。兵乃出。太后不肯。大臣彊諫。太后明謂左右曰。（明謂）
（好）復言長安君爲質者。老婦必唾其面。左師觸龍言願見太后。太后盛氣而胥之。（句）
入。（句）徐趨而坐。自謝曰。老臣病足。曾不能疾走。不得見久矣。竊自恕。（句）而恐太后體
之有所苦也。故願望見太后。（一層文法層層剝入）太后曰。老婦恃輦而行。曰。食得毋衰乎。曰。恃
粥耳。曰。老臣間者。殊不欲食。（句）乃彊步。日三四里。（句）少益嗜食。（句）和於身也。（兩節閒語楚楚）
（有致）太后曰。老婦不能。太后不和之色少解。（閒中略頓）左師公曰。老臣賤息舒祺。最少。不肖。
而臣衰。竊憐愛之。願得補黑衣之缺。以衞王宮。昧死以聞。太后曰。敬諾。年幾何矣。對
曰。十五歲矣。雖少。願及未填溝壑而託之。（三層）太后曰。丈夫亦愛憐少子乎。對曰。甚于
婦人。太后笑曰。婦人異甚。（四層）對曰。老臣竊以爲媼之愛燕后。賢於長安君。太后曰。君
過矣。不若長安君之甚。（五層）左師公曰。父母愛子。則爲之計深遠。媼之送燕后也。持其

踵爲之泣念其遠也亦哀之矣（兩調好）已行非不思也祭祀則祝之曰必勿使反豈非計長久爲子孫相繼爲王也哉太后曰然（六層）左師公曰今三世以前至於趙主之子孫爲侯者其繼有在者乎曰無有曰微獨趙諸侯有在者乎曰老婦不聞也（七層）曰此其近者禍及其身遠者及其子孫豈人主之子侯則不善哉位尊而無功奉厚而無勞而挾重器多也今媼尊長安君之位而封之以膏腴之地多與之重器而不及今令有功於國一旦山陵崩長安君何以自託於趙老臣以媼爲長安君計短也故以爲愛之不若燕后（又作兩句點明截住）太后曰諾恣君之所使之於是爲長安君約車百乘質於齊齊兵乃出子義聞之曰人主之子骨肉之親也猶不能持無功之尊無勞之奉而守金玉之重也而況於予乎（又借子義作餘波○自趙王新立至此是一篇）

自齊安平君田單將趙師而攻燕中陽拔之又攻韓注人拔之二年惠文后卒田單爲相四年王夢衣偏裻之衣乘飛龍上天不至而墜見金玉之積如山（又是一個異夢）明日王召筮史敢占之曰夢衣偏裻之衣者殘也乘飛龍上天不至而墜者有氣而無實也見金玉之積如山者憂也後三日韓氏上黨守馮亭使者至曰韓不能守上黨入之於秦其吏民皆安爲趙不

欲爲秦。有城市邑十七。願再拜入之趙。聽王所以賜吏民。詞命調　王大喜。召平陽君豹告之曰。馮亭入城市邑十七。受之何如。對曰。聖人甚禍無故之利。只一句頓住　王曰。人懷吾德。何謂無故乎。對曰。夫秦蠶食韓氏。句　地中絕。句　不令相通。固自以爲坐而受上黨之地也。一轉　韓氏所以不入於秦者。欲嫁其禍於趙也。秦服其勞而趙受其利。雖彊大不能得之於小弱。小弱顧能得之於彊大乎。豈可謂非無故之利哉。二轉　且夫秦以牛田之水通糧。蠶食上乘倍戰者。裂上國之地。其政行。不可與爲難。必勿受也。王曰。今發百萬之軍而攻。踰年歷歲未得一城也。今以城市邑十七幣吾國。此大利也。趙豹出。一卸　王召平原君與趙禹而告之。對曰。發百萬之軍而攻。踰歲未得一城。今坐受城市邑十七。此大利不可失也。王曰。善。趙豹一反平原一正作兩節前詳後略　乃令趙勝受地。告馮亭曰。敝國使者臣勝。此一句通名下乃致詞非疊句也　敝國君使勝致命。以萬戶都三封太守。千戶都三封縣令。皆世世爲侯。吏民皆益爵三級。吏民能相安。皆賜之六金。詞命佳　馮亭垂涕不見使者。曰。吾不處三不義也。爲主守地。不能死固。不義一矣。入之秦。不聽主令。不義二矣。賣主地而食之。不義三矣。趙遂發兵取上黨。廉頗將軍軍長平。七年。廉頗免

中華書局印行

而趙括代將秦人圍趙括趙括以軍降卒四十餘萬皆阬之王悔不聽趙豹之計故
有長平之禍焉（點明收應還趙豹〇以上自王夢至此一篇）王還不聽秦秦圍邯鄲武垣令傅豹王容蘇
射率燕衆反燕地趙以靈丘封楚相春申君八年平原君如楚請救還楚來救及魏
公子無忌亦來救秦圍邯鄲乃解十年燕攻昌壯五月拔之趙將樂乘慶舍攻秦信
梁軍破之太子死而秦攻西周拔之徒父祺出十一年城元氏縣上原武陽君鄭安
平死收其地十二年邯鄲廥燒十四年平原君趙勝死十五年以尉文封相國廉頗
爲信平君燕王令丞相栗腹約驩以五百金爲趙王酒還歸報燕王曰趙氏壯者皆
死長平其孤未壯可伐也（一正）王召昌國君樂間而問之對曰趙四戰之國也其民習
兵伐之不可王曰吾以衆伐寡二而伐一可乎（一跌）（反）對曰不可王曰吾卽以五而伐
一可乎（再跌）對曰不可（一可伐也兩可乎三不可呼應作致）燕王大怒羣臣皆以爲可（又只一可字結不覺其詞寫怒語妙）
燕卒起二軍車二千乘栗腹將而攻鄗卿秦將而攻代廉頗爲趙將破殺栗腹虜卿
秦樂間十六年廉頗圍燕以樂乘爲武襄君十七年假相大將武襄君攻燕圍其國
十八年延陵鈞率師從相國信平君助魏攻燕秦拔我榆次三十七城十九年趙與

燕易土。以龍兌汾門臨樂與燕。燕以葛武陽平舒與趙。二十年。秦王政初立。秦拔我晉陽。二十一年。孝成王卒。廉頗將攻繁陽。取之。使樂乘代之。廉頗攻樂乘。樂乘走。廉頗亡入魏。子偃立。是爲悼襄王。悼襄王元年。大備魏。欲通平邑中牟之道。不成。二年。李牧將。攻燕。拔武遂方城。秦召春平君。因而留之。泄鈞爲之謂文信侯曰。春平君者。趙王甚愛之而郎中妬之。故相與謀曰。春平君入秦。秦必留之。故相與謀而內之秦也。今君留之。是絕趙而郎中之計中也。君不如遣春平君而留平都。春平君者言行信於王。王必厚割趙而贖平都。策士常語文信侯曰善。因遣之。城韓皋。三年。龐煖將。攻燕禽其將劇辛。四年。龐煖將趙楚魏燕之銳師。攻秦蕞。不拔。移攻齊。取饒安。五年。傅抵將。居平邑。慶舍將東陽河外師。守河梁。六年。封長安君以饒。魏與趙鄴。九年。趙攻燕。取貍陽城。兵未罷。秦攻鄴。拔之。悼襄王卒。子幽繆王遷立。幽繆王遷元年。城柏人。二年。秦攻武城。扈輒率師救之。軍敗。死焉。三年。秦攻赤麗宜安。李牧率師與戰肥下。卻之。封牧爲武安君。四年。秦攻番吾。李牧與之戰。卻之。五年。代地大動。自樂徐以西。北至平陰。臺屋牆垣大半壞。地圻東西百三十步。六年。大饑。民譌言曰。趙爲號。平聲秦爲笑。以爲不信。視地之生毛。諺亦奇 七年。秦人攻趙。趙大將李牧。將軍司馬尙將。擊之。李牧誅。司馬尙免。趙忽及齊將顏聚代之。趙忽軍破。顏聚亡去。以王遷降。八年十月。邯鄲爲秦。

太史公曰。吾聞馮王孫曰。趙王遷。其母倡也。嬖於悼襄王。悼襄王廢適子嘉而立遷。遷素無行。信讒。故誅其良將李牧。用郭開。豈不謬哉。秦旣虜遷。趙之亡大夫共立嘉爲王。王代六歲。秦進兵破嘉。遂滅趙以爲郡。

趙世家一篇俱寫趙事其中文法段段奇勝讀之不覺其長○王遷出處不寫傳中反於贊中點出○前有簡子一夢後又有武靈王一夢孝成王一夢通篇以夢相照耀咄咄怪事何其多也

史記論文

武進吳見思齊賢評點
山陰吳興祚留村參訂

魏世家

魏之先畢公高之後也畢公高與周同姓武王之伐紂而高封於畢於是爲畢姓其後絕封爲庶人或在中國或在夷狄（世系莫考故序得約略）其苗裔曰畢萬事晉獻公獻公之十六年趙夙爲御畢萬爲右以伐霍耿魏滅之以耿封趙夙以魏封畢萬爲大夫（趙魏陪正）卜偃曰畢萬之後必大矣萬滿數也魏大名也以是始賞天開之矣天子曰兆民諸侯曰萬民今命之大以從滿數其必有衆初畢萬卜事晉遇屯之比辛廖占之曰吉屯固比入吉孰大焉其必蕃昌（因卜偃復引出辛廖兩層照耀）畢萬封十一年晉獻公卒四子爭更立晉亂而畢萬之世彌大從其國名爲魏氏（一束）生武子魏武子以魏諸子事晉公子重耳晉獻公之二十一年武子從重耳出亡十九年反重耳立爲晉文

公而令魏武子襲魏氏之後。封列爲大夫。治於魏。—序世系。洞源如江河。濫觴漸漸增大。生悼子。魏悼子徙治霍。—生魏絳。魏絳事晉悼公。悼公三年。會諸侯。悼公弟楊干亂行。魏絳僇辱楊干。悼公怒曰。合諸侯以爲榮。今辱吾弟。將誅魏絳。或說悼公。悼公止。省文卒任魏絳政。使和戎翟。戎翟親附。悼公之十一年。曰自吾用魏絳。八年之中。九合諸侯。戎翟和。子之力也。賜之樂。三讓。然後受之。徙治安邑。—約法簡淨。但賜樂無來歷。魏絳卒。諡爲昭子。—生魏嬴。—嬴生魏獻子。獻子事晉昭公。昭公卒而六卿彊。公室卑。—晉頃公之十二年。韓宣子老。魏獻子爲國政。晉宗室祁氏羊舌氏相惡。六卿誅之。盡取其邑爲十縣。六卿各令其子爲之大夫。獻子與趙簡子中行文子范獻子並爲晉卿。—六卿分晉之漸。其後十四歲而孔子相魯。—提綱。後四歲。趙簡子以晉陽之亂也。而與韓魏共攻范中行氏。—魏獻子生魏侈。魏侈與趙鞅共攻范中行氏。—初云共攻范中行氏矣。又找曰攻范中行氏者。魏獻子之子侈也。因以趙鞅陪之。作兩層寫。變法。魏侈之孫曰魏桓子。與韓康子趙襄子共伐滅智伯。分其地。—省文。以趙世家詳也。桓子之孫曰文侯都。魏文侯元年。秦靈公之元年也。與韓武子趙桓子周威王同時。—忽扯秦周韓趙同點一句。變法。六年。城少梁。—十三年。使子擊圍繁龐。出其民。—十六年伐秦。築臨晉元里。一十七年伐中山。使子擊守之。趙倉唐傅之。子擊逢文侯之師田子方於朝歌。引車避下謁。田子方不爲禮。子擊因問曰。富貴者驕人乎。且貧賤者驕人乎。子方曰、亦貧賤者驕人耳。（且字亦字呼應佳）夫諸侯而驕人則失其國。大夫而驕人則失其家。貧賤者行不合。言不用。則去之楚越。若脫躧然。奈何其同之哉。子擊不懌而去。一（刪潤簡淨）西攻秦。至鄭而還。築雒陰合陽。一二十二年。魏趙韓列爲諸侯。一（提綱）二十四年、秦伐我至陽狐。一二十五年、子擊生子罃。一文侯受子夏經藝。客段干木過其閭未嘗不軾也。秦嘗欲伐魏。或曰。魏君賢人是禮。國人稱仁。上下和合。未可圖也。文侯由此得譽於諸侯。一（省文）任西門豹守鄴。而河內稱治。一（省文）魏文侯謂李克曰。先生嘗教寡人曰。家貧則思良妻。國亂則思良相。今所置非成則璜。二子何如。李克對曰。臣聞之。卑不謀尊。疏不謀戚。臣在闕門之外。不敢當命。文侯曰。先生臨事勿讓。李克曰。君不察故也。居視其所親。富視其所與。達視其所舉。窮視其所不爲。貧視其所不取。五者足以定之矣。何待克哉。文侯曰。先生就舍。寡人之相定矣。李克趨而出。過翟璜之家。（復生一波）翟璜曰。今者聞君召先生而卜相。果誰爲之。李克曰。魏成子爲相矣。（一句斷定）

故從奇入翟璜忿然作色曰。以耳目之所覩記。臣何負於魏成子。西河之守。臣之所進也。
君內以鄴爲憂。臣進西門豹。君謀欲伐中山。臣進樂羊。中山已拔。無使守之。臣進先
生。君之子無傅。臣進屈侯鮒。於五事中抽出達視其所舉而所與所親亦在其中暗與前應〇翟璜意中只重臣進先生一句餘三人皆陪
也臣何負於魏成子。兩無負是怒詞絕肖李克曰。且子之言克於子之君者。豈將比周以求大
官哉。比周正答其臣進先生一句君問而置相。非成則璜。二子何如。克對曰。君不察故也。居視其
所親。富視其所與。達視其所舉。窮視其所不爲。貧視其所不取。五者足以定之矣。何
待克哉。重述一遍以見非薦克亦是解臣進先生一句也是以知魏成子之爲相也。又斷一句下乃解明故作奇勢也且子
安得與魏成子比乎。魏成子以食祿千鍾。什九在外。什一在內。是以東得卜子夏。田
子方。段干木。此三人者。君皆師之。子之所進五人者。君皆臣之。一折意盡論亦明透子惡得與
魏成子比也。又找一句以應前魏成子爲相兩句翟璜逡巡再拜曰。璜鄙人也。失對。願卒爲弟子。一二
十六年。虢山崩。壅河。一三十二年。伐鄭。城酸棗。敗秦於注。一三十五年、齊伐取我襄
陵。一三十六年、秦侵我陰晉。一三十八年、伐秦。敗我武下。得其將識。一是歲文侯卒。
子擊立。是爲武侯。一魏武侯元年、趙敬侯初立。公子朔爲亂。不勝。奔魏。與魏襲邯鄲。

魏敗而去。—二年、城安邑王垣。—七年、伐齊至桑丘。—九年、翟敗我於澮。使吳起伐齊至靈丘。—齊威王初立。—（齊事插序）十一年、與韓趙三分晉地滅其後。—（省文）十三年、秦獻公縣櫟陽。—（秦事插序）十五年、敗趙北藺。—十六年、伐楚取魯陽。—武侯卒子罃立是爲惠王。惠王元年、初武侯卒也子罃與公中緩爭爲太子。公孫頎自宋入趙自趙入韓。（先說趙而後說韓也故下與趙合軍暗序）謂韓懿侯曰魏罃與公中緩爭爲太子。君亦聞之乎。今魏罃得王錯挾上黨固半國也。（奇句）因而除之破魏必矣。不可失也。懿侯說乃與趙成侯合軍并兵以伐魏。戰于濁澤。魏氏大敗魏君圍。趙謂韓曰除魏君立公中緩割地而退。我且利。韓曰不可。殺魏君。人必曰暴。割地而退。人必曰貪。不如兩分之。魏分爲兩。不彊於宋衞。則我終無魏之患矣。（數語曲盡）趙不聽。韓不說。以其少卒夜去。惠王之所以身不死國不分者。二家謀不和也。若從一家之謀。則魏必分矣。故曰君終無適子。其國可破也。—（忽插斷語史公慨來不及刪削耳）二年、魏敗韓于馬陵。敗趙于懷。—三年、齊敗我觀。五年、與韓會宅陽。城武堵。爲秦所敗。—六年、伐取宋儀臺。九年、伐敗韓於澮。與秦戰少梁。虜我將公孫痤。取龐。—秦獻公卒。子孝公立。—（秦事插序）十年、伐取趙皮牢。—彗星見。—

十二年、星晝墜有聲。━十四年、與趙會鄗。━十五年、魯衛宋鄭君來朝。━十六年、與秦孝公會杜平侵宋黃池。宋復取之。━十七年、與秦戰元里。秦取我少梁。圍趙邯鄲。━十八年、拔邯鄲。趙請救於齊。齊使田忌孫臏救趙。敗魏桂陵。━十九年、諸侯圍我襄陵。築長城塞固陽。━二十年、歸趙邯鄲。與盟漳水上。━二十一年、與秦會彤。趙成侯卒。━二十八年、齊威王卒。中山君相魏。━三十年、魏伐趙。趙告急齊。齊宣王用孫子計。救趙擊魏。魏遂大興師。使龐涓將。而令太子申爲上將軍。過外黃。外黃徐子謂太子曰。臣有百戰百勝之術。（突入）太子曰。可得聞乎。客曰。固願效之。曰太子自將攻齊。大勝幷莒。則富不過有魏。貴不益爲王。若戰不勝齊。則萬世無魏矣。此臣之百戰百勝之術也。太子曰。諾。請必從公之言而還矣。客曰。太子雖欲還。不得矣。（突入又起一峯）彼勸太子戰攻。欲啜汁者衆。太子雖欲還。恐不得矣。（又勸一句緊峭）太子因欲還。其御曰。將出而還。與北同。太子果與齊人戰。敗於馬陵。齊虜魏太子申。殺將軍涓。軍遂大破。━三十一年、秦趙齊共伐我。秦將商君詐我將軍公子卬。而襲奪其軍。破之。秦用商君。東地至河。而齊趙數破我。安邑近秦。於是徙治大梁。以公子赫爲太子。━三十三年、秦孝

公卒。商君亡秦歸魏。魏怒不入。三十五年、與齊宣王會平河南。惠王數敗於軍旅。頂上
數節卑禮厚幣。以招賢者。鄒衍淳于髡孟軻皆至梁。梁惠王曰。寡人不佞。兵三折於外。
太子虜。上將死。國以空虛。以羞先君宗廟社稷。寡人甚醜之。叟不遠千里。辱幸至敝
邑之庭。將何以利吾國。孟軻曰。君不可以言利若是。夫君欲利則大夫欲利。大夫欲
利則庶人欲利。上下爭利。國則危矣。爲人君仁義而已矣。何以利爲。一三十六年。復
與齊王會甄。一是歲。惠王卒。子襄王立。一襄王元年。與諸侯會徐州。相王也。追尊父
惠王爲王。一五年、秦敗我龍賈軍四萬五千于雕陰。圍我焦曲沃。予秦河西之地。一
六年、與秦會應。秦取我汾陰皮氏焦。一魏伐楚。敗之陘山。一七年、魏盡入上郡于秦。
秦降我蒲陽。一八年、秦歸我焦曲沃。一十二年、楚敗我襄陵。諸侯執政與秦相張儀
會齧桑。一十三年、張儀相魏。一魏有女子化爲丈夫。一秦取我曲沃平周。一十六年、
襄王卒。子哀王立。一張儀復歸秦。一哀王元年、五國共攻秦。不勝而去。一二年、齊敗
我觀津。一五年、秦使樗里子伐取我曲沃。走犀首岸門。一六年、秦求立公子政爲太
子。與秦會臨晉。一七年、攻齊。與秦伐燕。一八年、伐衛。拔列城二。衛君患之。如耳見衛

君曰請罷衛兵免成陵君可乎衛君曰先生果能孤請世世以衛事先生如耳見成陵君曰昔者魏伐趙斷羊腸拔閼與約斬趙趙分而爲二所以不亡者魏爲從主也今衛已迫亡將西請事於秦與其以秦醳衛不如以魏醳衛 語奇意透 衛之德魏必終無窮成陵君曰諾 先見成陵君後見魏王作兩節寫 如耳見魏王曰臣有謁於衛衛故周室之別也其稱小國多寶器今國迫於難而寶器不出者其心以爲攻衛醳衛 語更省更奇 不以王爲主故寶器雖出必不入於王也 前以順說此以反擊 臣竊料之先言醳衛者必受衛者也 意調俱妙 如耳出成陵君入以其言見魏王 前以兩節寫此以兩段應 魏王聽其說罷其兵免成陵君終身不見

一九年、與秦王會臨晉張儀魏章皆歸於魏

一魏相田需死楚害張儀犀首薛公楚相昭魚謂蘇代曰田需死吾恐張儀犀首薛公有一人相魏者也代曰然相者欲誰而君便之 欲誰相者倒句 昭魚曰吾欲太子之自相也代曰請爲君北必相之昭魚曰奈何對曰君其爲梁王代請說君 文章之幻 昭魚曰奈何對曰代也從楚來昭魚甚憂曰田需死吾恐張儀犀首薛公有一人相魏者也代曰梁王長主也必不相張儀 徑斷定妙 張儀相必右秦而左魏犀首相必右韓而左魏薛公相必右齊而左魏梁王長主也

必不便也。王曰。然則寡人孰相。(預擬一王曰文幻如此)代曰。莫若太子之自相。太子之自相是
三人者。皆以太子爲非常相也。皆將務以其國事魏。欲得丞相璽也。以魏之彊。而三
萬乘之國輔之。魏必安矣。故曰。莫若太子之自相也。(前作一頓此數句一趨而下其勢甚緊)遂北見梁
王。以此告之。太子果相魏。—(預擬一篇文章後只一句點明另是一種文法)十年、張儀死。—十一年、與秦武
王會應。—十二年、太子朝于秦。秦來伐我皮氏。未拔而解。—十四年、秦來歸武王后。
—十六年、秦拔我蒲反陽晉封陵。—十七年、與秦會臨晉。秦予我蒲反。—十八年、與
秦伐楚。—二十一年、與齊韓共敗秦軍函谷。—二十三年、秦復予我河外及封陵爲
和。—哀王卒。子昭王立。—昭王元年、秦拔我襄城。二年、與秦戰。我不利。—三年、佐韓
攻秦。秦將白起敗我軍伊闕二十四萬。—六年、與秦河東地方四百里。—芒卯以詐
重。—(空著一語甚奇)七年、秦拔我城大小六十一。—八年、秦昭王爲西帝。齊湣王爲東帝。月
餘皆復稱王歸帝。—(齊秦事插序)九年、秦拔我新垣曲陽之城。—十年、齊滅宋。宋王死我
溫。—(齊宋事插序)十二年、與秦趙韓燕共伐齊。敗之濟西。湣王出亡。燕獨入臨淄。與秦王
會西周。—十三年、秦拔我安城。兵到大梁去。—十八年、秦拔郢。楚王徙陳。—(秦楚事插序)

十九年、昭王卒。子安釐王立。一安釐王元年、秦拔我兩城。一二年、又拔我二城。軍大梁下。韓來救。予秦溫以和。一三年、秦拔我四城。斬首四萬。一四年、秦破我及韓趙。殺十五萬人。走我將芒卯。魏將段干子請予秦南陽以和。蘇代謂魏王曰、欲璽者段干子也。欲地者秦也。今王使欲地者制璽。使欲璽者制地。〈先立兩句下互兩句文法佳峭〉魏氏地不盡則不知已。且夫以地事秦。譬猶抱薪救火。薪不盡。火不滅。〈又兜數語俱以緊峭勝〉王曰、是則然也。雖然事始已行。不可更矣。對曰、王獨不見夫博之所以貴梟者。便則食。不便則止矣。今王曰事始已行。不可更。是何王之用智不如用梟也。一〈俱以峭語勝〉九年、秦拔我懷。一十年、秦太子外質於魏。死。一十一年、秦拔我郪丘。秦昭王謂左右曰、今時韓魏與始孰彊。對曰、不如始彊。王曰、今時如耳魏齊與孟嘗芒卯孰賢。對曰、不如。王曰、以孟嘗芒卯之賢。率彊韓魏以攻秦。猶無奈寡人何也。今以無能之如耳魏齊。而率弱韓魏以伐秦。其無奈寡人何亦明矣。一〈正一反兩跌〉左右皆曰、甚然。中旗馮琴、〈國策作推琴〉而對曰、王之料天下過矣。當晉六卿之時。知氏最彊。滅范中行。又率韓魏之兵以圍趙襄子於晉陽。決晉水以灌晉陽之城。不湛者三版。知伯行水。魏桓子御。韓康子爲參乘。知伯曰。吾始不知水之可以亡人之國也。乃今知之。汾水可以灌安邑。絳水可以灌平陽。魏桓子肘韓康子。韓康子履魏桓子。奇峭之語情事適合肘足接于車上。而智氏地分。更奇峭身死國亡。爲天下笑。今秦兵雖彊。不能過智氏。韓魏雖弱。尚賢其在晉陽之下也。此方其用肘足之時也。收語更爲緊峭令人聳然願王之必勿易也。於是秦王恐。一齊楚相約而攻魏。魏使人求救于秦。冠蓋相望也。而秦救不至。魏人有唐雎者。年九十餘矣。先點一句謂魏王曰。老臣請西說秦王。令兵先臣出。魏王再拜。遂約車而遣之。唐雎到。入見秦王。秦王曰。丈人芒然。乃遠至此。甚苦矣。正爲其九十也夫魏之來求救數矣。寡人知魏之急已。唐雎對曰。大王已知魏之急。而救不發者。臣竊以爲用策之臣無任矣。一轉夫魏一萬乘之國也。然所以西面而事秦。稱東藩。受冠帶。祠春秋者。以秦之彊足以爲與也。二轉今齊楚之兵已合於魏郊矣。而秦救不發。三轉亦將賴其未急也。四轉使之太急。彼且割地而約從。王尚何救焉。五轉必待其急而救之。是失一東藩之魏。而彊二敵之齊楚。則王何利焉。此段以轉折明透勝於是秦昭王遽爲發兵救魏。魏氏復定。一趙使人謂魏王曰。爲我殺范痤。吾請獻七十里之地。魏王曰。諾。使吏捕之。圍而未殺。痤因上屋騎危。故作奇語危語語使者曰。與其以死痤市。不如以生痤市。奇語亦危語也有如痤死。趙不予王地。則王將奈何。故不若與先定割地。然後殺痤。魏王曰善。痤因上書信陵君曰。痤固魏之免相也。趙以地殺痤。而魏王聽之。有如彊秦亦將襲趙之欲。則君且奈何。一折明透信陵君言於王而出之。魏王以秦救之故。間接欲親秦而伐韓。以求故地。無忌謂魏王曰。秦與戎翟同俗。有虎狼之心。貪戾好利。無信。不識禮義德行。苟有利焉。不顧親戚兄弟。若禽獸耳。此天下之所識也。非有所施厚積德也。一轉故太后母也。而以憂死。穰侯舅也。功莫大焉。而竟逐之。兩弟無罪。而再奪之國。三段變法此於親戚若此。而況於仇讎之國乎。二轉今王與秦共伐韓。而益近秦。患臣甚惑之。而王不識則不明。羣臣莫以聞則不忠。三轉今韓氏以一女子奉一弱主。內有大亂。外交彊秦魏之兵。王以爲不亡乎。四轉韓亡。秦有鄭地。與大梁鄰。王以爲安乎。五轉王欲得故地。今負彊秦之親。王以爲利乎。六轉秦非無事之國也。韓亡之後。必將更事。更事必就易與利。就易與利。必不伐楚與趙矣。七轉是何也。夫越山踰河。絕韓上黨而攻彊趙。是復閼與之事。秦必不爲也。若道河內。倍鄴朝歌。絕漳滏水。與趙兵決於邯鄲之郊。是智伯之禍也。秦又不敢。伐楚道涉山谷行三千里而攻冥阨之塞所行甚遠所攻甚難秦又不爲也若道河外倍大梁右蔡左召陵與楚兵決於陳郊秦又不敢（兩不爲字兩不敢字不變而變章法跌蕩）故曰秦必不伐楚與趙矣（八轉）又不攻衞與齊矣（九轉只找一句繁簡相參之妙）夫韓亡之後兵出之日非魏無攻矣（十轉）秦固有懷茅邢丘城垝津以臨河內河內共汲必危有鄭地得垣雍決滎澤水灌大梁大梁必亡王之使者出過而惡安陵氏於秦秦之欲誅之久矣秦葉陽昆陽與舞陽鄰聽使者之惡之隨安陵氏而亡之繞舞陽之北以東臨許南國必危國無害已（十一轉）夫憎韓不愛安陵氏可也夫不患秦之不愛南國非也異日者秦在河西晉國去梁千里有河山以闌之有周韓以間之從林鄉軍以至於今秦七攻魏五入囿中邊城盡拔文臺墮垂都焚林木伐麋鹿盡而國繼以圍又長驅梁北東至陶衞之郊北至平監所亡於秦者山南山北河外河內大縣數十名都數百秦乃在河西晉去梁千里而禍若是矣（十二轉）又況於使秦無韓有鄭地無河山而闌之無周韓而間之去大梁百里禍必由此矣（兩段一正一反對〇十三轉）異日者從之不成也楚魏疑而韓不可得也（十四轉）今韓受兵三年秦撓之以講識亡不聽投質於趙請爲天下鴈行頓刃楚趙

必集兵。轉十五皆識秦之欲無窮也。非盡亡天下之國而臣海內。必不休矣。轉十六是故臣願以從事王。王速受楚趙之約。趙挾韓之質以存韓而求故地。韓必效之。此士民不勞而故地得。其功多於與秦共伐韓。而又與彊秦鄰之禍也。一句收束俱盡。十七轉夫存韓安魏而利天下。此亦王之天時矣。通韓上黨於共寧。使道安成。出入賦之。是魏重質韓以其上黨也。今有其賦。足以富國。韓必德魏愛魏重魏畏魏。韓必不敢反魏。五魏字聲勢磊落是韓則魏之縣也。轉十八魏得韓以爲縣。衛大梁河外必安矣。轉十九今不存韓。二周安陵必危。楚趙大破。衛齊甚畏。天下西鄉而馳秦入朝而爲臣不久矣。—一篇文字作十九轉頓折不窮如縣江河雄辨可愛二十年、秦圍邯鄲。信陵君無忌矯奪將軍晉鄙兵以救趙。趙得全。無忌因留趙。—二十六年、秦昭王卒。秦事插序三十年、無忌歸魏。率五國兵攻秦。敗之河內。走蒙驁。魏太子增質於秦。秦怒。欲囚魏太子增。或爲增謂秦王曰。公孫喜固謂魏相曰。請以魏疾擊秦。秦王怒。必囚增。魏王又怒。擊秦。秦必傷。今王囚增。是喜之計中也。故不若貴增而合魏。以疑之於齊韓。語亦簡透秦乃止增。三十一年、秦王政初立。—秦事插序三十四年、安釐王卒。太子增立。是爲景湣王。—信陵君無忌卒。—景湣王元年、秦拔我二十城。以爲秦東郡。—二年、秦拔我朝歌。—衞徙野王。—衞事插序三年、秦拔我汲。—五年、秦拔我垣蒲陽衍。—十五年、景湣王卒。子王假立。—王假元年。燕太子丹使荊軻刺秦王。秦王覺之。—燕秦事插序三年、秦灌大梁。虜王假。遂滅魏以爲郡縣。

太史公曰、吾適故大梁之墟。墟中人曰。秦之破梁。引河溝而灌大梁。三月城壞。王請降。遂滅魏。說者皆曰。魏以不用信陵君故。國削弱至於亡。余以爲不然。天方令秦平海內。其業未成。魏雖得阿衡之佐。曷益乎。

前後亦只平敍提綱中間撫數事出色其刪潤處是史公筆力

韓世家

韓之先。與周同姓。姓姬氏。其後苗裔事晉。得封於韓原。曰韓武子。韓之世系獨不詳武子後三世有韓厥。從封姓爲韓氏。—韓厥。晉景公之三年。晉司寇屠岸賈將作亂。誅靈公之賊趙盾。趙盾已死矣。欲誅其子趙朔。韓厥止賈。賈不聽。厥告趙朔令亡。朔曰。子必能不絕趙祀。死不恨矣。韓厥許之。及賈誅趙氏。厥稱疾不出。程嬰公孫杵臼之藏趙孤趙武也。厥知之。—趙朔存孤事只畧點趙世家已詳也景公十一年。厥與郤克將兵八百乘伐齊。敗齊頃公於鞍。獲逢丑父。於是晉作六卿。而韓厥在一卿之位。號爲獻子。—（分晉之始）晉景公十七年、病。卜大業之不遂者爲祟。韓厥稱趙成季之功。今後無祀。以感景公。景公問曰。尚有世乎。厥於是言趙武。而復與故趙氏田邑。續趙氏祀。—晉悼公之十年、韓獻子老。—獻子卒。子宣子代。宣子徙居州。—晉平公十四年、吳季札使晉。曰晉國之政。卒歸于韓魏趙矣。—（亦只略點）晉頃公十二年、韓宣子與趙魏共分祁氏羊舌氏十縣。—晉定公十五年、宣子與趙簡子侵伐范中行氏。—宣子卒。子貞子代立。貞子徙居平陽。—貞子卒。子簡子代。—簡子卒。子莊子代。—莊子卒。子康子代。—康子與趙襄子魏桓子。共敗智伯。分其地。地益大。大於諸侯。—（滅智伯事只略點）康子卒。子武子代。—武子二年、伐鄭。殺其君幽公。—十六年、武子卒。子景侯立。—景侯虔元年、伐鄭。取雍丘。—二年、鄭敗我負黍。—六年、與趙魏俱得列爲諸侯。—（以上晉事以後乃韓事）九年、鄭圍我陽翟。—景侯卒。子列侯取立。—列侯三年、聶政殺韓相俠累。—九年、秦伐我宜陽。取六邑。—十三年、列侯卒。子文侯立。是歲魏文侯卒。—（魏事插序）文侯二年、伐鄭。取陽城。伐宋到彭城。執宋君。—七年、伐齊。至桑丘。—鄭反晉。—九年、伐齊。至靈丘。—十年、文侯卒。

子哀侯立。一哀侯元年、與趙魏分晉國。一晉始滅二年、滅鄭。因徙都鄭。一六年、韓嚴弒其君哀侯而子懿侯立。一懿侯二年、魏敗我馬陵。一五年、與魏惠王會宅陽。一九年、魏敗我澮。一十二年、懿侯卒子昭侯立。一昭侯元年秦敗我西山二年、宋取我黃池。魏取宋。一魏事插序六年、伐東周取陵觀邢丘。一八年、申不害相韓。修術行道。國內以治。諸侯不來侵伐。一十年、韓姬弒其君悼公。一十一年、昭侯如秦。一二十二年、申不害死。一二十四年、秦來拔我宜陽。一二十五年、旱。作高門。屈宜臼曰。昭侯不出此門。何也。不時。吾所謂時者。非時日也。人固有利不利時。語則雖新理則實有失時之人可爲一歎昭侯嘗利矣。不作高門。往年秦拔宜陽。今年旱。昭侯不以此時卹民之急。而顧益奢。此謂時絀舉贏。二十六年、高門成。昭侯卒。果不出此門。一子宣惠王立。一宣惠王五年、張儀相秦。一八年、魏敗我將韓舉。一十一年、君號爲王。與趙會區鼠。一十四年、秦伐敗我鄢。一十六年、秦敗我脩魚。虜得韓將鱫申差於濁澤。韓氏急。公仲謂韓王曰。與國非可恃也。今秦之欲伐楚久矣。王不如因張儀爲和於秦。賂以一名都。具甲。具甲具甲兵以待其後多一而字更明與之南伐楚。此以一易二之計也。韓王曰善。乃警公仲之行。將西購於秦。楚王聞之大恐。召陳軫告之。陳軫曰。秦之欲伐楚久矣。今又得韓之名都一。而具甲。秦韓并兵而伐楚。此秦所禱祀而求也。今已得之矣。楚國必伐矣。（先作一縱三句跌落下。即折轉）王聽臣爲之警四境之內。起師言救韓。命戰車滿道路。發信臣。多其車。重其幣。使信王之救己也。（轉二）縱韓不能聽我。韓必德王也。必不爲鴈行以來。是秦韓不和也。兵雖至。楚不大病也。（轉三）爲能聽我。絕利於秦。秦必大怒。以厚怨韓。（轉四）韓之南交楚。必輕秦。輕秦。其應秦必不敬。是因秦韓之兵。而免楚國之患也。（四段委曲商量。愈折愈透）楚王曰善。乃警四境之內。興師言救韓。命戰車滿道路。發信臣。多其車。重其幣。謂韓王曰。不穀國雖小。已悉發之矣。願大國遂肆志於秦。不穀將以楚殉韓。韓王聞之。大悅。乃止公仲之行。公仲曰。不可。夫以實伐我者秦也。以虛名救我者楚也。王恃楚之虛名。而輕絕彊秦之敵。王必爲天下大笑。（轉一）且楚韓非兄弟之國也。又非素約而謀伐秦也。已有伐形。因發兵言救韓。此必陳軫之謀也。（轉二）且王已使人報於秦矣。今不行。是欺秦也。夫輕欺彊秦。而信楚之謀臣。恐王必悔之。（亦作三段轉折。與上一樣文法。議亦極透）韓王不聽。遂絕於秦。秦因大怒。益甲伐韓。大戰。楚救不至。韓十九年。大破我岸門。太子倉質於秦以和。（敗我修魚一至此爲一）

段

二十一年、與秦共攻楚。敗楚將屈丐。斬首八萬於丹陽。是歲宣惠王卒。太子倉立。是爲襄王。—襄王四年、與秦武王會臨晉。其秋、秦使甘茂攻我宜陽。—五年、秦拔我宜陽。斬首六萬。秦武王卒。—六年、秦復予我武遂。—九年、秦復取我武遂。—十年、太子嬰朝秦而歸。—十一年、秦伐我取穰。與秦伐楚。敗楚將唐昧。—十二年、太子嬰死。公子咎公子蟣虱爭爲太子。時蟣虱質於楚。蘇代謂韓咎曰。蟣虱亡在楚。楚王欲內之甚。今楚兵十餘萬在方城之外。公何不令楚王築萬室之都雍氏之旁。韓必起兵以救之。公必將矣。公因以韓楚之兵奉蟣虱而內之。其聽公必矣。必以楚韓封公也。咎不欲內蟣虱。反作欲內蟣虱一縱。韓咎從其計。楚圍雍氏。所謂築都于雍氏也。韓求救於秦。秦未爲發。使公孫昧入韓。公仲曰。子以秦爲且救韓乎。對曰。秦王之言曰。請道南鄭藍田出兵於楚以待公。殆不合矣。不救韓而道鄭入楚。其言迂緩。故曰不合。公仲曰。子以爲果乎。對曰。秦王必祖張儀之故智。先提一句下敘。楚威王攻梁也。張儀謂秦王曰。與楚攻魏。魏折而入於楚。韓固其與國也。韓固魏之與國。亦入楚也。是孤秦也。不如出兵以到之。到字不可解。國策作勁。是。下同。魏楚大戰。秦取西河之外以歸。以上梁事也。今其狀陽言與韓。其實陰善楚。公待秦而到。必輕與楚戰。楚陰得秦之不用也。必易與公相支也。得字作知字解句法詳婉 公戰而勝楚。遂與公乘楚。施三川而歸。公戰不勝楚。楚塞三川守之。公不能救也。竊爲公患之。策秦事完 司馬庚三反於郢。甘茂與昭魚遇於商於。其言收璽。實類有約也。又泛出一段寫秦楚之交若隱若現又作一逼使人神動妙 公仲恐曰。然則奈何。曰。公必先韓而後秦。先身而後張儀。公不如亟以國合於齊楚。齊楚必委國於公。公之所惡者張儀也。其實猶不無秦也。於是楚解雍氏圍。—蘇代又謂秦太后弟芈戎曰。公叔伯嬰恐秦楚之內蟣虱也。公何不爲韓求質於楚。楚王聽入質子於韓。則公叔伯嬰知秦楚之不以蟣虱爲事。必以韓合於秦楚。秦楚挾韓以窘魏。魏氏不敢合於齊。是齊孤也。公又爲秦求質子於楚。楚不聽。結怨於韓。韓挾齊魏以圍楚。楚必重公。公挾秦楚之重。以積德於韓。公叔伯嬰必以國待公。作兩層對峙語簡而意遠與前一樣文法 於是蟣虱竟不得歸韓。此方是爭嗣主意 韓立咎爲太子。—以上爭太子是一段 齊魏王來。—十四年、與齊魏王共擊秦。至函谷而軍焉。—十六年、秦與我河外及武遂。—襄王卒。太子咎立。是爲釐王。—釐王三年、使公孫喜率周魏攻秦。秦敗我二十四萬。虜喜伊闕。—五年、秦拔我宛。—六年、與秦武遂地二百里。—十年、秦敗我師于夏山。—十二年、與秦昭王會西周而佐秦攻齊。齊敗。湣王出亡。十四年、與秦會兩周間。二十一年、使暴鳶救魏。爲秦所敗。鳶走開封。二十三年、趙魏攻我華陽。韓告急於秦。秦不救。韓相國謂陳筮曰。事急。願公雖病。爲一宿之行。詞令佳語陳筮見穰侯。穰侯曰。事急乎。故使公來。陳筮曰。未急也。故作一縱穰侯怒曰。是可以爲公之主使乎。夫冠蓋相望。告敝邑甚急。公來言未急。何也。陳筮曰。彼韓急則將變而佗從。以未急。故復來耳。只一句以簡勝多之妙穰侯曰。公無見王。請令發兵救韓。八日而至。敗趙魏于華陽之下。是歲。釐王卒。子桓惠王立。桓惠王元年。伐燕。九年、秦拔我陘城汾旁。十年、秦擊我於太行。我上黨郡守以上黨郡降趙。十四年、秦拔趙上黨。殺馬服子卒四十餘萬於長平。十七年、秦拔我陽城負黍。二十二年、秦昭王卒。二十四年、秦拔我城臯滎陽。二十六年、秦悉拔我上黨。二十九年、秦拔我十三城。三十四年、桓惠王卒。子王安立。王安五年、秦攻韓。韓急。使韓非使秦。秦留非。因殺之。九年、秦虜王安。盡入其地。爲潁川郡。韓遂亡。

太史公曰。韓厥之感晉景公。紹趙孤之子武。以成程嬰公孫杵臼之義。此天下之陰

中華書局印行

德也。韓氏之功。于晉未覩其大者也。然與趙魏終爲諸侯十餘世。宜乎哉。此篇亦平平序事耳中間止與秦伐楚及韓咎爭太子兩段是出色處俱用國策姿致如游絲從風嫋嫋雲外另成一種色澤

田敬仲完世家

陳完者、陳厲公佗之子也。完生。周太史過陳。陳厲公使卜完。卦得觀之否。是爲觀國之光。利用賓于王。此其代陳有國乎。不在此而在異國乎。非此其身也。在其子孫。若在異國。必姜姓。姜姓四嶽之後。物莫能兩大。陳衰。此其昌乎。一此篇以兩卜筮照應故先從卜筮起是起手大段兼槩通篇　厲公者。陳文公少子也。其母蔡女。先序陳完倒序陳厲公是田世家體非陳世家體也　文公卒。厲公兄鮑立。是爲桓公。桓公與佗異母。及桓公病。蔡人爲佗殺桓公鮑及太子免而立佗。爲厲公。厲公既立。娶蔡女。蔡女淫于蔡人。數歸。厲公亦數如蔡。桓公之少子林。怨厲公殺其父與兄。乃令蔡人誘厲公而殺之。林自立。是爲莊公。故陳完不得立。爲陳大夫。序厲公莊公止爲陳完爲大夫一句歸至本題　厲公之殺。以淫出國。故春秋曰蔡人殺陳佗。罪之也。一又間找一筆若不爲陳完者妙　莊公卒。立弟杵臼。是爲宣公。宣公十一年。殺其太子禦寇。禦寇與完相愛。恐禍及己。完故奔齊。序宣公事亦爲完奔齊註脚以後交過排場陳事不復序矣　齊桓公欲使爲卿。辭曰。羇旅

之臣。幸得免負擔。君之惠也。不敢當高位。桓公使爲工正。齊懿仲欲妻完。卜之占曰。是謂鳳皇于飛。和鳴鏘鏘。有嬀之後。將育于姜。五世其昌。并於正卿。八世之後。莫之與京。卿音羗京音姜古韻叶○前以卜筮起此以卜筮照應以上略同陳世家卒妻完。完之奔齊。齊桓公立十四年矣。一奔齊點明年分以齊事接陳完卒。謚爲敬仲。仲生穉孟夷。敬仲之如齊。以陳字爲田氏。一田穉孟夷生湣孟莊。田湣孟莊生文子須無。田文子事齊莊公。一事莊公二晉之大夫欒逞作亂於晉。來奔齊。齊莊公厚客之。晏嬰與田文子諫莊公。弗聽。一文子卒。生桓子無宇。田桓子無宇有力。事齊莊公。甚有寵。一甚有寵三以上田事與齊事夾序然俱歸到田事住是田世家體也後同無宇卒。生武子開與釐子乞。田釐子乞事齊景公爲大夫。其收賦稅於民以小斗受之。其粟予民以大斗。行陰德於民。而景公弗禁。由此田氏得齊衆心。宗族益強。民思田氏。晏子數諫景公。景公弗聽。已而使於晉。與叔向私語曰。齊國之政。其卒歸於田氏矣。一政歸田氏四晏嬰卒後。范中行氏反晉。晉攻之急。范中行請粟於齊。田乞欲爲亂。樹黨於諸侯。乃說景公曰。范中行數有德於齊。齊不可不救。齊使田乞救之而輸之粟。一先爲作亂作引景公太子死。後有寵姬曰芮子。生子荼。景公病。命其相國惠子與高昭子以子荼爲太子。景公卒。兩相高國立荼。是爲晏孺子。而田乞不說。欲立景公佗子陽生。陽生素與乞歡。晏孺子之立也。陽生奔魯。田乞僞事高昭子國惠子者。每朝代參乘言曰。始諸大夫不欲立孺子。孺子既立。君相之。大夫皆自危。謀作亂。又紿大夫曰。高昭子可畏也。及未發先之。諸大夫從之。田乞鮑牧與大夫以兵入公室。攻高昭子。昭子聞之。與國惠子救公。公師敗。田乞之衆追國惠子。惠子奔莒。遂反殺高昭子。晏孺子奔魯。田乞使人之魯迎陽生。陽生至齊。匿田乞家。請諸大夫曰。常之母有魚菽之祭。幸而來會飲。會飲田氏。田乞盛陽生橐中。置坐中央。發橐出陽生曰。此乃齊君矣。大夫皆伏謁。將盟立之。田乞誣曰。吾與鮑牧謀共立陽生也。鮑牧怒曰。大夫忘景公之命乎。諸大夫欲悔。陽生乃頓首曰。可則立之。不可則已。鮑牧恐禍及己。乃復曰。皆景公之子。何爲不可。遂立陽生於田乞之家。是爲悼公。乃使人遷晏孺子於駘。而殺孺子荼。悼公既立。田乞爲相。專齊政。一（專齊政五）四年、田乞卒。子常代立。是爲田成子。子鮑牧與齊悼公有郄。弑悼公。齊人共立其子壬。是爲簡公。田常成子與監止俱爲左右相。相簡公。田常心害監止。監止幸於簡公。權弗能去。於是田常復修釐子之政。以大斗出貸以小斗收。應前齊人歌之曰。嫗乎采芑。歸乎田成子。全以卜詞謠詞作致齊大夫朝御鞅諫簡公曰。田監不可並也。君其擇焉。君弗聽。子我者。監止之宗人也。常與田氏有郤。田氏疏族田豹事子我有寵。子我曰。吾欲盡滅田氏適。以豹代田氏宗。豹曰。臣於田氏疏矣。不聽。已而豹謂田氏曰。子我將誅田氏。田氏弗先。禍及矣。子我舍公宮。田常兄弟四人乘如公宮。欲殺子我。子我閉門。簡公與婦人飲檀臺。將欲擊田常。太史子餘曰。田常非敢爲亂。將除害。簡公乃止。田常出。聞簡公怒。恐誅。將出亡。田子行曰。需事之賊也。田常於是擊子我。子我率其徒攻田氏。不勝。出亡。田氏之徒追殺子我及監止。簡公出奔。田氏之徒追執簡公於徐州。簡公曰。蚤從御鞅之言。不及此難。田氏之徒恐簡公復立而誅己。遂弒簡公。簡公立四年而殺。於是田常立簡公弟驁。是爲平公。平公即位。田常爲相。相平公六亦大畧同齊世家稍爲明淨田常既殺簡公。懼諸侯共誅己。乃盡歸魯衛侵地。西約晉韓趙魏氏。南通吳越之使。修功行賞。親於百姓。以故齊復定。一定齊七若爲齊功實爲田序也田常言於齊平公曰。德施人之所欲。君其行之。刑罰人之所惡。臣請行之。行之五年。齊國之政皆歸田常。田常於是盡誅鮑晏監止及公族之彊者。監止已死

(此乃四族之強者耳一句貫)而割齊自安平以東至瑯琊自爲封邑封邑大於平公之所食(政皆歸田常封邑大于平公八)田常乃選齊國中女子長七尺以上爲後宮後宮以百數而使賓客舍人出入後宮者不禁及田常卒有七十餘男(忙中插此閒事正爲田氏醜詆夫呂易嬴牛易馬安知未得齊前田氏不先滅于他族哉史公于亂臣賊子所以深惡之也)田常卒子襄子盤代立相齊常謚爲成子田襄子既相齊宣公三晉殺智伯分其地襄子使其兄弟宗人盡爲齊都邑大夫與三晉通使且以有齊國(且有齊國九)襄子卒子莊子白立田莊子相齊宣公(莊子相齊宣公十)宣公四十三年伐晉毀黃城圍陽狐明年伐魯葛及安陵明年取魯之一城(內有強臣外肆征伐所謂職家之自肥也可爲浩歎)莊子卒子太公和立田太公相齊宣公(太公和相宣公十一)宣公四十八年取魯之郕明年宣公與鄭人會西城伐衛取毋丘宣公五十一年田會自廩丘反宣公卒子康公貸立貸立十四年淫於酒婦人不聽政太公乃遷康公於海上食一城以奉其先祀(遷康公十二)明年魯敗齊平陸三年太公與魏文侯會濁澤求爲諸侯魏文侯乃使使言周天子及諸侯請立齊相田和爲諸侯周天子許之康公之十九年田和立爲齊侯列於周室紀元年(列爲諸侯十三以上姜齊事完交入田齊傳)齊侯太公和立二年

和卒。子桓公午立。桓公午五年。秦魏攻韓。韓求救於齊。齊桓公召大臣而謀曰。蚤救之孰與晚救之。騶忌曰不若勿救。段干朋曰不救則韓且折而入於魏。不若救之。田臣思曰過矣。君之謀也。秦魏攻韓。楚趙必救之。是天以燕予齊也。騶忌之意反從田臣思口中說出奇桓公曰善。乃陰告韓使者而遣之。韓自以為得齊之救。因與秦魏戰。楚趙聞之。果起兵而救之。齊因起兵襲燕國。取桑丘。一 六年。救衛。桓公卒。子威王因齊立。是歲。故齊康公卒。絕無後。奉邑皆入田氏。一 遂移齊國十四田氏移國作十四節引入所謂履霜堅冰之漸也 齊威王元年。三晉因齊喪來伐我靈丘。一 三年。三晉滅晉後而分其地。一 晉事插序正為與田氏一樣也 六年。魯伐我入陽關。晉伐我至博陵。一 七年。魏伐我取薛陵。一 九年。趙伐我取甄。一 威王初即位以來不治。委政卿大夫。九年之間。諸侯並伐。國人不治。於是威王召即墨大夫而語之曰。自子之居即墨也。毀言日至。然吾使人視即墨。田野闢。民人給。官無留事。東方以寧。是子不事吾左右以求譽也。封之萬家。召阿大夫語曰。自子之守阿。譽言日聞。然使使視阿。田野不闢。民貧苦。昔日趙攻甄。子弗能救。衛取薛陵。子弗知。是子以幣厚吾左右以求譽也。是日。烹阿大夫及左右嘗譽者。皆并烹之。遂起兵西擊趙衛敗魏於濁澤而圍惠王惠王請獻歡以和解趙人歸我長城於是齊國震懼人人不敢飾非務盡其誠齊國大治諸侯聞之莫敢致兵于齊二十餘年（序事亦徑淨）騶忌子以鼓琴見威王威王說而舍之右室須臾王鼓琴騶忌子推戶入曰善哉鼓琴（先一贊）王勃然不說去琴按劍（次一不悅寫得聲色俱妙）曰夫子見容未察何以知其善也騶忌子曰夫大弦濁以春溫者君也小弦廉折以清者相也攫之深醳之愉者政令也鈞諧以鳴大小相益回邪而不相害者四時也吾是以知其善也（四句說琴理妙）王曰善語音（一解）騶忌子曰何獨語音夫治國家而弭人民皆在其中（一解之後復一逼）王又勃然不說（又接一不說聲色俱妙）曰若夫語五音之紀信未有如夫子者也若夫治國家而弭人民又何為乎絲桐之間（語雋而不弱）騶忌子曰夫大弦濁以春溫者君也小弦廉折以清者相也攫之深而舍之愉者政令也鈞諧以鳴大小相益回邪而不相害者四時也（即以前四句說政理一字不換妙）夫復而不亂者所以治昌也連而徑者所以存亡也（又添兩句不拔）故曰琴音調而天下治夫治國家而弭人民者無若乎五音者（總琴與政雙收兩者調勝）王曰善騶忌子見三月而受相印淳于髡見之曰善說哉髡有愚志願陳諸前騶忌子曰謹受教淳于髡曰得全

全昌失全全亡。騶忌子曰。謹受令。請謹毋離前。淳于髡曰。狶膏棘軸。所以爲滑也。然而不能運方穿。騶忌子曰。謹受令。請謹事左右。淳于髡曰。弓膠昔幹。所以爲合也。然而不能傅合疏罅。騶忌子曰。謹受令。請謹自附於萬民。淳于髡曰。狐裘雖弊。不可補以黃狗之皮。騶忌子曰。謹受令。請謹擇君子。毋雜小人其閒。淳于髡曰。大車不較。不能載其常任。琴瑟不較。不能成其五音。騶忌子曰。謹受令。請謹修法律而督姦吏。寫兩人機鋒相當心靈相照語語奇妙若可解若不可解字字精綻淳于髡說畢。趨出。至門。而面其僕曰。是人者。吾語之微言五。其應我若響之應聲。是人必封不久矣。寫淳于心服爲騶忌出色居期年。封以下邳。號曰成侯。從淳于所言帶入封邑事筆墨湊泊威王二十三年。與趙王會平陸。二十四年。與魏王會田於郊。魏王問曰。王亦有寶乎。威王曰。無有。梁王曰。若寡人國小也。尚有徑寸之珠照車前後各十二乘者十枚。奈何以萬乘之國而無寶乎。威王曰。寡人之所以爲寶與王異。吾臣有檀子者。使守南城。則楚人不敢爲寇東取。泗上十二諸侯皆來朝。吾臣有肦子者。使守高唐。則趙人不敢東漁於河。吾吏有黔夫者。使守徐州。則燕人祭北門。趙人祭西門。徙而從者七千餘家。吾臣有種首者。使備盜賊。則道不拾遺。將以照

千里。豈特十二乘哉。梁惠王慙。不懌而去。此段句法奇俊 二十六年、魏惠王圍邯鄲。趙求
救於齊。齊威王召大臣而謀曰救趙孰與勿救騶忌子曰不如勿救段干朋曰不救
則不義且不利。威王曰何也。對曰夫魏氏幷邯鄲其於齊何利哉。且夫救趙而軍其
郊。是趙不伐而魏全也。故不如南攻襄陵以弊魏。邯鄲拔而乘魏之弊。威王從其計。
騶忌段干朋云云昔以爲姜齊桓公此爲田齊威王所救者昔以爲韓今以爲趙所襲者昔以爲燕今以爲魏相去年遠是史公集古史而傳聞之不同未及删也大約
是威王事爲正 其後成侯騶忌與田忌不善。公孫閱謂成侯忌曰公何不謀伐魏田忌必將。
戰勝有功則公之謀中也。戰不勝非前死則後北而命在公矣。附語 於是成侯言威王。
使田忌南攻襄陵。十月邯鄲拔。齊因起兵擊魏。大敗之桂陵。於是齊最彊於諸侯。自
稱爲王。以令天下。三十三年、殺其大夫牟辛。三十五年、公孫閱又謂成侯忌曰
公何不令人操十金卜於市。曰我田忌之人也。吾三戰而三勝。聲威天下。欲爲大事。
亦吉乎不吉乎。卜者出因令人捕爲之卜者驗其辭於王之所。田忌聞之。因遂率其
徒襲攻臨淄。求成侯。不勝而犇。自騶忌鼓琴至此爲一段 三十六年、威王卒。子宣王辟彊立。
宣王元年。秦用商鞅。周致伯於秦孝公。二年。魏伐趙。趙與韓親。共擊魏。趙不利。戰

於南梁。宣王召田忌復故位。韓氏請救於齊。宣王召大臣而謀曰。蚤救孰與晚救。騶忌子曰。不如勿救。田忌曰。弗救則韓且折而入於魏。不如蚤救之。孫子曰。夫韓魏之兵未弊。而救之。是吾代韓受魏之兵。顧反聽命於韓也。且魏有破國之志。韓見亡。必東面而愬於齊矣。吾因深結韓之親。而晚承魏之弊。則可重利而得尊名也。宣王曰。善。乃陰告韓之使者而遣之。韓因恃齊。五戰不勝。而東委國於齊。齊因起兵。使田忌田嬰將。孫子爲師。救韓趙以擊魏。大敗之馬陵。殺其將龐涓。虜魏太子申。此即前二說之意何相同如此然前段質中段峭後段詳析各具一文法、其後、三晉之王。皆因田嬰朝齊王於博望。盟而去。一七年。與魏王會平阿南。明年、復會甄。魏惠王卒。一明年。與魏襄王會徐州。諸侯相王也。一十年、楚圍我徐州。十一年、與魏伐趙。趙決河水灌齊魏。兵罷。一十八年、秦惠王稱王。秦秦事插序爲諸侯相王故也 宣王喜文學遊說之士。自如騶衍淳于髡田駢接予愼到環淵之徒。七十六人。皆賜列第。爲上大夫。不治而議論。是以齊稷下學士復盛。且數百千人。一十九年、宣王卒。子湣王地立。一湣王元年、秦使張儀與諸侯執政會於齧桑。一三年、封田嬰於薛。四年、迎婦於秦。一七年、與宋攻魏。敗之觀澤。一十二年、攻魏。楚圍雍氏。秦敗屈丐。蘇代謂田軫曰。臣願有謁於公。其爲事甚完。使楚利公。成爲福。不成亦爲福。辭意楚楚下出奇峰 今者臣立於門。客有言曰。魏王謂韓馮張儀曰。先出兩曰字作設詞妙 煮棗將拔。齊兵又進。子來救寡人則可矣。不救寡人。寡人勿能拔。此特轉辭也。秦韓之兵毋東旬餘。則魏氏轉韓從秦。秦逐張儀。交臂而事齊楚。此公之事成也。田軫曰。奈何使無東。一折 對曰。韓馮之救魏之辭。必不謂韓王曰。馮以爲魏。必曰。馮將以秦韓之兵東郤齊宋。馮因摶三國之兵。乘屈丐之弊。南割於楚。故地必盡得之矣。張儀救魏之辭。必不謂秦王曰。儀以爲魏。必曰。儀且以秦韓之兵東距齊宋。儀將摶三國之兵。乘屈丐之弊。南割於楚。名存亡國。實代三川而歸。此王業也。兩必不謂兩必曰字句不公換作兩比而中氣折蕩 令楚王與韓氏地。使秦制和。謂秦王曰。又下一曰字作設詞 請予韓地。而王以施三川。韓氏之兵不用而得地於楚。韓馮之東兵之辭。且謂秦何曰。秦兵不用而得三川。伐楚韓以窘魏。魏氏不敢東。是孤齊也。張儀之東兵之辭。且謂何曰。秦韓欲地而兵有案。聲威發於魏。魏氏之欲不失齊楚者有資矣。又設兩且謂何相對兩比作折宕更妙 魏氏轉秦韓爭事齊楚。楚王欲而無與地。公令秦韓之兵不用而得地。有一大德也。秦韓之王刦於韓馮張儀。而東兵以徇服魏。公常執左劵以責於秦韓。此其善於公而惡張子多資矣。一段俱以設詞兩兩蹙起宛曲波折如聽面談且有面談所不能盡者文筆靈妙如此　十三年、秦惠王卒。秦事插序二十三年、與秦擊敗楚於重丘。二十四年、秦使涇陽君質於齊。二十五年、歸涇陽君於秦。孟嘗君薛文入秦。卽相秦。文亡去。二十六年、齊與韓魏共攻秦。至函谷軍焉。二十八年、秦與韓河外以和。兵罷。二十九年、趙殺其主父。弑君附見齊佐趙滅中山。三十六年、王爲東帝。秦昭王爲西帝。蘇代自燕來入齊。見於章華東門。齊王曰。嘻善子來。秦使魏冉致帝。子以爲何如。對曰。王之問臣也卒。而患之所從來微。願王受之而勿備稱也。受之而稱之不必久稱也秦稱之。天下安之。王乃稱之。無後也。且讓爭帝名。無傷也。秦稱之。天下惡之。王因勿稱。以收天下。此大資也。以兩對意中間以三也字五之字作致　且天下立兩帝。王以天下爲尊齊乎。尊秦乎。王曰。尊秦。曰。釋帝。天下愛齊乎。愛秦乎。王曰。愛齊而憎秦。又蹴出兩峯　曰。兩帝立。約伐趙。孰與伐桀宋之利。王曰。伐桀宋利。又蹴出兩峯　對曰。夫約鈞。然與秦爲帝而天下獨尊秦而輕齊。釋帝則天下愛齊而憎秦。伐趙不如伐桀宋之利。承上一卷意已收完下又折出詳盡　故願王明釋帝以收天下。倍約賓秦。無爭重而王以其間舉宋。夫有宋衛之陽地危。有濟西。趙之阿東國危。有淮北。楚之東國危。有陶平陸。梁門不開。釋帝而貸之以伐桀宋之事。國重而名尊。燕楚所以形服。天下莫敢不聽。此湯武之舉也。敬秦以爲名。而後使天下憎之。此所謂以卑爲尊者也。願王孰慮之。說得明斷詳盡 於是齊去帝復爲王。秦亦去帝位。一三十八年、伐宋。秦昭王怒曰。吾愛宋與愛新城陽晉同。韓聶與吾友也。而攻吾所愛。何也。蘇代爲齊謂秦王曰。韓聶之攻宋。所以爲王也。齊彊。輔之以宋。楚魏必恐。恐必西事秦。是王不煩一兵。不傷一士。無事而割安邑也。此韓聶之所禱於王也。秦王曰。吾患齊之難知。一從一衡。其說何也。對曰。天下國令齊可知乎。一折好 齊以攻宋。其知事秦以萬乘之國自輔。不西事秦則宋治不安。中國白頭游敖之士。皆積智欲離齊秦之交。伏式結軼西馳者。未有一人言善齊者也。伏式結軼東馳者。未有一人言善秦者也。颺兩句 何則皆不欲齊秦之合也。何晉楚之智而齊秦之愚也。又頓四句 晉楚合。必議齊秦。齊秦合。必圖晉楚。請以此決事。一颺一頓之下緊接兩句 說事明快 秦王曰諾。於是齊遂伐宋。宋王出亡。死於溫。齊南割楚之淮北。西侵三晉。欲以幷周室爲天下。泗上諸侯鄒魯之君皆稱臣。諸侯恐懼。一三十九年、秦來伐。拔我列城九。━四十年、燕秦楚三晉合謀。各出銳師以伐。敗我濟西。王解而卻。燕將樂毅。遂入臨淄。盡取齊之寶藏器。前無伐燕事何也　湣王出亡之衞。衞君辟宮舍之。稱臣而共具。湣王不遜。衞人侵之。湣王去走鄒魯。有驕色。鄒魯君弗內。遂走莒。楚使淖齒將兵救齊。因相齊湣王。淖齒遂殺湣王。而與燕共分齊之侵地鹵器。━湣王之遇殺。接法佳　其子法章。變名姓為莒太史敫家庸。太史敫女奇法章狀貌。以為非恒人。憐而常竊衣食之。而與私通焉。淖齒既以去莒。莒中人及齊亡臣相聚求湣王子。欲立之。法章懼其誅己也。久之。乃敢自言我湣王子也。於是莒人共立法章。是為襄王。以保莒城而布告齊國中。王已立在莒矣。只如此立王後不序　襄王既立。立太史氏女為王后。是為君王后。生子建。太史敫曰。女不取媒因自嫁。非吾種也。汙吾世。終身不覩君王后。君王后賢。不以不覩故失人子之禮。━襄王在莒五年、田單以即墨攻破燕軍。迎襄王於莒。入臨淄。齊故地盡復屬齊。齊封田單為安平君。━十四年、秦擊我剛壽。━十九年、襄王卒。子建立。王建立六年、秦攻趙。齊楚救之。秦計曰。齊楚救趙。親則退兵。不親遂攻之。趙無食。請粟於齊。齊不聽。周子曰。不如聽之以退秦兵。不聽則秦兵不卻。是秦之計中。

而齊楚之計過也。一折　且趙之於齊楚。扞蔽也。猶齒之有脣也。脣亡則齒寒。今日亡趙。明日患及齊楚。二折　且救趙之務。宜若奉漏甕沃焦釜也。三折以三折作姿致　夫、救趙高義也。卻秦兵顯名也。義救亡國。威卻彊秦之兵。不務為此而務愛粟。為國計者過矣。齊王弗聽。秦破趙於長平四十餘萬。遂圍邯鄲。—十六年、秦滅周君王后卒。—二十三年、秦置東郡。—二十八年、王入朝秦。秦王政置酒咸陽。—三十五年、秦滅韓。秦滅韓事插序　三十七年、秦滅趙。滅趙事插序　三十八年、燕使荊軻刺秦王。秦王覺。殺軻。明年、秦破燕。燕王亡走遼東。—破燕事插序　明年、秦滅魏。秦兵次於歷下。—滅魏事插序　四十二年、秦滅楚。—滅楚事插序　明年、虜代王嘉。滅燕王喜。—滅燕事插序連插六段正為齊王不助伏案　四十四年、秦兵擊齊。齊王聽相后勝計。不戰以兵降秦。秦虜王建。遷之共。遂滅齊為郡。天下壹并於秦。秦王政立號為皇帝。—序完滅齊事後序滅齊之故　始君王后賢。事秦謹。與諸侯信。齊亦東邊海上。秦日夜攻三晉燕楚。五國各自救於秦。以故王建立四十餘年不受兵。君王后死。后勝相齊。多受秦間金。多使賓客入秦。秦又多予金。客皆為反間。勸王去從朝秦。不修攻戰之備。不助五國攻秦。秦以故得滅五國。五國已亡。秦兵卒入臨淄。民莫敢格者。王建遂降遷於共故齊人怨王建不蚤與諸侯合從攻秦聽姦臣賓客亡其國歌之曰松耶柏耶住建共者客耶（通篇以卜詞始以歌詞終）疾建用客之不詳也（以咏歎作結意致不盡）

太史公曰蓋孔子晚而喜易易之爲術幽明遠矣非通人達才孰能注意焉故周太史之卦田敬仲完占至十世之後及完奔齊懿仲卜之亦云田乞及常所以比犯二君專齊國之政非必事勢之漸然也蓋若遵厭兆祥云（贊語亦只以卦詞點另出一格）

田敬仲自陳而來以至相齊移國不得不與陳齊之事合故上半篇與陳世家齊太公世家大略相同而校爲明淨後半篇純用國策筆仗更覺流麗波折大破世家呆板之習〇中間騶忌一段更妙

孔子世家

孔子生魯昌平鄉陬邑（先序地另一法）其先宋人也曰孔防叔防叔生伯夏伯夏生叔梁紇紇與顏氏女野合而生孔子禱于尼丘得孔子魯襄公二十二年而孔子生（孔子生作三跌落）生而首上圩頂故因名曰丘云字仲尼姓孔氏（始出名字氏）丘生而叔梁紇死葬于防山防山在魯東由是孔子疑其父墓處母諱之也（因野合故）孔子爲兒嬉戲常陳俎豆設禮容（插閒一事）孔子母死乃殯五父之衢蓋其慎也（間接）陬人輓父之母誨孔子父

墓。好誨字 然後往合葬於防焉。孔子要絰。一接上未除喪也 季氏饗士。孔子與往。陽虎絀曰。季
氏饗士。非敢饗子也。孔子由是退。一孔子年十七。通篇以年序不用周魯編年是尊孔子處○雖依例提出年歲作挨
年序而中間無年分可序者則叅錯插序于內如吳問專車之骨未墮會稽而學琴師襄決不是五十後事也又在陳歸與一歎前後互出以孔子之事散見諸書一時
整齊收束未免有疏漏處。魯大夫孟釐子病。且死。誡其嗣懿子曰。孔丘聖人之後。滅于宋。其祖弗
父何。始有宋。而嗣讓厲公。及正考父佐戴武宣公。前止出防叔伯夏此又追出兩代 三命茲益恭。故
鼎銘云。一命而僂。再命而傴。三命而俯。循墻而走。亦莫敢余侮。饘於是。粥於是。以餬
余口。銘詞句句排句句峭循墻句尤奇 其。恭。如。是。接一句應茲益恭 吾聞聖人之後。應聖人之後 雖不當世。必有
達者。今孔丘年少好禮。其達者歟。吾卽沒。若必師之。及釐子卒。懿子與魯人南宮敬
叔往學禮焉。孔子十七郎有弟子蓋俎豆禮容習之久矣 是歲。季武子卒。平子代立。一又點魯事照應孔收住下乃總序
子貧且賤。及長。嘗爲季氏史。料量平。嘗爲司職吏。而畜蕃息。由、、是爲司空。總序其官 已而
去魯。斥乎齊。逐乎宋衞。困於陳蔡之間。於是反魯。總序其行蹟 孔子長九尺有六寸。人皆
謂之長人而異之。魯復善待。由是反魯。一總序其形貌仍收到反魯結住 魯南宮敬叔。間接敬叔 言魯君
曰。請與孔子適周。魯君與之一乘車。兩馬。一豎子。俱適周。問禮。蓋見老子云。蓋云皆疑詞封

禪書可見辭去而老子送之曰。吾聞富貴者送人以財。仁人者送人以言。吾不能富貴。竊仁人之號。送子以言。曰。聰明深察而近於死者。好議人者也。博辯廣大危其身者。發人之惡者也。爲人子者。毋以有己。爲人臣者。毋以有己。兩對復以兩峭語結妙孔子自周反於魯。弟子稍益進焉。一是時也。晉平公淫。六卿擅權。東伐諸侯。楚靈王兵彊。陵轢中國。齊大而近於魯。魯小弱。附於楚則晉怒。附於晉則楚來伐。不備於齊。齊師侵魯。一兩句晉楚互序下兩句又找出齊師東枝西梧湊手不及妙得情勢句法亦精彩○此序魯事與孔子何與蓋閒插于此正與孔子相魯事照應也魯昭公之二十年。而孔子蓋年三十矣。紀年二齊景公與晏嬰來適魯。景公問孔子曰。昔秦穆公國小處辟。其霸何也。對曰。秦國雖小。其志大。處雖辟。行中正。身舉五羖。爵之大夫。起纍紲之中。與語三日。授之以政。以此取之。雖王可也。其霸小矣。景公說。一孔子年三十五。紀年三而季平子與郈昭伯以鬬雞故得罪魯昭公。昭公率師擊平子。平子與孟氏叔孫氏三家共攻昭公。昭公師敗。奔于齊。齊處昭公乾侯。雖紀宗國事實孔子適魯之故也後做此其後頃之。魯亂。孔子適齊。爲高昭子家臣。欲以通乎景公。應前景公晏嬰適魯事與齊太師語樂。聞韶音。學之。三月不知肉味。齊人稱之。景公問政孔子。孔子曰。君君。臣臣。父父。子子。景

公曰善哉信如君不君臣不臣父不父子不子雖有粟吾豈得而食諸他日又復問
政於孔子孔子曰政在節財景公說將欲以尼谿田封孔子晏嬰進曰夫儒者滑稽
而不可軌法倨傲自順不可以爲下崇喪遂哀破產厚葬不可以爲俗游說乞貸不
可以爲國自大賢之息周室既衰禮樂缺有間今孔子盛容飾繁登降之禮趨詳之
節累世不能殫其學當年不能究其禮君欲用之以移齊俗非所以先細民也後景
公敬見孔子不問其禮異日景公止孔子曰奉子以季氏吾不能以季孟之間待之
齊大夫欲害孔子孔子聞之景公曰吾老矣弗能用也孔子遂行反乎魯 結齊景公一案
孔子年四十二 紀年四 魯昭公卒于乾侯定公立定公立五年夏季平子卒桓子嗣立
季桓子穿井得土缶中若羊問仲尼云得狗 句法俊永故以得狗作波 仲尼曰以丘所聞羊也丘
聞之木石之怪夔罔閬水之怪龍罔象土之怪羵羊 吳伐越墮會稽得骨節專車
伐越墮會稽事在後因兩節異聞附記于此 吳使使問仲尼骨何者最大仲尼曰禹致羣神於會稽山 不曰
公侯而曰羣神正應下神字 防風氏後至禹殺而戮之其節專車此爲大矣吳客曰誰爲神仲尼
曰山川之神足以綱紀天下其守爲神社稷爲公侯皆屬於王者 山川爲神社稷爲公侯皆屬于王者

也

客曰防風何守仲尼曰汪罔氏之君守封禺之山爲釐姓在虞夏商爲汪罔於周爲長翟今謂之大人客曰人長幾何仲尼曰僬僥氏三尺短之至也長者不過十之數之極也奇文然鵠國之人長三寸日行千里海鵠吞之一舉亦千里得無妄乎於是吳客曰善哉聖人佳句法好桓子嬖臣曰仲梁懷與陽虎有隙陽虎欲逐懷公山不狃止之其秋懷益驕陽虎執懷桓子怒陽虎因囚桓子與盟而醳之陽虎由此益輕季氏季氏亦僭於公室陪臣執國政是以魯自大夫以下皆僭離於正道結還季氏陽虎不狃故孔子不仕退而修詩書禮樂弟子彌衆至自遠方莫不受業焉歸到孔子定公八年公山不狃不得意於季氏因陽虎爲亂欲廢三桓之適更立其庶孽陽虎素所善者句連上遂執季桓子桓子詐之得脫定公九年陽虎不勝奔於齊是時孔子年五十紀年五倒裝法變公山不狃以費畔季氏使人召孔子孔子循道彌久溫溫無所試溫溫字奇莫能己用曰蓋周文武起豐鎬而王今費雖小儻庶幾乎先添數語作東周註欲往子路不說止孔子孔子曰夫召我者豈徒哉如用我其爲東周乎然亦卒不行其後定公以孔子爲中都宰一年四方皆則之由中都宰爲司空由司空爲大司寇定公十年春及齊平夏齊大夫黎鉏言於景公曰

魯用孔丘其勢危齊（四字簡淨）乃使使告魯爲好會會于夾谷魯定公且以乘車好往孔子攝相事曰臣聞有文事者必有武備有武事者必有文備古者諸侯出疆必具官以從請具左右司馬定公曰諾具左右司馬（先伏司馬）會齊侯夾谷爲壇位土堦三等（後伏上堦）以會遇之禮相見（應好會）揖讓而登獻酬之禮畢齊有司趨而進曰請奏四方之樂景公曰諾於是旍旄羽紱矛戟劍撥鼓譟而至（寫得一時蜂湧而至紙上嘩嘩）孔子趨而進歷階而登不盡一等（應土堦三等）舉袂而言曰（舉袂妙寫急時指麾不得不爾）吾兩君爲好會夷狄之樂何爲於此請命有司有司卻之不去則左右視晏子與景公景公心怍麾而去之（又作一頓比家語更妙）有頃齊有司趨而進曰請奏宮中之樂景公曰諾優倡侏儒爲戲而前（與前作兩對前寫得洶湧此寫得從容如親見之）孔子趨而進歷堦而登不盡一等（與前對）曰匹夫而熒惑諸侯者罪當誅請命有司有司加法焉手足異處景公懼而動知義不若歸而大恐（前作此懼與恐作三層寫）告其羣臣曰（晏子在內）魯以君子之道輔其君而子獨以夷狄之道教寡人使得罪于魯君爲之奈何有司進對曰君子有過則謝以質小人有過則謝以文（語奇）君若悼之（悼字又作懼恐餘波）則謝以實於是齊侯乃歸所侵魯之鄆汶陽龜陰之田以謝過一定公十三

年夏孔子言於定公曰臣無藏甲大夫無百雉之城使仲由爲季氏宰將墮三都於是叔孫氏先墮郈季氏將墮費公山不狃叔孫輒率費人襲魯公與三子入于季氏之宮登武子之臺費人攻之弗克入及公側孔子命申句須樂頎下伐之費人北國人追之敗諸姑蔑二子奔齊遂墮費將墮成公斂處父謂孟孫曰墮成齊人必至于北門且成孟氏之保障無成是無孟氏也我將弗墮十二月公圍成弗克一定公十四年孔子年五十六紀年六由大司寇行攝相事攝相兩見豈前則攝好會之相事此則攝國中之相事乎有喜色門人曰聞君子禍至不懼福至不喜孔子曰有是言也不曰樂其以貴下人乎於是誅魯大夫亂政者少正卯與聞國政三月粥羔豚者弗飾賈男女行者別于塗塗不拾遺四方之客至乎邑者不求有司皆予之以歸齊人聞而懼曰孔子爲政必霸霸則吾地近焉我之爲先并矣盍致地焉黎鉏曰請先嘗沮之沮之而不可則致地庸遲乎語亦流利於是選齊國中女子好者八十人皆衣文衣而舞康樂文馬三十駟遺魯君陳女樂文馬於魯城南高門外季桓子微服往觀再三將受乃語魯君爲周道游往觀終日怠於政事子路曰夫子可以行矣孔子曰魯今且郊如致膰乎大夫則吾

猶可以止。桓子卒受齊女樂。三日不聽政。句郊。句又不致膰俎於大夫。孔子遂行。宿

乎屯。而師已送曰。夫子則非罪。孔子曰。吾歌可夫。歌曰。彼婦之口。可以出走。彼婦之

謁。可以死敗。蓋優哉游哉。維以卒歲。師已反。桓子曰。孔子亦何言。師已以實告。桓子

喟然歎曰。夫子罪我以羣婢故也。夫孔子遂適衛。主於子路妻兄顏濁鄒家。衛靈公

問孔子居魯得祿幾何。對曰。奉粟六萬。衛人亦致粟六萬。居頃之。或譖孔子於衛靈

公。靈公使公孫余假一出一入。字奇孔子恐獲罪焉。居十月。去衛。一將適陳。過匡。顏刻

爲僕。以其策指之曰。昔吾入此。由彼缺也。突然一語下乃瀉出另一種文法匡人聞之。以爲魯之陽

虎。陽虎嘗暴匡人。匡人於是遂止孔子。孔子狀類陽虎。拘焉。前無心一語已中其疑而貌復類焉天下事無

有如此者寫得曲至五日。顏淵後。子曰。吾以汝爲死矣。顏淵曰。子在。回何敢死。匡人拘孔子益

急。弟子懼。孔子曰。文王既沒。文不在茲乎。天之將喪斯文也。後死者不得與於斯文

也。天之未喪斯文也。匡人其如予何。孔子使從者爲甯武子臣於衛。然後得去。一去

即過蒲。月餘。反乎衛。主蘧伯玉家。靈公夫人有南子者。使人謂孔子曰。四方之君子

不辱。欲與寡君爲兄弟者。必見寡小君。寡小君願見。辭令韻致史公每過一事即以一種筆墨副之妙甚孔子

辭謝。不得已而見之。夫人在絺帷中。孔子入門。北面稽首。夫人自帷中再拜。環珮玉聲璆然。即環珮玉寫筆韻致之極 ━孔子曰。吾鄉爲弗見。見之禮答焉。子路不說。孔子矢之曰。予所不者。天厭之。天厭之。居衛月餘。靈公與夫人同車。宦者雍渠參乘。出使孔子爲次乘。招搖市過之。孔子曰。吾未見好德如好色者也。於是醜之。去衛過曹。是歲魯定公卒。━孔子去曹適宋。與弟子習禮大樹下。宋司馬桓魋欲殺孔子。拔其樹。孔子去。弟子曰。可以速矣。孔子曰。天生德於予。桓魋其如予何。━孔子適鄭。與弟子相失。孔子獨立郭東門。鄭人或謂子貢曰。東門有人。其顙似堯。其項類皐陶。其肩類子產。然自要以下。不及禹三寸。纍纍若喪家之狗。韓詩外傳有既歛而槨布器而祭等語漢人說經時代爲近必有所本則作芻狗之說是 子貢以實告孔子。孔子欣然笑曰。形狀末也。而似喪家之狗。然哉。然哉。━孔子遂至陳。主於司城貞子家。歲餘。吳王夫差伐陳。取三邑而去。趙鞅伐朝歌。楚圍蔡。蔡遷於吳。吳敗越王句踐會稽。━忽插時事三段以爲經緯 有隼集於陳廷而死。楛矢貫之。石砮。矢長尺有咫。陳湣公使使問仲尼。仲尼曰。隼來遠矣。此肅愼之矢也。昔武王克商。通道九夷百蠻。使各以其方賄來貢。使無忘職業。於是肅愼貢楛矢石砮。長尺有咫。先生欲昭其令德以肅愼矢分大姬配虞胡公而封諸陳分同姓以珍玉展親分異姓以遠方職使無忘服故分陳以肅愼矢（又於分矢者註兩句作兩層寫）試求之故府果得之—（妙即在陳故孔府配合爲奇）孔子居陳三歲會晉楚爭彊更伐陳及吳侵陳陳嘗被寇孔子曰歸與歸與吾黨之小子狂簡進取不忘其初於是孔子去陳過蒲會公叔氏以蒲畔蒲人止孔子弟子有公良孺者以私車五乘從孔子其爲人長賢有勇力謂曰吾昔從夫子遇難於匡今又遇難於此命也已吾與夫子再罹難寧鬬而死鬬甚疾蒲人懼謂孔子曰苟毋適衞吾出子與之盟出孔子東門孔子遂適衞子貢曰盟可負耶孔子曰要盟也神不聽—（只六字簡淨）衞靈公聞孔子來喜郊迎問曰蒲可伐乎對曰可靈公曰吾大夫以爲不可今蒲衞之所以待晉楚也以衞伐之無乃不可乎孔子曰其男子有死之志婦人有保西河之志吾所伐者不過四五人（奇語簡淨）靈公曰善然不伐蒲—靈公老怠於政不用孔子孔子喟然歎曰苟有用我者朞月而已三年有成孔子行—佛肸爲中牟宰趙簡子攻范中行伐中牟佛肸畔使人召孔子孔子欲往子路曰由聞諸夫子其身親爲不善者君子不入也今佛肸親以中牟畔子欲往如之何孔子曰有是言

也。不曰堅乎。磨而不磷。不曰白乎。涅而不淄。我豈匏瓜也哉。焉能繫而不食。一孔子擊磬。有荷蕢而過門者。曰。有心哉。擊磬乎。硜硜乎。莫己知也夫。而已矣。一孔子學鼓琴師襄子。十日不進。師襄子曰。可以益矣。孔子曰。丘已習其曲矣。未得其數也。頓一有間。曰。已習其數。可以益矣。孔子曰。丘未得其志也。兩頓中又一折 有間。曰。已習其志。可以益矣。孔子曰。丘未得其爲人也。三頓 有間。曰。有所穆然深思焉。有所怡然高望而遠志焉。曰。丘得其爲人。黯然而黑。幾然而長。眼如望羊。心如王四國。非文王其誰能爲此也。一路作三層頓折語句不變如迷樓宮殿規制居一而修廊曲房一轉一折別一洞天 師襄子辟席再拜曰。師蓋云文王操也。一孔子既不得用於衞。將西見趙簡子。至于河而聞竇鳴犢舜華之死也。臨河而歎曰。美哉水。洋洋乎。丘之不濟此。命也夫。乎夫以韻叶 子貢趨而進曰。敢問何謂也。孔子曰。竇鳴犢舜華。晉國之賢大夫也。趙簡子未得志之時。須此兩人而後從政。及其已得志。殺之。乃從政。丘聞之也。刳胎殺夭。則麒麟不至郊。竭澤涸魚。則蛟龍不合陰陽。覆巢毀卵。則鳳凰不翔。何則。君子諱傷其類也。夫鳥獸之於不義也。尙知辟之。而況乎丘哉。即以譬喻結悠然冷雋 乃還息乎陬鄉。作爲陬操以哀之。而反乎衞。入主蘧伯玉家。一他日靈公問兵陳。孔子曰。俎豆之事則嘗聞之。軍旅之事未之學也。明日與孔子語。見蜚鴈。仰視之。色不在孔子。孔子遂行。復如陳。夏、衛靈公卒。立孫輒。是爲衛出公。六月、趙鞅內太子蒯聵于戚。陽虎使太子絻。八人衰絰。僞自衛迎者。哭而入。遂居焉。語簡峭而事、盡冬、蔡遷於州來。是歲、魯哀公三年。而孔子年六十矣。一七紀年齊助衛圍戚。以衛太子蒯聵在故也。一夏、魯桓釐廟燔。南宮敬叔救火。孔子在陳聞之曰。災必于桓釐廟乎。已而果然。秋、季桓子病。輦而見魯城。喟然歎曰。昔此國幾興矣。以吾獲罪于孔子。故不興也。孔子去相是治亂關頭故卽季桓子一嘆遙遙照耀城郭如故時事日非能無泫然乎顧謂其嗣康子曰。我卽死。若必相魯。相魯。必召仲尼。後數日桓子卒。康子代立。已葬。欲召仲尼。公之魚曰。昔吾先君用之不終。終爲諸侯笑。今又用之。不能終。是再爲諸侯笑。康子曰。則誰召而可。曰。必召冉求。於是使使召冉求。冉求將行。孔子曰。魯人召求。非小用之。將大用之也。是日孔子曰。歸乎歸乎。吾黨之小子狂簡。斐然成章。吾不知所以裁之。歸與嘆前後兩見子贛知孔子思歸。送冉求。因誡曰。卽用。以孔子爲招云。冉求既去。明年孔子自陳遷於蔡。蔡昭公將如吳。吳召之也。前昭公欺其臣遷州來。後將往。大夫懼復遷。公孫翩射殺昭公楚侵蔡—秋齊景公卒—明年孔子自蔡如葉葉公問政孔子曰政在來遠附邇他日葉公問孔子於子路子路不對孔子聞之曰由爾何不對曰其爲人也學道不倦誨人不厭發憤忘食樂以忘憂不知老之將至云爾—去葉反于蔡長沮桀溺耦而耕孔子以爲隱者使子路問津焉長沮曰彼執輿者爲誰子路曰爲孔丘曰是魯孔丘與曰然曰是知津矣桀溺謂子路曰子爲誰曰爲仲由曰子孔丘之徒與曰然桀溺曰悠悠者天下皆是也而誰以易之且與其從辟人之士豈若從辟世之士哉耰而不輟子路以告孔子孔子憮然曰鳥獸不可與同羣天下有道丘不與易也—他日子路行遇荷蓧丈人曰子見夫子乎丈人曰四體不勤五穀不分孰爲夫子植其杖而芸子路以告孔子曰隱者也復往則亡—（三段俱刪得簡淨）孔子遷于蔡三歲吳伐陳楚救陳軍于城父聞孔子在陳蔡之間楚使人聘孔子孔子將往拜禮陳蔡大夫謀曰孔子賢者所刺譏皆中諸侯之疾今者久留陳蔡之閒諸大夫所設行皆非仲尼之意今楚大國也來聘孔子孔子用於楚則陳蔡用事大夫危矣於是乃相與發徒役圍孔子于野不得行絕糧從者病莫能興孔子講頌絃歌不衰子路慍見曰

君子亦有窮乎。孔子曰君子固窮。小人窮斯濫矣。子貢色作。孔子曰賜爾以予爲多學而識之者與。曰然。非與。孔子曰非也。予一以貫之。孔子知弟子有慍心。乃召子路而問曰詩云匪兕匪虎。率彼曠野。吾道非邪。吾何爲于此。（以咏詩作三段關合波瀾洄旋之妙）子路曰意者吾未仁耶。人之不我信也。意者吾未知耶。人之不我行也。（兩跌落作致）孔子曰有是乎。由。譬使仁者而必信。安有伯夷叔齊。使智者而必行。安有王子比干。（亦以兩跌落應）子路出。子貢入見。孔子曰賜。詩云匪兕匪虎。率彼曠野。吾道非邪。吾何爲于此。子貢曰夫子之道至大也。故天下莫能容。夫子夫子盍少貶焉。（略寫用變法）孔子曰賜。良農能稼而不能爲穡。良工能巧而不能爲順。君子能修其道。綱而紀之。統而理之。而不能爲容。今爾不修爾道而求爲容。賜而志不遠矣。（數語波折淵然不窮）子貢出。顏回入見。孔子曰回。詩云匪兕匪虎。率彼曠野。吾道非邪。吾何爲于此。顏回曰夫子之道至大。故天下莫能容。雖然。夫子推而行之。不容何病。不容然後見君子。夫道之不修也。是吾醜也。夫道既已大修而不用。是有國者之醜也。不容何病。不容然後見君子。（兩句前後鎖結另一法）孔子欣然而笑曰。有是哉。顏氏之子。使爾多財。吾爲爾宰。於是使子貢至楚。楚昭王興師迎孔子。然後得免。一昭王將以書社地七百里封孔子。楚令尹子西曰。王之使使諸侯有如子貢者乎。曰無有。王之輔相有如顏回者乎。曰無有。王之將率有如子路者乎。曰無有。王之官尹有如宰予者乎。曰無有。（四段氣勢蓬勃）且楚之祖封於周號爲子男五十里。今孔丘述三王之法。明周召之業。王若用之。則楚安得世世堂堂方數千里乎。（四疊字蓋云安得世世有此堂堂千里之地乎連得奇）夫文王在豐。武王在鎬。百里之君卒王天下。今孔丘得據土壤。賢弟子爲佐。非楚之福也。昭王乃止。其秋楚昭王卒于城父。一（爲不用孔子作註）楚狂接輿歌而過孔子曰。鳳兮鳳兮。何德之衰。往者不可諫兮。來者猶可追也。已而已而。今之從政者殆而。孔子下。欲與之言。趨而去。弗得與之言。於是孔子自楚反乎衛。是歲也。孔子年六十三。而魯哀公六年也。一（紀年八又總哀公法變）其明年。吳與魯會繒。徵百牢。太宰嚭召季康子。康子使子貢往。然後得已。一孔子曰。魯衛之政兄弟也。是時衛君輒父不得立。在外。諸侯數以爲讓。而孔子弟子多仕於衛。衛君欲得孔子爲政。子路曰。衛君待子而爲政。子將奚先。孔子曰。必也正名乎。子路曰。有是哉子之迂也。何其正也。孔子曰。野哉由也。夫名不正則言不順。言不順則事不成。事不成則禮樂不興禮樂不興則刑罰不中刑罰不中則民無所錯手足矣夫君子爲之必可名言之必可行君子於其言無所苟而已矣其明年冉有爲季氏將師與齊戰於郎克之季康子曰子之於軍旅學之乎性之乎冉有曰學之于孔子季康子曰孔子何如人哉對曰用之有名播之百姓質諸鬼神而無憾求之至于此道雖累千社夫子不利也 正破季子之疑與前晏嬰子西之說 康子曰我欲召之可乎對曰欲召之則毋以小人固之則可矣而衞孔文子將攻太叔問策於仲尼仲尼辭不知退而命載而行曰鳥能擇木木豈能擇鳥乎文子固止會季康子逐公華公賓公林以幣迎孔子孔子歸魯 兩事併一節寫中而字用活得 孔子之去魯凡十四歲而反乎魯 總結一句 魯哀公問政對曰政在選臣季康子問政曰舉直錯諸枉則枉者直康子患盜孔子曰苟子之不欲雖賞之不竊然魯終不能用孔子孔子亦不求仕孔子之時周室微而禮樂廢詩書缺 先總序諸經 追迹三代之禮序書傳上紀唐虞之際下至秦繆編次其事曰夏禮吾能言之杞不足徵也殷禮吾能言之宋不足徵也 句 足 句 則吾能徵之矣觀夏殷所損益曰後雖百世可知也以一文一質周監二代郁郁乎文哉吾從周故書傳禮記自孔氏 先一結完書禮 孔子語

魯太師。樂其可知也始作。翕如縱之。純如。皦如。繹如也以成。吾自衛反魯然後樂正。雅頌各得其所。古者詩三千餘篇。及至孔子去其重取可施於禮義上采契后稷中述殷周之盛至幽厲之缺始于衽席。故曰關雎之亂以爲風始。鹿鳴爲小雅始。文王爲大雅始。清廟爲頌始。三百五篇孔子皆絃歌之以求和韶武雅頌之音。禮樂自此可得而述。又一結完詩樂以備王道成六藝。孔子晚而喜易序。彖。繫象說卦文言。讀易韋編三絕。曰假我數年若是我于易則彬彬矣。候補完易孔子以詩書禮樂教弟子蓋三千焉。身通六藝者七十有二人。如顏濁鄒之徒頗受業者甚衆。又序一段結上起下孔子以四教接上教事下一段皆孔子所以教也文行忠信。絕四毋意毋必毋固毋我。所慎齋戰疾。子罕言利與命與仁。不憤不啓。舉一隅不以三隅反則弗復也。其於鄉黨恂恂似不能言者。其於宗廟朝廷。辯辯言唯謹爾。朝與上大夫言誾誾如也。與下大夫言侃侃如也。入公門鞠躬如也。趨進翼如也。君使儐色勃如也。君命召不俟駕行矣。魚餒肉敗割不正不食。席不正不坐。食於有喪者之側未嘗飽也。是日哭則不歌。見齊衰瞽者雖童子必變。三人行必得我師。德之不修。學之不講。聞義不能徙。不善不能改。是吾憂也。使人歌。善則使復之。然後和之。子不語怪力亂神。子貢曰。夫子之文章。可得聞也。夫子言天道與性命。弗可得聞也已。顏淵喟然歎曰。仰之彌高。鑽之彌堅。瞻之在前。忽焉在後。夫子循循然善誘人。博我以文。約我以禮。欲罷不能。既竭我才。如有所立卓爾。雖欲從之。蔑由也已。達巷黨人童子曰。大哉孔子。博學而無所成名。子聞之曰。我何執。執御乎。執射乎。我執御矣。牢曰。子云不試。故藝。一散序若干節不見其重複魯哀公十四年春。狩大野。叔孫氏車子鉏商獲獸。以爲不祥。仲尼視之曰。麟也。取之。曰。河不出圖。雒不出書。吾已矣夫。顏淵死。孔子曰。天喪予。及西狩見麟。曰。吾道窮矣。喟然歎曰。莫知我夫。子貢曰。何爲莫知子。子曰。不怨天。不尤人。下學而上達。知我者其天乎。不降其志。不辱其身。伯夷叔齊乎。謂柳下惠少連。降志辱身矣。謂虞仲夷逸。隱居放言。行中淸廢中權。我則異於是。無可無不可。子曰。弗乎弗乎。君子病沒世而名不稱焉。吾道不行矣。吾何以自見于後世哉。乃因史記作春秋。上至隱公。下訖哀公十四年。十二公。據魯。親周。故殷。運之三代。約其文辭而指博。故吳楚之君自稱王。而春秋貶之曰子。踐土之會。實召周天子。而春秋諱之曰。天王狩於河陽。推此類以繩當世。貶損之義。後有王者。舉而開之。春秋之義行。則天下亂臣賊子懼焉。孔子在位。聽訟。文辭有可與人共者。弗獨有也。至于爲春秋。筆則筆。削則削。子夏之徒。不能贊一辭。弟子受春秋。孔子曰。後世知丘者。以春秋。而罪丘者。亦以春秋。一又另序春秋一段五經次第不排不遠或略或詳具見筆法明歲。子路死于衛。孔子病。子貢請見。孔子方負杖逍遙於門。曰。賜。汝來何其晚也。孔子因歎歌曰。泰山壞乎。梁柱摧乎。哲人萎乎。因以涕下。謂子貢曰。天下無道久矣。莫能宗予。夏人殯于東階。周人於西階。殷人兩柱間。昨暮予夢坐奠兩柱之間。予殆殷人也。簡略得妙意致更遠後七日卒。孔子年七十三。紀年九以魯哀公十六年四月己丑卒。哀公誄之曰。旻天不弔。不慭遺一老。俾屏余一人以在位。煢煢余在疚。嗚呼哀哉。尼父。毋自律。誄詞古勁而韻致子貢曰。君其不沒於魯乎。夫子之言曰。禮失則昏。名失則愆。失志爲昏。失所爲愆。生不能用。死而誄之。非禮也。稱余一人。非名也。一孔子葬魯城北泗上。弟子皆服三年。三年心喪畢。相訣而去。則哭。各復盡哀。或復留。唯子貢廬於冢上。凡六年。然後去。弟子及魯人往從冢而家者。百有餘室。因命曰孔里。魯世世相傳。以歲時奉祠孔子冢。而諸儒亦講禮鄉飲大射於孔子冢。孔子冢大一頃。故所居堂弟子內。後世因廟。藏孔子衣冠琴車書。至于漢二百餘年不絕。高皇帝過魯。以太牢祀焉。諸侯卿相至。常先謁。然後從政。（於漢世隆重已如此可見孔子之大）孔子生鯉。字伯魚。伯魚年五十。先孔子死。伯魚生伋。字子思。年六十二。嘗困於宋。子思作中庸。子思生白。字子上。年四十七。子上生求。字子家。年四十五。子家生箕。字子京。年四十六。子京生穿。字子高。年五十一。子高生子慎。年五十七。嘗爲魏相。子慎生鮒。年五十七。爲陳王涉博士。死于陳下。鮒弟子襄。年五十七。嘗爲孝惠皇帝博士。遷爲長沙太守。長九尺六寸。子襄生忠。年五十七。忠生武。武生延年及安國。安國爲今皇帝博士。至臨淮太守。蚤卒。安國生卬。卬生驩。

太史公曰、詩有之。高山仰止。景行行止。雖不能至。然心鄉往之。（起得惝恍風致）余讀孔氏書。想見其爲人。適魯。觀仲尼廟堂車服禮器。諸生以時習禮其家。余祗回留之不能去云。（淵然不盡）天下君王至于賢人衆矣。當時則榮。沒則已焉。孔子布衣。傳十餘世。學者宗之。自天子王侯。中國言六藝者。折中於夫子。可謂至聖矣。（贊語俱作虛寫流連折宕一往不窮）

世家序事總用簡法此篇只于會夾谷處學琴處困陳蔡處著意寫而其大段則枝葉扶疎根株盤錯不必討好而體局自大

陳涉世家

陳勝者。陽城人也。字涉。吳廣者、陽夏人也。字叔。吳廣附傳起即並提陳涉少時。嘗與人傭耕。輟耕之壟上。悵恨久之。寫得磊落不羣大凡英雄至極貧賤極富貴時每多悲傷此與高祖大風歌襟懷一樣曰苟富貴無相忘。傭者笑而應曰。若爲傭耕。何富貴也。陳涉太息曰。嗟乎。燕雀安知鴻鵠之志哉。一耕者固不足答惟有自歎自解而已寫得邁遠二世元年七月、發閭左適戍漁陽。九百人屯大澤鄉。陳勝吳廣皆次當行。爲屯長。會天大雨。道不通。度已失期。失期法皆斬。陳勝吳廣乃謀曰。今亡亦死。舉大計亦死。等死。死國可乎。陳勝曰。天下苦秦久矣。吾聞二世少子也。不當立。當立者乃公子扶蘇。扶蘇以數諫故。上使外將兵。今或聞無罪。二世殺之。百姓多聞其賢。未知其死也。一段扶蘇項燕爲楚將。數有功。愛士卒。楚人憐之。或以爲死。或以爲亡。一段項燕今誠以吾衆詐自稱公子扶蘇項燕。雙承爲天下唱。宜多應者。吳廣以爲然。乃行卜。卜者知其指意。曰。足下事皆成有功。然足下卜之鬼乎。陳勝吳廣喜。念鬼。曰。此教我先威衆耳。卜鬼威衆妙意中意外若隱若顯密謀行徑乃丹書帛曰。陳勝王。置人所罾魚腹中。卒買魚烹食。得魚腹中書。固以怪之矣。威衆先作一頓又間令吳廣之次近所旁叢祠中。夜篝火狐嗚呼曰大楚興陳勝王卒皆夜驚恐（魚書狐鳴作兩節寫好）旦日卒中往往語皆指目陳勝一吳廣素愛人士卒多爲用者（勝廣雙提前已極寫陳勝此又補寫吳廣）將尉醉廣故數言欲亡忿恚尉令辱之以激怒其衆一（先寫明便於直趨下）尉果笞廣尉劍挺（只兩字尉之裝束神情無不現出乃下殺尉不必別尋器物妙）廣起奪而殺尉陳勝佐之（陳勝首事偏寫廣先殺尉勝反佐之妙）并殺兩尉召令徒屬曰公等遇雨皆已失期失期當斬藉第令毋斬而戍死者固十六七且壯士不死卽已死卽舉大名耳王侯將相寧有種乎（字字鋒稜前是密計此是昌言）徒屬皆曰敬受命乃詐稱公子扶蘇項燕從民欲也（應前）袒右稱大楚（扶蘇何以稱楚寫一時草草）爲壇而盟祭以尉首一（完兩尉事）陳勝自立爲將軍吳廣爲都尉（雙收勝廣）攻大澤鄉收而攻蘄蘄下乃令符離人葛嬰將兵徇蘄以東攻銍酇苦柘譙皆下之一（略序相間）行收兵北至陳車六七百乘騎千餘卒數萬人攻陳陳守令皆不在獨守丞與戰譙門中弗勝守丞死乃入據陳數日號令召三老豪傑與皆來會計事三老豪傑皆曰將軍身披堅執銳伐無道誅暴秦復立楚國之社稷功宜爲王陳涉乃立爲王號曰張楚（寫草草之極）當此時諸郡縣苦秦吏者皆刑其長吏殺之以應陳涉一（補寫郡縣爲陳涉添幾許氣勢文有虛而實者此類是也）乃以吳叔爲假王監諸將以西擊滎陽令

陳人武臣。張耳。陳餘。徇趙地。令汝陰人鄧宗。徇九江郡。當此時、楚兵數千人爲聚者。不可勝數。一葛嬰至東城。立襄彊爲楚王。嬰後聞陳王已立。因殺襄彊。還報。至陳。陳王誅殺葛嬰。一（順手插入葛嬰。即隨手放倒。省便。○此時陳涉不立。便有許多葛藤。時勢如此。何可輕議古人也。）陳王令魏人周市。北徇魏地。一吳廣圍滎陽。李由爲三川守。守滎陽。吳叔弗能下。一（接假王攻滎陽事照應）陳王徵國之豪傑與計。以上蔡人房君蔡賜爲上柱國。一周文、陳之賢人也。（周文附傳）嘗爲項燕軍視日。事春申君。自言習兵。陳王與之將軍印。西擊秦。行收兵至關。車千乘。卒數十萬。（寫周文暴與之勢。與陳涉對照）至戲。軍焉。秦令少府章邯。免酈山徒人奴產子。悉發以擊楚大軍。盡敗之。周文敗走出關。止次曹陽。二三月。章邯追敗之。復走次澠池。十餘日。章邯擊大破之。周文自刎。軍遂不戰。一（四字寫烏合如見。○與也勃焉。散也忽焉。先爲陳王傳一小像）武臣到邯鄲。自立爲趙王。陳餘爲大將軍。張耳召騷爲左右丞相。陳王怒。捕繫武臣等家室。欲誅之。柱國曰。（蔡賜也）秦未亡。而誅趙王將相家屬。此生一秦也。（生字妙。明確新穎）不如因而立之。陳王乃遣使者賀趙。而徙繫武臣等家屬宮中。而封其子張敖爲成都君。趣趙兵亟入關。趙王將相相與謀曰。王王趙。非楚意也。楚已誅秦。必加兵於趙。計莫如毋西兵。（三字矯健）使使北徇燕地以自廣也趙南據大河北有燕代楚雖勝秦不敢制趙若楚不勝秦必重趙趙乘秦之弊可以得志於天下趙王以爲然（說利害明淨剿絕）因不西兵而遣故上谷卒史韓廣將兵北徇燕地燕故貴人豪傑謂韓廣曰楚已立王趙又已立王燕雖小亦萬乘之國也願將軍立爲燕王韓廣曰廣母在趙不可燕人曰趙方西憂秦南憂楚其力不能禁我且以楚之彊不敢害趙王將相之家趙獨安敢害將軍之家（語更明斷醒快絕似國策文字）韓廣以爲然乃自立爲燕王居數月趙奉燕王母及家屬歸之燕（趙王燕王恰是一對故連寫作章法○韓廣後事在羽紀中武臣後事在耳餘傳中）當此之時諸將之徇地者不可勝數（總收上韓廣武臣兩段起周市接前）周市北徇地至狄狄人田儋殺狄令自立爲齊王以齊反擊周市市軍散還至魏地欲立魏後故寧陵君咎爲魏王時咎在陳王所不得之魏魏地已定欲相與立周市爲魏王周市不肯使者五反（此向陳王請魏咎之使也）陳王乃立寧陵君咎爲魏王遣之國周市卒爲相（周市後事在魏豹傳中）將軍田臧等相與謀曰周章軍已破矣秦兵旦暮至我圍滎陽城弗能下秦軍至必大敗不如少遣兵足以守滎陽悉精兵迎秦軍今假王驕不知兵權不可與計非誅之事恐敗因相與矯王令以誅吳叔獻其首於陳

王。〔完吳廣事○以同首事之人誅之而不問足以決陳勝之亡矣〕陳王使使賜田臧楚令尹印。使爲上將。田臧乃使諸將李歸等守滎陽城。自以精兵西迎秦軍於敖倉。與戰。田臧死。軍破。章邯進兵。擊李歸等滎陽下。破之。李歸等死。〔以上諸將是陳王所遣以下兩段則別起一頭附到陳王與羽紀一樣〕陽城人鄧說。將兵居郯。章邯別將擊破之。鄧說軍散走。陳。銍人伍徐將兵居許。章邯擊破之。伍徐軍皆散走陳。陳王誅鄧說。〔一段附序鄧說伍徐〕陳王初立時。陵人秦嘉。銍人董緤。符離人朱雞石。取慮人鄭布。徐人丁疾等。皆特起。將兵圍東海守慶於郯。陳王聞。乃使武平君畔爲將軍。監郯下軍。秦嘉不受命。嘉自立爲大司馬。惡屬武平君。告軍吏曰。武平君年少。不知兵事。勿聽。因矯以王命殺武平君畔。〔一段附秦嘉等事〕章邯已破伍徐。〔間接〕擊陳。柱國房君死。〔完蔡賜事破伍徐實擊房君處〕章邯又進兵擊陳西張賀軍。陳王出監戰。軍破。張賀死。臘月。陳王之汝陰。還至下城父。其御莊賈殺以降秦。陳勝葬碭。諡曰隱王。〔完陳勝事〕陳王故涓人將軍呂臣爲倉頭軍。起新陽。攻陳下之。殺莊賈。復以陳爲楚。〔應篇首稱大楚〕〔起下孫心楚王〕初陳王至陳。令銍人宋留將兵定南陽。入武關。留已徇南陽。聞陳王死。南陽復爲秦。宋留不能入武關。乃東至新蔡。遇秦軍。宋留以軍降秦。秦傳留至咸陽。車裂留以徇。—帶序完宋留事秦嘉等聞陳王軍破出走。乃立景駒爲楚王。引兵之方與。欲擊秦軍定陶下。使公孫慶使齊王。欲與并力俱進。齊王曰。聞陳王戰敗。不知其死生。楚安得不請而立王。公孫慶曰。齊不請楚而立王。楚何故請齊而立王。句勁而快且楚首事。當令於天下。田儋誅殺公孫慶。—又接秦嘉事附序秦嘉後事在羽紀中秦左右校復攻陳。下之。呂將軍走。收兵復聚。鄱盜當陽君黥布之兵相收。復擊秦左右校。破之青波。復以陳爲楚。會項。梁。立。懷。王。孫。心。爲。楚。王。—又接呂臣事附序呂臣後事在羽紀中○陳王死後茫然無主諸事雜沓故附序秦嘉呂臣等事於此至懷王陳。勝。王。凡。六。月。—又找一句非重序陳勝也以見篇中幾許頭緒皆六月以內事耳會既立便交排場陳王之事終矣前以楚起此以楚結章法之妙幾何時而世事糾紛廢興倏忽可爲三歎已爲王王陳。其故人嘗與傭耕者聞之。之陳。扣宮門曰。吾欲見涉。宮門令欲縛之。自辯。數。乃置。不肯爲通。陳王出。遮道而呼涉。陳王聞之。乃召見。載與俱歸。一邊草野倨侮一邊皇居嚴密情事寫盡即借傭耕者以反形陳王六月之中雲泥如此豈與王之器哉入宮。見殿屋帷帳。客曰。夥。頤。涉。之。爲。王。沈。沈。者。一句中驚呆痴描字字有之文心靈妙如此沈沈還作深邃根上殿屋帷帳來楚。人。謂。多。爲。夥。故。天。下。傳。之。夥。涉。爲。王。由。陳。涉。始。—偏借閒瑣事襯貼出色客出入愈益發舒。二字寫蠢鄉人得意光景妙絕言陳王故情。或說陳王曰。客愚無知。顓妄言輕威。陳王斬之。從貧賤致身富貴每不悅貧賤之交心病坐此愚者倘自特故情輕有干謁幾何不遭按劍哉諸陳王故人皆自引去。由。是。無。親。陳。王。者。一結一陳王以朱房為中正。胡武為司過。主司羣臣。諸將狥地。句至。句令之不是者。繫而罪之。以苛察為忠。其所不善者。弗下吏。輒自治之。此葛嬰之所以死武臣等之所以自王也陳王信用之。諸。將。以。其。故。不。親。附。此。其。所。以。敗。也。兩結傳後接王六月之下又拖兩段補序陳王所以不久之故創格陳。勝。雖。已。死。其。所。置。遣。侯。王。將。相。竟。亡。秦。由。涉。首。事。也。又補一筆為陳王吐氣為諸侯王將相提綱項羽高祖本紀耳餘黥布等列傳皆從此出高祖時。為陳涉置守冢三十家。碭至今血食。

褚先生曰、地形險阻。所以為固也。兵革刑罰。所以為治也。猶未足恃也。夫先王以仁義為本。而以固塞文法為枝葉。固塞根地形文法根刑罰豈不然哉。吾聞賈生之稱曰。秦孝公據殽函之固云云。史公贊偶失褚先生引賈誼過秦論上篇補之然已見始皇本紀後不重錄

陳勝首事是極匆匆之時千端百緒各處紛來一時已難支應況時止六月之事有六月中畢者有六月不能即序完者有一時並起一筆不能雙寫者倏忽之閒如何收合他却逐件齊入即隨手放倒如蜃樓海市忽有忽無而中有線索貫串不見其堆垜不見其雜沓筆法絕人○一傳除吳廣周文附傳外而中插序葛嬰武臣張耳陳餘鄧宗周市蔡賜韓廣田臧李歸鄧說伍徐秦嘉董緤朱雞石鄧布丁疾呂臣宋留公孫慶儋耕人朱房共二十二人有序完者有不及序完者有附入他傳中序完者寫一時草竊情形如見○陳王之敗由諸將故人不親附諸將故人不親附則由於儋耕人朱房事多不能於傳中夾序另於

中華書局印行

（傳後點出照映通篇）

外戚世家

自古受命帝王及繼體守文之君。非獨內德茂也。蓋亦有外戚之助焉。一（總提一句）夏之興也。以塗山。（受命）而桀之放也。以末喜。（繼體）殷之興也。以有娀。（受命）紂之殺也。嬖妲己。（繼體）周之興也。以姜原及太任。（受命）而幽王之禽也。淫於褒姒。（繼體〇序三代頂受命繼體之君而一正一反句法變化）故易基乾坤。詩始關雎。書美釐降。春秋譏不親迎。夫婦之際。人道之大倫也。禮之用。唯婚姻爲兢兢。（即五經點五段）夫樂調而四時和。陰陽之變。萬物之統也。可不愼與。（又補出樂以完六經）人能弘道。（根上六經）無如命何。（起下妃匹）甚哉妃匹之愛。君不能得之於臣。父不能得之於子。況卑下乎。（因命字起下兩段通貫全篇）既驩合矣。或不能成子姓。（照下惠帝后薄皇后陳皇后愼夫人尹姬）能成子姓矣。或不能要其終。（照下戚夫人王皇后栗姬王夫人李夫人）豈非命也哉。孔子罕稱命。蓋難言之也。非通幽明之變。惡能識乎性命哉。一（一論冒定全篇）太史公曰。秦以前尙略矣。其詳靡得而記焉。一（前列三代此補出秦）漢興。呂娥姁爲高祖正后。男爲太子。及晚節色衰愛弛。（呂后以本紀略）而戚夫人有寵。其子如意幾代太子者數矣。及高祖崩。呂氏夷戚氏。誅趙王。而高祖後宮唯獨無寵疏遠者得無恙（寵者夷疏者無恙正見命之反覆○伏薄太后案）呂后長女為宣平侯張敖妻敖女為孝惠皇后呂太后以重親故欲其生子萬方終無子（萬方無子天實為之）詐取後宮人子為子及孝惠帝崩天下初定未久繼嗣不明於是貴外家王諸呂以為輔而以呂祿女為少帝后欲連固根本（句）牢甚（句）然無益也（連固根本足矣又加牢甚再三固結唯恐不然是婦人見識然而有命存焉）高后崩合葬長陵祿產等懼誅謀作亂大臣征之天誘其統卒滅呂氏唯獨置孝惠皇后居北宮（呂氏之僅存者耳）迎立代王是為孝文帝奉漢宗廟此豈非天邪非天命孰能當之一（挽上命字通篇俱暗發此以明應）

薄太后父吳人姓薄氏秦時與故魏王宗家女魏媼通生薄姬而薄父死山陰因葬焉及諸侯畔秦魏豹立為魏王而魏媼內其女於魏宮媼之許負所相相薄姬云當生天子（命也）是時項羽方與漢王相距滎陽天下未有所定豹初與漢擊楚及聞許負言心獨喜因背漢而畔中立更與楚連和漢使曹參等擊虜魏王豹以其國為郡而薄姬輸織室豹已死漢王入織室見薄姬有色詔內後宮歲餘不得幸（當生天子可幸遇矣偏下織室下織室不遇矣偏內後宮內後宮復遇矣偏不得幸三番曲折寫天命之靡常）始姬少時與管夫人趙子兒相愛約曰先貴無相忘已而管夫人趙子兒先幸漢王（又出兩人襯薄姬必以薄姬因管趙）

進乃反以一笑成其因緣命之奇如此 漢王坐河南宮成皐臺。此兩美人相與笑薄姬初時約。青雲泥塗安可及哉○深宮曲臺私語巧笑默然共會精神相通寫得微秀 漢王聞之。問其故。兩人具以實告漢王。漢王心慘然。憐薄姬。是日召而幸之。先笑之後憐之幸之寫出意外 薄姬曰。昨暮夜妾夢蒼龍據吾腹。夢已先兆豈非命乎 高帝曰此貴徵也。吾為女遂成之。一幸生男。是為代王。其後薄姬希見高祖。復不遇矣孰知禍兮福倚哉 高祖崩。諸御幸姬戚夫人之屬。呂太后怒。皆幽之不得出宮。而薄姬以希見故得出。從子之代。為代王太后。太后弟薄昭從如代。代王立十七年。高后崩。大臣議立後。疾外家呂氏彊。皆稱薄氏仁善。故迎代王。立為孝文皇帝。而太后改號曰皇太后。弟薄昭封為軹侯。薄太后母亦前死。亦字頂父死會稽 葬櫟陽北。於是乃追尊薄父為靈文侯。會稽郡置園邑三百家。長丞以下吏奉守冢。寢廟上食祠如法。而櫟陽北亦置靈文侯夫人園。如靈文侯園儀。寫得外家隆重幾與高帝相同 薄太后以為母家魏王後。應前 早失父母。其奉薄太后諸魏有力者。於是召復魏氏。及尊賞賜各以親疏受之。薄氏侯者凡一人。薄太后後文帝二年。以孝景帝前二年崩。葬南陵。以呂后會葬長陵。故特自起陵。近孝文皇帝霸陵。序法前後俱一樣住以作章法○薄氏一傳 竇太后。趙之清河觀津人也。呂太后時。竇姬以良家子入宮侍太后。太后出宮人以賜諸王。各五人。竇姬與在行中。竇姬家在清河。欲如趙。近家。請其主遣宦者吏。必置我籍趙之伍中。宦者忘之。誤置其籍代伍中。句 籍奏。句 詔可。句 當行。句 竇姬涕泣。句 怨其宦者。句 不欲往。句 相彊。句 乃肯行。句 至代。句○二十字作九句情事乃盡 代王獨幸竇姬。因遣而請因請而誤因誤而怨乃至獨幸五層折因緣福澤皆在誤中非人之所能爲也 生女嫖。後生兩男。而代王王后生四男。先代王未入立爲帝而王后卒。後代王立爲帝。而王后所生四男更病死。孝文帝立數月。公卿請立太子。而竇姬長男最長。立爲太子。立竇姬爲皇后。女嫖爲長公主。不有所廢其能興乎純寫天道 其明年。立少子武爲代王。已而又徙梁。是爲梁孝王。竇皇后親早卒。葬觀津。於是薄太后乃詔有司。追尊竇后父爲安成侯。母曰安成夫人。令清河置園邑二百家。長丞奉守。比靈文園法。隆重外家遂成故事

竇皇后兄竇長君。弟曰竇廣國。字少君。少君年四五歲時。家貧。爲人所略賣。其家不知其處。傳十餘家。至宜陽。爲其主入山作炭。句 寒。句 臥岸下。句 百餘人。句 岸崩。句 盡壓殺。臥者。句 少君獨得脫。句 不死。句 自卜。句 數日。句 當爲侯。死而生生而侯人生墮地生死貴賤惡能自主哉又以二十八字作十短句 從其家之長安。聞竇皇后新立。家在觀津。姓竇氏。廣國去時。句 雖小。

識其縣名。句及姓。句又常與其姊。句採桑。句墮。句用爲符信。句上書自陳。竇皇后言之於文帝。召見。句問之。句具言其故。句果是。句又復問他何以爲驗。對曰。姊去我西時。與我決於傳舍中。句丐沐。句沐我。句請食。句飯我。句乃去。（是矣又作一頓兩層寫極其曲折○又作十六短句此段俱以短句勝）於是竇后持之而泣。泣涕交橫下。（形容一句）侍御左右皆伏地泣。助皇后悲哀。（又於傍人形容一句極寫其生死離別骨肉乍逢眞堪一慟也）乃厚賜田宅金錢。封公昆弟。家於長安。絳侯灌將軍等曰。吾屬不死。命乃且縣此兩人。兩人所出微。不可不爲擇師傅賓客。又復效呂氏大事也。於是乃選長者士之有節行者與居。竇長君少君由此爲退讓君子。不敢以尊貴驕人。竇皇后病。失明。文帝幸邯鄲愼夫人尹姬。皆無子。（又點二人襯一句所云實命不猶也）孝文帝崩。孝景帝立。乃封廣國爲章武侯。長君前死。封其子彭祖爲南皮侯。吳楚反時。竇太后從昆弟子竇嬰。任俠自喜。將兵以軍功爲魏其侯。竇氏凡三人爲侯。（竇氏三侯）竇太后好黃帝老子言。帝及太子諸竇不得不讀黃帝老子。尊其術。竇太后後孝景帝六歲。建元六年崩。合葬霸陵。遺詔盡以東宮金錢財物賜長公主嫖。（與前一樣序又以遺詔作一波）王太后、槐里人。母曰臧兒、臧兒者。故燕王臧荼孫也。臧兒嫁爲槐里王仲妻。生男曰信。與兩女而仲死。臧兒更嫁長陵田氏。生男蚡勝。臧兒長女嫁爲金王孫婦。生一女矣。而臧兒卜筮之曰兩女皆當貴。因欲奇兩女。乃奪金氏。金氏怒不肯予決。乃內之太子宮。太子幸愛之。生三女一男。（家常瑣褻序得楚楚）男方在身時。王美人夢日入其懷（下闕）以告太子。太子曰此貴徵也。（與蒼龍夢正同）未生而孝文帝崩。孝景帝卽位。王夫人生男。（又入開別事）先是臧兒又入其少女兒姁。兒姁生四男。景帝爲太子時。薄太后以薄氏女爲妃。及景帝立。立妃曰薄皇后。皇后無子。無寵。薄太后崩。廢薄皇后。（又點天命以爲照映）景帝長男榮。其母栗姬。栗姬齊人也。（栗姬附傳）立榮爲太子。長公主嫖有女。欲予爲妃。栗姬妬。而景帝諸美人。皆因長公主見景帝。得貴幸。皆過栗姬。栗姬日怨怒。（倒序前事）謝長公主。不許。（寫栗姬之禍凡有數層妒怨爲根而不許長公主是第一節）長公主欲予王夫人。王夫人許之。（王夫人許長公主是第二節）長公主怒而日讒栗姬短於景帝曰。栗姬與諸貴夫人幸姬會。常使侍者祝唾其背。（奇語）挾邪媚道。景帝以故望之。（長公主讒是第三節）景帝常體不安。心不樂。屬諸子爲王者於栗姬曰。百歲後。善視之。栗姬怒不肯應。言不遜。景帝恚。心嗛之而未發也。（景帝嗛之是第四節）長公主日譽王夫人男之美。景帝亦賢之。又有曩者所夢日符。計未有所定。（王夫人夢日符）

是第五節○一路序栗姬忘却本傳故乘此回應一筆　王夫人知帝望栗姬。因怒未解。陰使人趣大臣立栗姬爲皇后。大行奏事畢。曰子以母貴。母以子貴。今太子母無號。宜立爲皇后。景帝怒曰是而所宜言邪。遂案誅大行。而廢太子爲臨江王。栗姬愈恚恨。不得見。以憂死。大行請立是第六層逐層寫來覺閨房衽席亦有戈矛、其端甚微其禍甚烈雖曰人事亦天道也　卒立王夫人爲皇后。其男爲太子。封皇后兄信爲蓋侯。景帝崩。太子襲號爲皇帝。尊皇太后母臧兒爲平原君。封田蚡爲武安侯。勝爲周陽侯。景帝十三男。一男爲帝。十二男皆爲王。而兒姁早卒。其四子皆爲王。兒姁序完　王太后長女。號曰平陽公主。次爲南宮公主。次爲林慮公主。蓋侯信好酒。田蚡勝貪巧於文辭。王仲早死。葬槐里。追尊爲共侯。置園邑二百家。及平原君卒。從田氏葬長陵。置園比共侯園。而王太后後孝景帝十六歲。以元朔四年崩。合葬陽陵。王太后家凡三人爲侯。王氏三侯○序法同前小變而侯三人獨置在後　衛皇后、字子夫。生微矣。蓋其家號曰衛氏。太史公微詞直貫至篇末　出平陽侯邑。子夫爲平陽主謳者。武帝初卽位。數歲無子。平陽主求諸良家子女十餘人。飾置家。武帝祓霸上還。因過平陽主。主見所侍美人。句　上弗說。句　既飲。句　謳者進。句　上望見。句　獨說衛子夫。拔之儕人之中豈非命乎望見妙耳目才及精神相通　是日武帝起更衣子夫侍尚衣軒中得幸上還坐驩甚賜平陽主金千斤主因奏子夫奉送入宮子夫上車平陽主拊其背曰行矣（句）彊飯（句）勉之（句）即貴（句）無相忘（句）入宮歲餘竟不復幸（亦作一頓兩節寫）武帝擇宮人不中用者斥出歸之衛子夫得見（句）涕泣（句）請出（句）上憐之（句）復幸遂有身尊寵日隆（一段又三用短句一篇以此勝）召其兄衛長君弟青爲侍中而子夫後大幸有寵凡生三女一男男名據初上爲太子時娶長公主女爲妃立爲帝妃立爲皇后姓陳氏無子上之得爲嗣大長公主有力焉（應前王夫人栗姬事）以故陳皇后驕貴聞衛子夫大幸恚幾死者數矣上愈怒陳皇后挾婦人媚道其事頗覺於是廢陳皇后而立衛子夫爲皇后陳皇后母大長公主景帝姊也數讓武帝姊平陽公主曰帝非我不得立已而棄捐吾女壹何不自喜而倍本乎平陽公主曰用無子故廢耳陳皇后求子與醫錢凡九千萬然竟無子（於衛后事中追序陳后事於陳后事中又綴一筆追序其求子事總以反襯衛后而以天命終焉）衛子夫已立爲皇后（間接）先是衛長君死乃以衛青爲將軍擊胡有功封爲長平侯青三子在襁褓中皆封爲列侯及衛皇后所謂姊衛少兒（所謂姊與蓋其家號曰衛氏尖毒爾）乃少兒生子霍去病以軍功封冠軍侯號驃騎將軍青號大將軍立衛皇后子據

爲太子衛氏枝屬以軍功起家五人爲侯寫一時勃興如此豈非命乎○衞氏五侯及衞后色衰趙之
王夫人幸有子爲齊王王夫人早卒而中山李夫人有寵有男一人爲昌邑王李
夫人早卒其兄李延年以音幸號協律協律者故倡也兄弟皆坐姦族是時其長兄
廣利爲貳師將軍伐大宛不及誅還而上既夷李氏後憐其家乃封爲海西侯他
姬子二人爲燕王廣陵王其母無寵以憂死及李夫人卒則有尹婕好之屬更有
寵然皆以倡見非王侯有土之女士不可以配人主也復序一段以爲餘波又借李夫人等掉一筆擊動通篇以
見諸后皆非功臣之家而寓慨焉
褚先生曰臣爲郎時問習漢家故事者鍾離生曰王太后在民間時所生子女者便不
如史公深婉父爲金王孫王孫已死景帝崩後武帝已立王太后獨在而韓王孫名嫣素
得幸武帝承間白言太后有女在長陵也突然竟入武帝曰何不早言乃使使往先視之
在其家武帝乃自往迎取之蹕道先驅旄騎出橫城門乘輿馳至長陵當小市西入
里句里門閉句暴開門句乘輿直入此里句通至金氏門外句止句使武騎圍其宅
句爲其亡走身自往取不得也寫武帝一半是好奇卽使左右羣臣入呼求之家人驚恐女亡

匿內中牀下扶持出門。寫兒女子情性如見令拜謁。武帝下車泣曰。嚄。大姊何藏之深也。寫旌旗蹕道是一幅畫圖乘輿里門是一篇游記驚恐亡匿是一首閨房艷體色澤姿致無字不佳詔副車載之。迴車馳還。而直入長樂宮。行詔門著引籍。通到謁太后。太后曰。帝倦矣。何從來。帝曰。今者至長陵。得臣姊。與俱來。亦突然而入顧曰。謁太后。太后曰。女某邪。曰。是也。太后爲下泣。女亦伏地泣。寫至情之處便作至情之語武帝奉酒前爲壽。奉錢千萬。奴婢三百人。公田百頃。甲第。以賜姊。太后謝曰。爲帝費焉。於是召平陽主。南宮主。林慮主。三人俱來謁見姊。又極寫一筆形容一時傾倒因號曰修成君。有子男一人。女一人。男號爲修成子仲。女爲諸侯王王后。此二子非劉氏。以故太后憐之。又明點一句修成子仲驕恣。陵折吏民。皆患苦之。

衛子夫立爲皇后。后弟衛青字仲卿。以大將軍封爲長平侯。四子。長子伉爲侯世子。侯世子常侍中。貴幸。其三弟皆封爲侯。各千三百戶。一曰陰安侯。二曰發干侯。三曰宜春侯。貴震天下。天下歌之曰。生男無喜。生女無怒。獨不見衛子夫霸天下。下音戶古韻叶是時平陽主寡居。當用列侯尚主。主與左右議長安中列侯可爲夫者。皆言大將軍可。主笑曰。此出吾家。常使令騎從我出入耳。奈何用爲夫乎。左右侍御者曰。今大將

中華書局印行

軍姊爲皇后。三子爲侯。富貴振動天下。主何以易之乎。將衞青貶剝一番又爲出色一番於是主乃許之。言之皇后。令白之武帝。乃詔衞將軍尚平陽公主焉。褚先生曰。丈夫龍變。只四字佳傳曰。蛇化爲龍。不變其文。家化爲國。不變其姓。又釋四句更佳丈夫當時富貴。百惡滅除。光耀榮華。貧賤之時。何足累之哉。史公多微詞此則欣羨之矣

武帝時。幸夫人尹婕妤。邢夫人號娙娥。衆人謂之娙何。娙何秩比中二千石。容華秩比二千石。虛婕妤秩比列侯。常從婕妤遷爲皇后。皇后亦從遷轉奇尹夫人與邢夫人同時並幸。有詔不得相見。更奇尹夫人自請武帝。願望見邢夫人。寫尹夫人另有一種慧心帝許之。卽令他夫人飾。從御者數十人。爲邢夫人來前。妙尹夫人前見之。曰此非邢夫人身也。身字妙容華色澤皆可假爲國色天香豈能容易也而帝曰。何以言之。對曰。視其身貌形狀。不足以當人主矣。於是帝乃詔使邢夫人衣故衣。獨身來前。尹夫人望見之。曰此眞是也。只一句黯然之極更深於泣矣於是乃低頭俛而泣。自痛其不如也。諺曰。美女入室。惡女之仇。以諺語結妙下贊語亦卽釋諺語更妙

褚先生曰。浴不必江海。要之去垢。馬不必騏驥。要之善走。士不必賢世。要之知道。女不必貴種。要之貞好。三客一主是漢人子書餘韻傳曰。女無美惡。入室見妒。士無賢不肖。入朝見

疾。美女者。惡女之仇。豈不然哉。

鉤弋夫人姓趙氏。河間人也。得幸武帝。生子一人。昭帝是也。武帝年七十。乃生昭帝。昭帝立時。年五歲耳。衞太子廢後。未復立太子。而燕王旦上書。願歸國入宿衞。武帝怒。立斬其使者於北闕。上居甘泉宮。召畫工圖畫周公負成王也。倒句作釋文 於是左右羣臣知武帝意欲立少子也。兩也字折宕佳 後數日。帝譴責鉤弋夫人。夫人脫簪珥叩頭。帝曰。引持去。送掖庭獄。夫人還顧。四字中多少徘徊凝睇 帝曰。趣行。女不得活。寫得絕情無理之中帶三分愧色何以體貼至此 夫人死雲陽宮。時暴風揚塵。百姓感傷。使者夜持棺往葬之。封識其處。其後帝閒居。問左右曰。人言云何。左右對曰。人言且立其子。何去其母乎。帝曰。然。是非兒曹愚人所知也。往古國家所以亂也。由主少母壯也。女主獨居驕蹇。淫亂自恣。莫能禁也。武帝亦目擊呂后而爲此言耳豈盡然哉 女不聞呂后邪。故諸爲武帝生子者。無男女。其母無不譴死。豈可謂非賢聖哉。昭然遠見。爲後世計慮。固非淺聞愚儒之所及也。謚爲武。豈虛哉。

齊家治國王道大端故陳三代之得失歸本於六經而反復感歎以天命終焉一論已冒定通篇通篇雖列五家中間隱隱以天命二字挑剔照應而神情自

成一片與有意挽合者覺更進一層○吾嘗讀元微之苦樂相倚曲而悲之曰君王夜起猜恨情荆棘滿懷天未明未有因由相決絕猶有半年佯煖熱反將深意喻傍人指點瑕疵遣潛人說今於栗姬之事並不覺其神傷也○薄氏一侯竇氏三侯王氏三侯衛氏五人以軍功侯安漢之端已見於此史公三致意焉○篇中多用短句繁絃促柱音節更佳大珠小珠落玉盤使人聳聽○褚先生寫美人事曲折姿致反勝史公然未免俊秀香艷已爲六朝創始吾正嫌其極意討好處也○與椒峯一陳子步春東郊語我曰恨史記無美人列傳有必更佳今讀外戚世家固是一篇美人列傳也但無珠玉鸞鳳旖旎妥隋等字耳

楚元王世家

楚元王劉交者、高祖之同母少弟也、字游、高祖兄弟四人。長兄伯。伯蚤卒。始高祖微時。嘗辟事。時時與賓客過巨嫂食。嫂厭叔。叔與客來。嫂詳爲羹盡。櫟釜。賓客以故去。已而視釜中尚有羹。高祖由此怨其嫂。（瑣俗事寫得如此文雅竟用叔嫂字錯落作致）及高祖爲帝封昆弟。而伯子獨不得封。太上皇以爲言。高祖曰。某非忘封之也。爲其母不長者耳。於是乃封其子信爲羹頡侯。而王次兄仲於代。一（序元王也乃放過序其兄伯序其嫂序其姪序其兄仲以串插作致）高祖六年、已禽楚王韓信於陳。乃以弟交爲楚王。都彭城。（始入元王事）即位二十三年。卒。子夷王郢立。夷王四年卒。子王戊立。王戊立二十年。冬。坐爲薄太后服私姦。削東海郡。春。戊與吳王合謀反。其相張尚。太傅趙夷吾諫。不聽。戊則殺尚夷吾。起兵與吳西攻梁。

破棘壁。至昌邑南。與漢將周亞夫戰。漢絕吳楚糧道。士卒饑。吳王走。楚王戊自殺。軍遂降漢。—（完王戊事）漢已平吳楚。孝景帝欲以德侯子續吳。以元王子禮續楚。竇太后曰。吳王老人也。宜爲宗室順善。今乃首率七國。紛亂天下。奈何續其後。不許吳。（又插入吳事）許立楚後。是時禮爲漢宗正。乃拜禮爲楚王。奉元王宗廟。是爲楚文王。文王立三年卒。子安王道立。安王二十二年卒。子襄王經立。襄王立十四年卒。子王純代立。王純立。地節二年中。人上書告楚王謀反。王自殺。國除。入漢爲彭城郡。—（完楚王事）趙王劉遂者。其父高祖中子。名友。謚曰幽。幽王以憂死。故爲幽。高后王呂祿於趙。一歲而高后崩。大臣誅諸呂呂祿等。乃立幽王子遂爲趙王。—孝文帝卽位二年。立遂弟辟彊。取趙之河間郡爲河間王。以爲文王。立十三年卒。子哀王福立。一年卒。無子。絕後。國除。入于漢。—（插入河間王事）遂旣王趙。二十六年。孝景帝時坐晁錯以適削趙王常山之郡。吳楚反。趙王遂與合謀起兵。其相建德。內史王悍諫。不聽。遂燒殺建德王悍。（應楚王殺張尚趙夷吾）發兵屯其西界。欲待吳與俱西。北使匈奴與連和攻漢。漢使曲周侯酈寄擊之。趙王遂還城守邯鄲。相距七月。吳楚敗於梁。不能西。匈奴聞之亦止。不肯入漢邊。欒布自破齊還。乃并兵。引水灌趙城。趙城壞。趙王自殺。邯鄲遂降。趙幽王絕後。

太史公曰、國之將興。必有禎祥。君子用而小人退。國之將亡。賢人隱。亂臣貴。使楚王戊毋刑申公。遵其言。趙任防與先生。豈有簒殺之謀。爲天下僇哉。一歎 賢人乎。賢人乎。非質有其內。惡能用之哉。二歎 甚矣。安危在出令。存亡在所任。誠哉是言也。三歎以三層作徘徊感慨

此以楚王戊趙王遂謀反一案提作合傳文章亦簡淨平當止於楚王傳中帶序巨嫂羹頡之事以作委致而已○楚趙事敘完後忽提出申公防與先生二事詠歎作贊而傳內不載蓋絕不經意之文史公亦必有一番出色也

荊燕世家

荊王劉賈。諸劉者。不知其何屬。一 與後傳關合 初起時。漢王元年、還定三秦。劉賈爲將軍。接法但見其將軍耳不知其何屬也 定塞地。從東擊項籍。一戰功 漢四年、漢王之敗成皐。北渡河。得張耳韓信軍。軍修武。深溝高壘。使劉賈將二萬人。騎數百。渡白馬津。入楚地。燒其積聚。以破其業。無以給項王軍食。已而楚兵擊劉賈。賈輒壁。不肯與戰。而與彭越相保。一二戰功 漢五年、漢王追項籍至固陵。使劉賈南渡淮。圍壽春。一三戰功 還至。使人間招楚

大司馬周殷周殷反楚佐劉賈舉九江迎武王黥布兵皆會垓下共擊項籍戰功四
漢王因使劉賈將九江兵與太尉盧綰西南擊臨江王共尉共尉已死以臨江為南
郡戰功五漢六年春會諸侯於陳廢楚王信囚之分其地為二國當是時也高祖子幼
昆弟少又不賢欲王同姓以鎮天下先序封劉賈之根乃詔曰將軍劉賈有功及擇子弟可
以為王者兩句是兩事一句王劉賈是主一句王子弟是客群臣皆曰立劉賈為荊王王淮東五十二城高
祖弟交為楚王王淮西三十六城又點楚王交陪之因立子肥為齊王完擇子弟句始王昆弟劉
氏也總收一句高祖十一年秋淮南王黥布反東擊荊荊王賈與戰不勝走富陵為布
軍所殺高祖自擊破布十二年立沛侯劉濞為吳王王故荊地燕王劉澤者諸劉
遠屬也照前高帝三年澤為郎中高帝十一年澤以將軍擊陳豨得王黃為營陵侯
高后時齊人田生游乏資以畫干營陵侯澤澤大說之用金二百斤為田生壽田
生已得金即歸齊二年澤使人謂田生曰弗與矣先作一縱田生如長安不見澤而假大
宅令其子求事呂后所幸大謁者張子卿忽劈開另起一峯使人惝怳不測妙居數月田生子請張卿
臨親修具張卿許往田生盛帷帳共具譬如列侯張卿驚先買定張卿之心酒酣乃屏人說

張卿曰。臣觀諸侯王邸第百餘。先以邸第說起正借假大宅落下 皆高祖一切功臣。正配呂氏功臣 今呂氏雅故本推轂高帝就天下。功至大。又親戚太后之重。當作太后親戚倒用便佳○一層 太后春秋長。諸呂弱。太后欲立呂產爲呂王王代。二層 太后又重發之。恐大臣不聽。三層 今卿最幸大臣所敬。何不風大臣以聞太后。太后必喜。四層 諸呂已王。萬戶侯亦卿之有。五層層層曲折妙入情重 太后心欲之。而卿爲內臣。不急發。恐禍及身矣。又一卷反振氣勢俱足 張卿大然之。乃風大臣語太后。太后朝因問大臣。大臣請立呂產爲呂王。太后賜張卿千斤金。張卿以其半與田生。田生弗受。五百斤不多于二百斤哉惠不在多寡而期于當厄交不必刎頸而在乎知心嗚呼 因說之曰。呂產王也。諸大臣未大服。今營陵侯澤諸劉。爲大將軍。獨此尙觖望。今卿言太后。列十餘縣王之。彼得王。喜去。諸呂王益固矣。一幅寫來與劉澤事竟不相涉乃一句收入覺通節神氣俱動 張卿入言太后。太后然之。乃以營陵侯劉澤爲瑯邪王。瑯邪王乃與田生之國。田生勸澤急行。毋留。出關。太后果使人追止之。已出。卽還。又作餘波 及太后崩。瑯邪王澤乃曰。帝少。諸呂用事。劉氏孤弱。乃引兵與齊王合謀西。欲誅諸呂。至梁。聞漢遣灌將軍屯滎陽。澤還兵備西界。遂跳驅至長安。跳驅字奇 代王亦從代至。諸將相與瑯邪王共立代王爲天子。天子乃徙澤爲燕王乃復以琅邪與齊復故地。一澤王燕二年。薨諡爲敬王。傳子嘉爲康王。至孫定國與父康王姬姦生子男一人。奪弟妻爲姬。與子女三人姦。定國有所欲誅殺臣肥如令郢人。郢人等告定國。定國使謁者以他法劾捕格殺郢人以滅口。至元朔元年。郢人昆弟復上書具言定國陰事。以此發覺。詔下公卿。皆議曰。定國禽獸行。亂人倫逆天。當誅。上許之。定國自殺。國除爲郡。

太史公曰、荆王王也。由漢初定天下未集。故劉賈雖屬疏。（是合傳之旨）然以策爲王。塡江淮之間。劉澤之王。權激呂氏。然劉澤卒南面稱孤者三世。事發相重。豈不爲偉乎。

劉賈劉澤俱以疎屬得封故合作一傳傳體亦只平序○出色處是田生一事縱橫出沒極其奇妙史公每于此等處著力其實此等奇事好寫後世因云史公好奇也

齊悼惠王世家

齊悼惠王劉肥者、高祖長庶男也、其母外婦也。曰曹氏。高祖六年。立肥爲齊王。食七十城。諸民能齊言者。皆予齊王。（序得簡淨）齊王。孝惠帝兄也。（又爲惠帝提一句）孝惠帝二年。齊王入朝。惠帝與齊王燕飲。亢禮如家人。呂太后怒。且誅齊王。齊王懼不得脫。乃用其

內史勳計。獻城陽郡。以爲魯元公主湯沐邑。呂太后喜。乃得辭就國。一 詳呂后紀、故此簡畧 悼
惠王卽位十三年。以惠帝六年卒。序悼惠王事只此 子襄立。是爲哀王。哀王元年、孝惠帝崩。
呂太后稱制、天下事皆決於高后。二年高后立其兄子酈侯呂台爲呂王。割齊之濟
南郡爲呂王奉邑。插入諸呂事 哀王三年、其弟章入宿衞於漢。呂太后封爲朱虛侯。以呂
祿女妻之。後四年、封章弟興居爲東牟侯。皆宿衞長安中。哀王八年、高后割齊琅邪
郡。立營陵侯劉澤爲琅邪王。其明年、趙王友入朝。幽死於邸。三趙王皆廢。一 插入趙事 高
后立諸呂爲三王。擅權用事。又插諸呂事割齊以封呂台廢趙以封諸呂正寫呂后不堪故下接朱虛侯之忿 朱虛侯年
二十。有氣力。遙接朱虛侯 忿劉氏不得職。嘗入侍高后燕飲。高后令朱虛侯劉章爲酒吏。名奇
章自請曰。臣將種也。請得以軍法行酒。高后曰可。酒酣。章進飲歌舞。後有一歌此用歌引起
已而曰。請爲太后言耕田歌。高后兒子畜之。笑曰。顧而父知田耳。若生而爲王子。安
知田乎。作調笑語妙 章曰。臣知之。太后曰。試爲我言田。章曰。深耕穊種。立苗欲疏。非其種
者。鉏而去之。有意無意若近若遠絕妙比興 呂后默然。應前一笑 頃之。諸呂有一人醉亡酒。應前酒吏行酒酒酣等字
章追拔劍斬之而還報曰。有亡酒一人。臣謹行法斬之。太后左右皆大驚。應前一笑一默寫三

段神情俱妙 業已許其軍法。無以罪也。又註明一句 因罷。自是之後。諸呂憚朱虛侯。雖大臣皆依朱虛侯。兩朱虛侯闕佳 劉氏爲益彊。少作得意一語頓住 其明年、高后崩。趙王呂祿爲上將軍。呂王產爲相國。皆居長安中。聚兵以威大臣。欲爲亂。又插序諸呂事 朱虛侯章。以呂祿女爲婦。知其謀。乃使人陰出告其兄齊王。欲令發兵西。朱虛侯東牟侯爲內應。以誅諸呂。因立齊王爲帝。間接朱虛侯即帶入齊王事 齊王既聞此計。乃與其舅父駟鈞。伏外家駟鈞 郎中令祝午。中尉魏勃。陰謀發兵。齊相召平聞之。乃發卒衞王宮。魏勃紿召平曰。王欲發兵。非有漢虎符驗也。而相君圍王。固善。勃請爲君將兵衞衞王。召平信之。乃使魏勃將兵圍王宮。勃既將兵。使圍相府。召平曰。嗟乎。道家之言。當斷不斷。反受其亂。乃是也。遂自殺。一詐召平 於是齊王以駟鈞爲相。魏勃爲將軍。祝午爲內史。悉發國中兵。使祝午東詐琅邪王。又接入琅邪王 曰。呂氏作亂。齊王發兵。欲西誅之。一句大綱 齊王自以兒子年少。不習兵革之事。願舉國委大王。一句賓 大王自高帝將也。習戰事。一句主 齊王不敢離兵。使臣請大王幸之臨菑見齊王計事。并將齊兵以西平關中之亂。總結一段不敢離兵又入情妙 琅邪王信之。以爲然。西馳見齊王。齊王與魏勃等。因留琅邪王。而使祝午盡發琅邪國而并將其兵。一詐琅邪琅邪王劉澤既見欺。不得反國。乃說齊王曰。齊悼惠王。承悼惠王高皇帝長子。推本言之。而大王高皇帝適長孫也。當立。齊王詐琅邪王只高帝將也一句琅邪詐齊王只高帝適長孫一句投入其心安得不聽兩邊權術相照。今諸大臣狐疑。未有所定。而澤於劉氏最爲長年。前以年少此以長年亦相對。以大臣固待澤決計。今大王留臣。無爲也。不如使我入關計事。齊王以爲然。乃益具車送琅邪王。一琅邪反詐節節寫來情事俱妙。琅邪王既行。齊遂舉兵西攻呂國之濟南。應割濟南封呂王於是齊哀王遺諸侯王書曰。高帝平定天下。王諸子弟。悼惠王於齊。悼惠王薨。惠帝使留侯張良立臣爲齊王。惠帝崩。高后用事。春秋高。聽諸呂擅廢高帝所立。又殺三趙王。滅梁燕趙以王諸呂。分齊國爲四。忠臣進諫。上惑亂不聽。今高后崩。皇帝春秋富。未能治天下。固恃大臣諸將。今諸呂又擅自尊官。聚兵嚴威。劫列侯忠臣。矯制以令天下。宗廟所以危。今寡人率兵入誅不當爲王者。全同呂后紀漢聞齊發兵而西。相國呂產乃遣大將軍灌嬰東擊之。灌嬰至滎陽。乃謀曰。諸呂將兵居關中。欲危劉氏而自立。我今破齊還報。是益呂氏資也。乃留兵屯滎陽。使使喩齊王及諸侯。與連和。以待呂氏之變而共誅之。齊王聞之。乃西取其故濟南郡。亦屯兵於齊西界以待約。一討諸呂不直指長安而止為區區濟南屯兵待約此齊王之所以不得立也呂祿呂產欲作亂關中。應待呂氏之變朱虛侯與太尉勃丞相平等誅之。朱虛侯首先斬呂產。遙接朱虛侯事提一句歸功朱虛於是太尉勃等乃得盡誅諸呂。乃得妙是歸功朱虛尊傳體也而琅邪王亦從齊王長安。又緊接琅邪一句大臣議欲立齊王。而琅邪王及大臣曰齊王母家駟鈞。惡戾虎而冠者也。應前駟鈞方以呂氏故幾亂天下。今又立齊王。是欲復為呂氏也。代王母家薄氏。君子長者。且代王又親高帝子。於今見在。且最為長。以子則順。以善人則大臣安。兩句變結勃於是大臣乃謀迎立代王。而遣朱虛侯以誅呂氏事告齊王。令罷兵。一琅邪朱虛與齊王事合灌嬰在滎陽。聞魏勃本教齊王反。既誅呂氏。罷齊兵。使使召責問魏勃。勃曰。失火之家。豈暇先言大人而後救火乎。只一句妙因退立股戰而栗。恐不能言者。終無他語。終無他語更妙股栗戰恐出色寫灌將軍熟視笑曰。人謂魏勃勇妄庸人耳。何能為乎。乃罷魏勃。又插魏勃事魏勃父以善鼓琴見秦皇帝。波及勃父奇及魏勃少時。欲求見齊相曹參。家貧無以自通。乃常獨早夜掃齊相舍人門外。相舍人怪之。以為物而伺之。得勃。寫得夭矯勃曰。願見相君。無因。故為子掃。欲以求見。於是舍人見勃曹參。因以為舍人。一為參御言事。參以為賢。言之齊悼惠王。悼惠王召見則拜為內史。

始悼惠王得自置二千石。及悼惠王卒。而哀王立。勃用事。重於齊相。插魏勃事又因魏勃插序其父插序其少時事傳外著色忙處獨開正見才力王既罷兵歸。間接而代王來立。是爲孝文帝。孝文帝元年。盡以高后時所割齊之城陽琅邪濟南郡復與齊。而徙琅邪王王燕。益封朱虛侯東牟侯。各二千戶。收完割地事并收完琅邪朱虛東牟事多少頭緒至此少結是歲齊哀王卒。太子側立。是爲文王。齊文王元年。漢以齊之城陽郡立朱虛侯爲城陽王。以齊濟北郡立東牟侯爲濟北王。二年。濟北王反。漢誅殺之。地入于漢。一後二年。孝文帝盡封齊悼惠王子罷軍等七人皆爲列侯。齊文王立十四年卒。無子。國除。地入於漢。一完齊王事後一歲。孝文帝以所封悼惠王子。分齊爲王。齊孝王將閭以悼惠王子楊虛侯爲齊王。故齊別郡盡以王悼惠王子。子志爲濟北王。子辟光爲濟南王。子賢爲菑川王。子卬爲膠西王。子雄渠爲膠東王。與城陽齊凡七王。一又起一峯先將城陽濟北及此續封六王共八人提明後乃次第分序齊孝王十一年。吳王濞楚王戊反。興兵西。告諸侯曰將誅漢賊臣鼂錯以安宗廟。膠西膠東菑川濟南皆擅發兵應吳楚。膠東膠西菑川濟南四王合序欲與齊。齊孝王狐疑城守不聽。三國兵共圍齊。齊王使路中大夫告於天子。順插路中大夫天子復令路中大夫還告齊王善堅守吾兵今破吳楚矣。路中大夫至。三國兵圍臨菑數重。無從入。三國將劫與路中大夫盟曰。若反言漢已破矣。齊趣下三國。不且見屠。路中大夫既許之。至城下。望見齊王曰。漢已發兵百萬。使太尉周亞夫擊破吳楚。方引兵救齊。齊必堅守無下。三國將誅路中大夫。—完路中大夫　齊初圍急。陰與三國通謀。約未定。會聞路中大夫從漢來。喜。及其大臣乃復勸王毋下三國。居無何。漢將欒布平陽侯等兵至齊。擊破三國兵。解齊圍。已而復聞齊初與三國有謀。將欲移兵伐齊。齊孝王懼。乃飲藥自殺。景帝聞之。以爲齊首善。以迫劫有謀。非其罪也。齊將漢將景帝一事三層敘　乃立孝王太子壽爲齊王。是爲懿王。續齊後。而膠西膠東濟南菑川王咸誅滅。地入于漢。完膠東膠西濟南菑川四王事　徙濟北王王菑川。

—齊懿王立二十二年卒。子次景立。是爲厲王。齊厲王。其母曰紀太后。太后取其弟紀氏女爲厲王后。王不愛紀氏女。太后欲其家重寵。令其長女紀翁主入王宮。正其後宮。毋令得近王。欲令愛紀氏女。王因與其姊翁主姦。—一段序齊事　齊有宦者徐甲入事漢皇太后。皇太后有愛女曰修成君。修成君非劉氏。太后憐之。修成君有女名娥。太后欲嫁之於諸侯。—一段序漢事以下漢齊合序　宦者甲乃請使齊。必令王上書請娥。皇太后

喜使甲之齊一是時齊人主父偃知甲之使齊以取后事又突入一事亦因謂甲卽事成

幸言偃女願得充王後宮甲既至齊風以此事紀太后大怒曰王有后後宮具備一層

且甲齊貧人句急句乃爲宦者入事漢無補益乃欲亂吾王家二層且主父偃何爲者

乃欲以女充後宮三層氣勃舌鷄如親聞見之妙甚徐甲大窮還報皇太后曰王已願尙娥然有一

害恐如燕王正序齊事忽提燕王令人不可思議乃卽燕王注一句說入姦姊事天外飛來忽然接上其妙如此燕王者與其子昆弟

姦新坐以死亡國故以燕感太后帶序燕王事客太后曰無復言嫁女齊事徐甲用隱語而太后用歇語語

各不多情事如見事浸潯不得聞于天子正忙時又颺開一句一頓若其事已竟者後乃漸漸引入事機如此文機如此主父偃由

此亦與齊有郤前已斷矣此又接主父一筆帶入下文藕斷絲聯之妙主父偃方幸於天子用事因言齊臨菑

十萬戶市租千金人衆殷富巨於長安此非天子親弟愛子不得王此今齊王於親

屬益疏主父之言分兩半節上半節兩層一則齊富一則親疎乃從容言呂太后時齊欲反吳楚時孝王幾爲

亂今聞齊王與其姊亂下半節兩層一則孝王爲亂一則齊王姦姊蓋浸潤之言決非一時說完故作兩次寫於是天子乃拜

主父偃爲齊相且正其事主父偃既至齊乃急治王後宮宦者爲王通於姊翁主所

者令其辭證皆引王王年少懼大罪爲吏所執誅乃飲藥自殺絕無後一完齊王事是時

趙王慴主父偃一出廢齊。恐其漸疏骨肉。乃上書言偃受金及輕重之短。天子亦旣囚偃。公孫弘言齊王以憂死毋後。國入漢。非誅偃無以塞天下之望。遂誅偃。—（并帶敘完主父偃事）齊厲王立五年死。毋後。國入於漢。齊悼惠王後尚有二國。城陽及菑川。菑川地比齊。天子憐齊。爲悼惠王冢園在郡。割臨菑東環悼惠王冢園邑盡以予菑川。以奉悼惠王祭祀。（齊世家總序完後又單序六王事作附傳）城陽景王章。齊悼惠王子。以朱虛侯與大臣共誅諸呂。而章身首先斬呂相國呂王產於未央宮。孝文帝旣立。益封章二千戶。賜金千斤。孝文二年。以齊之城陽郡立章爲城陽王。立二年卒。子喜立。是爲共王。共王八年。徙王淮南。四年。復還王城陽。凡三十三年卒。子建延立、是爲頃王。頃王二十八年卒。子義立。是爲敬王。敬王九年卒。子武立。是爲惠王。惠王十一年卒。子順立。是爲荒王。荒王四十六年卒。子恢立。是爲戴王。戴王八年卒。子景立。至建始三年。十五歲卒。—（以上城陽王附傳。）

濟北王興居。齊悼惠王子。以東牟侯助大臣誅諸呂。功少。及文帝從代來。興居曰。請與太僕嬰入清宮。廢少帝。共與大臣尊立孝文帝。孝文帝二年。以齊之濟北郡立興居爲濟北王。與城陽王俱立。立二年。反。始大臣誅呂氏時。朱虛侯功尤大。

許盡以趙地王朱虛侯。盡以梁地王東牟侯。及孝文帝立。聞朱虛東牟之初欲立齊王。故絀其功。及二年。王諸子。乃割齊二郡以王章興居。章興居自以失職奪功。（失職功絀之事至此補序出）章死。而興居聞匈奴大入漢。漢多發兵。使丞相灌嬰擊之。文帝親幸太原。以爲天子自擊胡。遂發兵反於濟北。天子聞之。罷丞相及行兵。皆歸長安。使棘蒲侯柴將軍擊破。虜濟北王。王自殺。地入於漢。爲郡。後十二年。文帝十六年。復以齊悼惠王子安都侯志爲濟北王。十一年。吳楚反時。志堅守。不與諸侯合謀。吳楚已平。徙志王菑川。（以上濟北王附傳）濟南王辟光。齊悼惠王子。以勒侯。孝文十六年。爲濟南王。十一年。與吳楚反。漢擊破。殺辟光。以濟南爲郡。地入於漢。（以上濟南王附傳）菑川王賢。齊悼惠王子。以武城侯。文帝十六年。爲菑川王。十一年。與吳楚反。漢擊破。殺賢。天子因徙濟北王志王菑川。（以上菑川王附傳）志以齊悼惠王子。以安都侯王濟北。菑川王反。毋後。乃徙濟北王王菑川。凡立三十五年卒。諡爲懿王。子建代立。是爲靖王。二十年卒。子遺代立。是爲頃王。三十六年卒。子終古立。是爲思王。二十八年卒。子尙立。是爲孝王。五年卒。子橫立。至建始三年。十一歲卒。膠西王卬。齊悼惠王子。以昌平侯。文帝十六年爲膠西王。十一年。與吳楚反漢。擊破。殺卬。地入於漢。爲膠西郡。一以上膠西王附傳膠東王雄渠。齊悼惠王子。以白石侯文帝十六年爲膠東王。十一年。與吳楚反漢。擊破。殺雄渠。地入於漢。爲膠東郡。一以上膠東王附傳

太史公曰、諸侯大國無過齊悼惠王。以海內初定。子弟少。激秦之無尺土封。故大封同姓。以塡萬民之心。及後分裂。固其理也。

此是齊世家。因悼惠王始封。遂以名篇耳。故悼惠王數行即了。後插入朱虛侯事。東牟侯事。琅邪王事。與諸呂事。一起一伏。或合或分。扭作一團。層層包裹。其妙不可言喻○此文是兩半篇體。前半篇序齊琅邪朱虛東牟。後半篇序齊膠東膠西菑川濟北。而中間作小結以分上下。而後復附城陽六年傳。作餘波以終齊事○百忙之中插入閒事以爲襯貼以爲姿致是史公妙處。此前半插入一魏勃。後半插入一路中大夫開。開相對以爲章法○太后嫁女一段。紀太后語徐甲語漢太后語。雖不多。極模擬之妙

蕭相國世家

蕭相國何者。沛豐人也。以文無害。無害是當時吏事中語酷吏傳多有之然難解爲沛主吏掾。一高祖爲布衣時。通篇以高祖提綱高祖爲布衣一何數以吏事護高祖。一高祖爲亭長。高祖爲亭長二常左右之。一高祖以吏繇咸陽。高祖繇咸陽三吏皆送奉錢三。何獨以五。一大文章忽入此瑣細事然而妙甚秦御史監郡

者。與從事。常辨之。何乃給泗水卒史事。第一。照功第一 秦御史欲入言徵何。何固請。得毋
行。寫何之識見非庸庸刀筆一流 及高祖起爲沛公。高祖爲沛公四 何嘗爲丞督事。沛公至咸陽。高祖至咸陽五
諸將皆爭走金帛財物之府分之。何獨先入收秦丞相御史律令圖書藏之。又寫何之識見
出於諸將 沛公爲漢王。高祖爲漢王六 以何爲丞相。項王與諸侯屠燒咸陽而去。漢王所以具知
天下阨塞。戶口。多少。彊弱之處。民所疾苦者。以何具得秦圖書也。具知阨塞不接於藏書之下而獨接
於屠燒咸陽之下者。蓋蕭何不藏已爲灰燼矣。阨塞戶口何由知哉。此行文之妙也 何進言韓信。漢王以信爲大將軍。語在淮
陰侯事中。省筆 漢王引兵東定三秦。高祖定三秦七 何以丞相留收巴蜀。塡撫諭告。使給軍
食。是主意下序功正在此 漢二年、漢王與諸侯擊楚。高祖擊楚八 何守關中。侍太子。治櫟陽。爲法令
約束。應後定律令 立宗廟社稷。宮室縣邑。輒奏上。句 可。句 許以從事。卽不及奏上。輒以便
宜施行。上來。句 以聞。句○數語藏却許多事句法峭拔曲盡 關中事。計戶口。轉漕給軍。漢王數失軍
遁去。何嘗興關中卒。輒補缺。上以此專屬任何關中事。給軍食又重詳序 漢三年、漢王與
項羽相距京索之間。高祖與項羽相距九 上數使使勞苦丞相。鮑生謂丞相曰。王暴衣露蓋。數
使使勞苦君者。有疑君心也。爲君計。莫若遣君子孫昆弟能勝兵者。悉詣軍所。上必

益信君於是何從其計漢王大說一（兩大說一大喜一大怒一不憚是傳中關合照應）一漢五年、既殺項羽定天下（高祖定天下十）論功行封羣臣爭功歲餘功不決高祖以蕭何功最盛封爲酇侯所食邑多功臣皆曰臣等身被堅執銳多者百餘戰少者數十合攻城略地大小各有差今蕭何未嘗有汗馬之勞徒持文墨議論不戰顧反居臣等上何也高帝曰諸君知獵乎曰知之知獵狗乎曰知之（兩疊句作波）高帝曰夫獵追殺獸兔者狗也而發蹤指示獸處者人也（作兩疊句）今諸君徒能得走獸耳（句）功（句）狗也（功狗句妙倒一字便索然）至如蕭何發蹤指示（句）功（句）人也（又作兩疊句妙折服諸臣處絕不用正語而諸臣之心已服矣寫得神化）且諸君獨以身隨我多者兩三人今蕭何舉宗數十人皆隨我功不可忘也（又在蕭何身上添一層仍以功字結）羣臣皆莫敢言一列侯畢已受封及奏位次（高祖定位次十一）皆曰平陽侯曹參身被七十創攻城畧地（應前功）最多宜第一上已撓功臣多封蕭何（頓筆）一至位次未有以復難之（闔開一筆）然心欲何第一（急折轉一筆三句作三層寫）三關內侯鄂君進曰羣臣議皆誤（遙接一句喝住上三折勢緩故突然急入）夫曹參雖有野戰略地之功此特一時之事夫上與楚相距五歲常失軍亡衆逃身遁者數矣（兩數矣相照）然蕭何常從關中遣軍補其處非上所詔令召而數萬衆會（鄂君之言凡三事補軍是一事）上之乏絕者數矣夫漢與楚相守滎陽數年軍無見糧蕭何轉漕關中給食不乏（給食是一事）陛下雖數亾山東（上兩數矣此數字倒在上句法變）蕭何常全關中以待陛下（全關中是一重）此萬世之功也（正應一時之事）今雖亾曹參等百數何缺於漢漢得之不必待以全奈何欲以一旦之功而加萬世之功哉（一時萬世雙收）蕭何第一（上三呼蕭何正振出此蕭何第一）曹參次之（不落去曹參是）高祖曰善於是乃令蕭何賜帶劍履上殿入朝不趨上曰吾聞進賢受上賞蕭何功雖高得鄂君乃益明於是因鄂君故所食關內侯邑封爲安平侯（借鄂君以發明蕭何即因蕭何以帶敘鄂君連絡之妙）是日悉封何父子兄弟十餘人皆有食邑乃益封何二千戶以帝嘗繇咸陽時何送我獨贏奉錢二也（蕭何與高祖布衣相知一路序事忙竟未及其前事故於閒中應還一筆所謂文生情情生文也）漢十一年陳豨反高祖自將至邯鄲（高祖征陳豨十二）未罷淮陰侯謀反關中呂后用蕭何計誅淮陰侯語在淮陰事中（進韓信只點一句誅韓信亦只點一句前後照應）上已聞淮陰侯誅使使拜丞相何爲相國益封五千戶令卒五百人一都尉爲相國衛諸君皆賀召平獨弔（於傳外插入召平爲益封事也乃放過正文偏接召平種瓜事文情從天外飛來夫豈人所能測）召平者故秦東陵侯秦破爲布衣（句）貧（句）種瓜於長安城東（句）瓜美（句）故世俗謂之東陵瓜從召平以爲名也（閒事點染姿致獨絕）召平謂

相國曰（間接）禍自此始矣（以險語入）上暴露於外而君守於中非被矢石之事（足見置衛之無謂）而益君封置衛者以今者淮陰侯新反於中疑君心矣夫置衛衛君非以寵君也（蓋曰非以寵君也以防君也只說半句而神情逼現）願君讓封弗受悉以家私財佐軍則上心說相國從其計高帝乃大喜—（極寫高帝）漢十二年秋黥布反上自將擊之（高祖擊黥布十三）數使使問相國何為相國為上在軍乃拊循勉力百姓悉以所有佐軍如陳豨時客有說相國曰君滅族不久矣（對前禍自此始句）夫君位為相國功第一可復加哉然君初入關中得百姓心十餘年矣皆附君常復孳孳得民和上所為數問君者畏君傾動關中今君胡不多買田地賤貰貸以自汙上心乃安於是相國從其計上乃大說—（以鮑生一諫引起此乃以擊陳豨時擊黥布時召平與客上乃大喜上乃大說兩兩相對文章以不變為奇者此也）上罷布軍歸民道遮行上書言相國賤強買民田宅數千萬上至相國謁上笑曰夫相國乃利民（只一句妙覺不說完而其中含無限喜色何物文心能體貼至此）民所上書皆以與相國（寫其得意）曰君自謝民（亦只一句妙）相國因為民請曰長安地狹上林中多空地（句）棄（句）願令民得入田無收藁為禽獸食上大怒（高帝一肚皮喜色不覺輕露矣而刻忌之心未化乃因相國一請知吾之心事已為相國參透故大說之後阧然大怒也寫得曲致）曰相國多受賈人財物（亦為強買田宅故硬入一句以懸坐之）乃為

請吾苑。乃下相國廷尉。械繫之數日。王衞尉侍前問曰。相國何大罪。陛下繫之暴也。
上曰。吾聞李斯相秦皇帝。有善歸主。有惡自與。 子書佳句 今相國多受賈豎金。而爲民請
吾苑。以自媚於民。 從來私意忽自露出妙 故繫治之。王衞尉曰。夫職事苟有便於民而請之。眞
宰相事。陛下奈何乃疑相國受賈人錢乎。 前用短句此用長句亦折宕 轉 且、陛下距楚數歲。陳豨
黥布反。陛下自將而往。 映前兩段 當是時。相國守關中。搖足則關以西非陛下有也。相國
不以此時爲利。今乃利賈人之金乎。 又折一宕 轉 且、 又掉轉 秦以不聞其過亡天下。李斯之
分過。又何足法哉。陛下何疑宰相之淺也。 王衞尉此段亦與鄂君相照映 高帝不懌。 聞此正論怒漸釋然疑終未化
覺介介於胸中只用不懌二字神情極肖 是日。使使持節赦出相國。相國年老。素恭謹。 句入好 徒跣謝。 徒跣
與劍履上殿對看 高帝曰。相國休矣。相國爲民請苑。吾不許。我不過爲桀紂主。而相國爲賢
相。 高帝一肚皮不懌聲口如見蓋因自媚二字過則歸主四字格格未化也 吾故繫相國。欲令百姓聞吾過也。— 吾字我字鏗然
可聽 何素不與曹參相能。及何病。孝惠 忽接入惠帝 自臨視相國病。因問曰。君卽百歲後。誰
可代君者。對曰。知臣莫如主。孝惠曰。曹參何如。何頓首曰。帝得之矣。臣死不恨矣。—
兩矣字疊 何置田宅。必居窮處。爲家不治垣屋。曰後世賢。師吾儉。不賢。毋爲世家所奪。—

前買田宅本以自汙誠恐天下後世不知者視何爲何如人哉故回抉前事以見田宅非何意也孝惠二年、相國何卒、諡爲文終侯、後嗣以罪失侯者四世、句絕、句天子輒復求何後、句封、句續酇侯、功臣莫得比焉、太史公曰、蕭相國何於秦時爲刀筆吏、錄錄未有奇節、及漢興、依日月之末光、何謹守管籥、一篇主意因民之疾奉法、順流與之更始、淮陰黥布等皆以誅滅、而何之勳爛焉。位冠羣臣、聲施後世、與閎夭散宜生等爭烈矣。

此篇亦順序平序之文中間以高帝作經諸事作緯前後起伏照應貫串聯絡其神采全在兩論功三說客及高帝兩大喜一大悅一大怒一不懌照應點綴而浩然神氣行乎其中○蕭何帷幄運籌如所云發蹤指示者必有實事乃功狗功人只從高帝口中一點即調軍食守關中亦只一點餘於鄂君口中補明俱不實寫是豈拘拘行墨者哉○何謹守管籥此文亦謹守管籥一片綿密純妥無一懈處○勝處更在召平種瓜一段於極忙之中忽用閒筆於極濃之中忽用淡筆如此文情惟史公能之○蕭何贊引淮陰黥布曹參傳復引淮陰史公蓋傷之何矣

曹相國世家

平陽侯曹參者、沛人也、秦時爲沛獄掾、而蕭何爲主吏、前後以蕭何爲關鍵故先點蕭何居縣爲豪吏矣。頓一句妙若可以豪吏自足矣而孰知其際會風雲以至此哉高祖爲沛公而初起也、戰功多恐累墜故分五段寫高祖初起至碭郡是第一段參以中涓從。此下戰功爵賞插和一併序變化錯落○爵賞一將、擊胡陵方與、一戰功攻秦監公軍大破、

之（戰功二）東下薛擊泗水守軍薛郭西（戰功三）復攻胡陵取之（戰功四）徙守方與方與反爲
魏擊之（戰功五）豐反爲魏攻之（戰功六反爲魏兩對）賜爵七大夫（爵賞二）擊秦司馬尼軍碭東破之
取碭狐父祁善置（戰功七）又攻下邑以西至虞擊章邯車騎（戰功八）攻爰戚及亢父先登
（戰功九）遷爲五大夫（爵賞三）北救東阿擊章邯軍陷陳追至濮陽攻定陶取臨濟（戰功十）南
救雍丘擊李由軍（北救南救兩排）破之殺李由虜秦候一人（戰功十一）秦將章邯破殺項梁也沛
公與項羽引而東楚懷王以沛公爲碭郡長將碭郡兵於是乃封參爲執帛號曰建
成君遷爲戚公屬碭郡一（爵賞四插序沛公作提綱關鎖）其後（碭郡後至滅秦是第二段）從攻東郡尉軍破之成
武南（倒句〇戰功十二）擊王離軍成陽南復攻之杠里大破之（戰功十三）追北西至開封擊趙賁
軍破之圍趙賁開封城中（戰功十四）西擊秦將楊熊軍於曲遇破之虜秦司馬及御史各
一人（戰功十五）遷爲執珪（爵賞五）從攻陽武下轘轅緱氏絕河津還擊趙賁軍尸北破之（戰功
十六）從南攻犨與南陽守齮戰陽城郭東陷陳取宛虜齮盡定南陽郡（戰功十七）從西攻武
關嶢關取之前攻秦軍藍田南又夜擊其北秦軍大破遂至咸陽滅秦一（戰功十八）項羽
至以沛公爲漢王（沛公爲漢王定三秦至滎陽是第三段）漢王封參爲建成侯（爵賞六）從至漢中遷爲將

軍。爵賞七從還定三秦。戰功十九初攻下辯故道雍斄。擊章平軍於好畤南。破之。圍好畤。取壤鄉。戰功二十擊三秦軍壤東及高櫟。破之。戰功二十一復圍章平。章平出好畤走。戰功二十二因擊趙賁內史保軍。破之。戰功二十三東取咸陽。更命曰新城。戰功二十四參將兵守景陵二十日。三秦使章平等攻參。參出擊。大破之。戰功二十五賜食邑於寧秦。爵賞八參以將軍爵賞九引兵圍章邯於廢丘。戰功二十六以中尉。爵賞十從漢王出臨晉關。至河內。下修武。渡圍津。東擊龍且項他定陶。破之。戰功二十七東取碭蕭彭城。擊項籍軍。漢軍大敗走。戰功二十八參以中尉。爵賞十一圍取雍丘。戰功二十九王武反於黃。程處反於燕。夾序往擊盡破之。戰功三十柱天侯反於衍氏。又進破取衍氏。戰功三十一兩衍氏變〇擊羽嬰於昆陽。追至葉。還攻武彊。因至滎陽。戰功三十二參自漢中為將軍中尉。從擊諸侯及項羽敗。還至滎陽。凡二歲。第三段又總收一筆〇自漢中至此序其勳勞更僕如許乃逆而計之止二歲事耳所以深表曹參也高祖三年。三年後至平齊是第四段拜為假左丞相。爵賞十二入屯兵關中月餘。魏王豹反。以假左丞相別與韓信東擊魏將軍孫遬軍東張。大破之。因攻安邑。得魏將王襄。擊魏王於曲陽。追至武垣。生得魏王豹。取平陽。得魏王母妻子。盡定魏地。凡五十二城。戰功三十三賜食邑平陽。爵賞十三因從韓信擊趙相國夏說軍於鄔東大破之斬夏說 戰功三十四 韓信與故常山王張耳引兵下井陘擊安成君而令參還圍趙別將戚將軍於鄔城中戚將軍出走追斬之乃引兵詣敖倉漢王之所 戰功三十五 韓信已破趙爲相國東擊齊參以右丞相 爵賞十四 屬韓信攻破齊歷下軍遂取臨菑還定濟北郡攻著漯陰平原鬲盧 戰功三十六 已而從韓信擊龍且軍於上假密大破之斬龍且虜其將軍周蘭定齊凡得七十餘縣得故齊王田廣相田光其守相許章及故齊膠東將軍田既 戰功三十七 韓信爲齊王引兵詣陳與漢王共破項羽而參留平齊未服者 戰功三十八 項籍已死天下定 提綱天下定至破黥布軍是第五段 漢王爲皇帝韓信徙爲楚王 曹參戰功多從韓信故夾以韓信提序 齊爲郡參歸漢相印高帝以長子肥爲齊王而以參爲齊相國 爵賞十五 以高祖六年賜爵列侯與諸侯剖符世世勿絕食邑平陽萬六百三十戶號曰平陽侯 爵賞十六 除前所食邑以齊相國擊陳豨將張春軍破之 戰功三十九 黥布反參以齊相國從悼惠王將兵車騎十二萬人與高祖會擊黥布軍大破之 擊陳豨黥布自相齊以後事因戰功提出類序 南至蘄還定竹邑相蕭留 戰功四十 參功凡下二國 魏齊 縣一百二十二 薛胡陵方與等 得王二人 魏王豹齊王田廣 相三人 趙夏說齊田光許章 將軍六人 秦李由魏王襄趙戚將軍齊龍且周蘭田既 大莫敖

秦郡守（秦南陽守齮）司馬（秦）侯（秦）御史（秦）各一人。（總結作收包羅已盡○上半篇序戰功畢以下序相業）孝惠帝元年、除諸侯相國法、更以參為齊丞相。（下半篇相法事為一段）參之相齊、齊七十城。（封疆太大）天下初定、（反側未安）悼惠王富於春秋。（血氣未定疊三句見多事之秋事事與黃老清靜相反）參盡召長老諸生、問以所安集百姓、如齊故俗。（八字中已寓清靜主意所以推倒一切直入蓋公）諸儒以百數、言人人殊、參未知所定。聞膠西有蓋公、善治黃老言、使人厚幣請之。既見蓋公、蓋公為言治道貴清靜而民自定、推此類具言之。（省筆）參於是避正堂、舍蓋公焉。其治要用黃老術、故相齊九年、齊國安集、（應前安集百姓曹相國原不欲樹赫赫之功故黃老易入）大稱賢相。—（黃老清靜是相業大綱故借相齊事引起）惠帝二年、蕭何卒。參聞之、告舍人趣治行、吾將入相。（先作一頓寫兩人默然神會處）居無何、使者果召參。參去、屬其後相曰、以齊獄市為寄、慎勿擾也。（寄勿擾不必下句而清靜神理已足）後相曰、治無大於此者乎。參曰、不然。夫獄市者、所以并容也。今君擾之、奸人安所容也。吾是以先之。—參始微時、與蕭何善。（直追篇首為主吏時）及為將相、有郤。（有郤不序為賢者諱也）至何且死、所推賢唯參。參代何、為漢相國、舉事無所變更、一遵蕭何約束。—（前促裝入相忽然而來令人驚疑至此方補序明以見兩人相知之深所見之大作此一束上接主吏下接歌謠為通篇關鍵）擇郡國吏木詘於文辭、重厚長者、即召除為丞相史。吏之言文刻深欲務聲名者輒斥去之（寫清靜相業擇吏是一節）日夜飲醇酒卿大夫以下吏及賓客見參不事事來者皆欲有言至者（來者至者參差成妙）參輒飲以醇酒間之欲有所言復飲之（間之復飲之更妙）醉而後去終莫得開說以為常—（飲酒是一段）相舍後園近吏舍吏舍日飲歌呼從吏惡之無如之何乃請參游園中聞吏醉歌呼從吏幸相國召按之乃反取酒張坐飲亦歌呼與相應和—（此節是足上飲酒一事而申言之耳）參見人之有細過專掩匿覆蓋之府中無事—（又一收總結上文三事府中無事則天下無事矣所以著清靜之效）參子窋為中大夫惠帝怪相國不治事以為豈少朕與（先寫一句是帝腹中語妙）惠乃謂窋曰若歸試私從容問而父曰高帝新棄羣臣帝富於春秋君為相（三字有力君崩主少天下安危所繫）日飲無所請事（不事事府中無事不治事無所請事相呼應）何以憂天下乎然無言吾告若也（又颺一筆生出姿致）窋既洗沐歸間侍自從其所諫參參怒而笞窋二百曰趨入侍（中大夫也）天下事非若所當言也（又頓住）至朝時惠帝讓參曰與窋胡治乎（言何與窋事而治之也）乃者我使諫君也參免冠謝曰陛下自察聖武孰與高帝上曰朕乃安敢望先帝乎曰陛下觀臣能孰與蕭何賢上曰君似不及也（四句法變以頓挫作態）參曰陛下言之是也且高帝與蕭何定天下法令既明今陛下垂拱參等守職遵而勿失不亦可乎

惠帝曰。善。君休矣。一路寫用黃老本意至此方明是文章結穴處參為漢相國。出入三年卒。又總一句諡懿侯。子窋代侯。百姓歌之曰。一朝大事一篇大文反以歌辭結出而已無餘蘊矣蕭何為法。顜若畫一。并美蕭何以見約束可遵也曹參代之。守而勿失。載其清靜。民以寧壹。下半篇序相業畢平陽侯窋、高后時為御史大夫、孝文帝立、免為侯、立二十九年卒、諡為靜侯、子奇代侯、立七年卒、諡為簡侯、子時代侯、時尚平陽公主、生子襄、時病癘歸國、立二十三年卒、諡夷侯。子襄代侯、襄尚衞長公主、生子宗、立十六年卒、諡為共侯、子宗代侯、征和二年中、宗坐太子死、國除、

太史公曰、曹相國參攻城野戰之功。所以能多若此者。以與淮陰侯俱。及信已滅。而列侯成功。唯獨參擅其名。感慨之語○贊語亦分將相兩半寫參為漢相國。清靜極言合道。然百姓離秦之酷後。參與休息無為。故天下俱稱其美矣。

初讀曹相國戰功戰勝攻取自然是堅忍豪邁一流人其治天下也必以猛濟而後半清靜黃老寫得優柔儒懦為相者若另換一種人作文者亦另換一種筆豈非千古奇事千古奇文○此文是兩半篇體前半是戰功後半是相業中間局法神理照應關鍵原成一片○序戰功處不知當如何模寫他偏不細寫只用攻擊守救追圍戰下破之大破之等字序其事又用定得取守鹵斬先登陷陳等字序其功帶序中涓七大夫五大夫執帛執珪建成君建成侯將軍中尉假左丞相齊相國序其爵而所攻擊有以地者以人者軍者車騎者官名者城名者序法或長或短或逆上或順下或單或排錯綜變化其妙如此○序相

業處亦不實寫一筆只就其聘蓋公趣治行飲酒歌呼數事側面背面寫來而清靜神理已和盤托出熟讀數十百過自能得之○戰功不詳序非不欲詳序也因其事太多逐節序來便成拖沓故用春秋書法一齊點過而後以黃老清淨隱隱寫來已得曹相國一生精神所在作碑志者不可不知也○全篇以蕭何挽合故首即點蕭何主吏縮定全神○一韓信一蕭何一蓋公遂足盡曹相國一生故贊語中含多少慨歎○戰功宥獨將處從漢王處從韓信處從悼惠王處一一當細看

留侯世家

留侯張良者、其先韓人也、大父開地。相韓昭侯。宣惠王。襄哀王。父平。相釐王。悼惠王。悼惠王二十三年。平卒。━帶敘簡 卒二十歲。秦滅韓。良年少。未宦事韓。韓破。良家僮三百人。弟死不葬。悉以家財求客刺秦王。為韓報仇。以大父父五世相韓故。━卽報韓總結一句結上開地平事 良嘗學禮淮陽。東見倉海君。得力士。為鐵椎重百二十斤。先出力士鐵椎後出報韓百二十斤又為鐵椎生色 秦皇帝東游。良與客狙擊、秦皇帝博浪沙中。誤中副車。秦皇帝大怒。大索天下。求賊甚急。為張良故也。━點句妙寫得震驚天下 良乃更名姓。亡匿下邳。頓住下接下邳事 良嘗閒從容步游下邳圯上。有一老父衣褐。風致奇 至良所。直墮其履圯下。事奇至良所妙寫得有意無意 顧謂良曰。孺子下取履。出語奇 良愕然。一層 欲毆之。二層 為其老。三層 彊忍。四層 下取履。五層寫張良心事十四字作五層寫父曰履我只兩字妙良業為取履因長跪履之立地變化寫張良權術父以足受取履履我足受寫老父一段灑落風神與人自別笑而去來得突兀必有一節奇事在後乃偏作一颺良殊大驚隨目之又卽張良寫一筆正寫老父之奇也父去里所復還曰孺子可教矣後五日平明與我會此忽然而返忽然又去語不了了良因怪之跪曰諾寫張良一段鶻突而不覺已為傾倒極寫張良極寫老父五日平明良往父已先在怒曰與老人期後何也去曰後五日早會又作一颺五日雞鳴良往父又先在復怒曰後何也去曰後五日復早來一段奇事躍躍欲觀又作一颺五日良夜未半往有頃父亦來喜曰當如是一段省用促節出一編書曰讀此則為王者師矣後十年興十三年孺子見我濟北穀城山下黃石卽我矣遂去無他言不復見數段逼至此文章結冗矣偏不了了此節夜半來去悄悄默默寫有鬼神氣旦日視其書乃太公兵法也良因異之常習誦讀之一句點明作結以煩出以簡收兵法伏下居下邳遇老父正下邳事遙遙寫來故又點一筆亦以見良之久於下邳也為任俠項伯常殺人從良匿伏一句較羽紀詳是本傳體後十年陳涉等起兵良亦聚少年百餘人一節景駒自立為楚假王在留良欲往從之二節是客道遇沛公沛公將數十人略地下邳西遂屬焉沛公拜良為廄將良數以太公兵法說沛公應上太公兵法是老父得力處沛公善之常用其策良為他人言皆不省又借他人襯一句良曰沛公殆天授故遂從之不

去見景駒。又找結景駒 及沛公之薛。見項梁。張良說項梁是從沛公而去故領一句 項梁立楚懷王。良乃說項梁曰君已立楚後。而韓諸公子橫陽君成賢可立爲王益樹黨項梁使良求韓成。立以爲韓王以良爲韓申徒與韓王將千餘人西略韓地得數城。秦輒復取之往來爲遊兵潁川。一事虛寫 沛公之從雒陽南出轘轅。亦以沛公領一句 良引兵從沛公下韓十餘城擊破楊熊軍。沛公乃令韓王成留守陽翟。與梁俱南攻下宛。一事虛寫 西入武關沛公欲以兵二萬人擊秦嶢下軍。亦以沛公領一句見張良始終只從一沛公也 良說曰秦兵尚彊未可輕。臣聞其將屠者子賈豎易動以利。願沛公且留壁使人先行爲五萬人具食益爲張旗幟諸山上爲疑兵。上啗之以利此又示之以威 令酈食其持重寶啗秦將。至此皆張良語以秦代敘事下直接 將果畔欲連和俱西襲咸陽沛公欲聽之良曰此獨其將欲叛耳恐士卒不從不從必危。又作一跌 不如因其解擊之。沛公乃引兵擊秦軍大破之。遂北至藍田再戰秦兵竟敗。遂至咸陽秦王子嬰降沛公。一歸功張良 沛公入秦宮。宮室帷帳狗馬重寶婦女以千數。意欲留居之樊噲諫沛公出舍沛公不聽良曰夫秦爲無道故沛公得至此。只二語已盡 夫爲天下除殘賊宜縞素爲資今始入秦。卽安其樂此所謂助桀爲虐。且忠言逆耳利於行。毒藥苦口利於病。願沛公聽樊噲言。（只就噲言反覆之妙）沛公乃還軍霸上。一項羽至鴻門下。欲擊沛公。項伯乃夜馳入沛公軍。私見張良。（遙接）欲與俱去。良曰。臣爲韓王送沛公。今事有急。亡去不義。乃具以語沛公。沛公大驚。曰。爲將奈何。良曰。沛公誠欲倍項羽邪。（反詰一句是一時情事）沛公曰。鯫生教我距關無內諸侯。秦地可盡王。故聽之。良曰。沛公自度能卻項羽乎。（又反詰一句）沛公默然。良久。曰。固不能也。今爲奈何。良乃固要項伯。項伯見沛公。沛公與飲爲壽。結賓婚。令項伯具言沛公不敢倍項羽。所以距關者。備他盜也。及見項羽後解。語在項羽事中。一（只略寫固不如項羽紀佳）漢元年正月。沛公爲漢王。王巴蜀。漢王賜良金百鎰。珠二斗。良具以獻項伯。漢王亦因令良厚遺項伯。使請漢中地。項王乃許之。遂得漢中地。一漢王之國。良送至襃中。遣良歸韓。良因說漢王曰。王何不燒絕所過棧道。（何不妙若已解者心領神會目轉意照寫兩人嘿契之妙）示天下無還心。以固項王意。乃使良還。行燒絕棧道。一（只此妙後人何用紛紛然也）良至韓。韓王成以良從漢王故。項王不遣成之國。從與俱東。良說項王曰。漢王燒絕棧道。無還心矣。乃以齊王田榮反書告項王。項王以此無西憂漢心。而發兵北擊齊。一（歸功張良）項王竟不肯遣韓王。乃以爲侯。又殺之

彭城良亡間行歸漢王漢王亦已還定三秦矣復以良爲成信侯從東擊楚至彭城
漢敗而還至下邑漢王下馬踞鞍（四字作致）而問曰吾欲捐關以東等棄之誰可與共功
者良進曰九江王黥布楚梟將與項王有郄彭越與齊王田榮反梁地此兩人可急
使而漢王之將獨韓信可屬大事當一面卽欲捐之捐之此三人則楚可破也（一直瀉下）
（踞鞍之時急語自爾）漢王乃遣隨何說九江王布而使人連彭越及魏王豹反使韓信將兵擊
之（亦作一連說下）因舉燕代齊趙然卒破楚者此三人力也（歸功張良）張良多病未嘗特將也
常爲畫策臣時時從漢王（前借他人之事歸功張良是本傳之體恐人未易曉故又作一總以申明之）漢三年項羽急
圍漢王滎陽漢王恐（句）憂（句）與酈食其謀撓楚權食其曰昔湯伐桀封其後於杞武
王伐紂封其後於宋今秦失德棄義侵伐諸侯社稷滅六國之後使無立錐之地陛
下誠能復立六國後世畢已受印此其君臣百姓必皆戴陛下之聽莫不鄉風慕義
願爲臣妾德義已行陛下南鄉稱霸楚必斂衽而朝（一路氣勢好）漢王曰善趣刻印（一颺）先
生因行佩之矣食其未行（又一頓）張良從外來謁漢王方食曰子房前客有爲我計撓
楚權者具以酈生語告於子房曰何如（略寫）良曰誰爲陛下畫此計者陛下事去矣（先作）

急語一激漢王曰。何哉。張良對曰。臣請藉前箸。爲大王籌之。又作緩語一颺曰。昔者湯伐桀而封其後於杞者。度能制桀之死命也。今陛下能制項籍之死命乎。曰未能也。其不可一也。曰未能也是漢王之言其不可一也是張良之言蓋張良說完漢王應之而張良又接一句也是夾序之法武王伐紂封其後於宋者。度能得紂之頭也。今陛下能得項籍之頭乎。曰未能也。其不可二也。武王入殷。表商容之閭。釋箕子之拘。封比干之墓。今陛下能封聖人之墓。表賢者之閭。式智者之門乎。曰未能也。其不可三也。發鉅橋之粟。散鹿臺之錢。以賜貧窮。今陛下能散府庫以賜貧窮乎。曰未能也。其不可四矣。換矣字略變殷事已畢。偃革爲軒。倒置干戈。覆以虎皮。以示天下不復用兵。今陛下能偃武行文。不復用兵乎。曰未能也。其不可五矣。休馬華山之陽。示以無所爲。今陛下能休馬無所用乎。曰未能也。其不可六矣。放牛桃林之陰。以示不復輸積。今陛下能放牛不復輸積乎。曰未能也。其不可七矣。以上六條皆係敷衍只劈頭一喝後衍六段逼出下段耳其實不重且天下游士離其親戚。棄墳墓。去故舊。從陛下游者。徒欲日夜望咫尺之地。今復六國。立韓魏燕趙齊楚之後。天下游士各歸事其主。從其親戚反其故舊墳墓。陛下與誰取天下乎。其不可八矣。要緊只此一事說得明暢且夫楚唯無彊。六國

立者。復撓而從之。陛下焉得而臣之。誠用客之謀。陛下事去矣。又作一掉以足之 漢王輟食
吐哺。罵曰。豎儒幾敗而公事。令趣銷印。與上回合作趣 漢四年、韓信破齊。而欲自立爲齊
王。漢王怒。張良說漢王。漢王使良授齊王信印。語在淮陰事中。省筆 其秋、漢王追楚
至陽夏南。戰不利。而壁固陵。諸侯期不至。良說漢王。漢王用其計。諸侯皆至。語在項
籍事中。省筆 漢六年正月、封功臣。良未嘗有戰鬭功。高帝曰。運籌策帷帳中。決勝千
里外。子房功也。張良無實事故又於此點明 自擇齊三萬戶。良曰。始臣起下邳。應前 與上會留。此天
以臣授陛下。陛下用臣計。幸而時中。臣願封留足矣。不敢當三萬戶。乃封張良爲留
侯。與蕭何等俱封。又找封功臣一筆 六年。上已封大功臣二十餘人。其餘日夜爭功不決。
未得行封。上在雒陽南宮。從復道望見諸將往往相與坐沙中語。上曰。此何語。留侯
曰。陛下不知乎。此謀反耳。突起危語急與上同 上曰。天下屬安定。何故反乎。留侯曰。陛下起
布衣。以此屬取天下。今陛下爲天子。而所封皆蕭曹故人所親愛。而所誅者皆生平
所仇怨。四所字相應作致 今軍吏計功。以天下不足偏封。此屬畏陛下不能盡封。恐又見疑
平生過失及誅。兩折作致 故卽相聚謀反耳。上乃憂曰。爲之奈何。留侯曰。上平生所憎羣

臣所共知誰最甚者上曰雍齒與我故數嘗窘辱我我欲殺之爲其功多故不忍留侯曰今急先封雍齒以示羣臣羣臣見雍齒封則人人自堅矣一路俱作匆匆語　於是上乃置酒封雍齒爲什方侯而急趣丞相御史定功行封亦作匆匆語方盡情景　羣臣罷酒皆喜曰雍齒尙爲侯我屬無患矣一劉敬說高帝曰都關中上疑之左右大臣皆山東人多勸上都雒陽雒陽東有成皐西有殽黽倍河向伊雒其固亦足恃亦字妙　留侯曰雒陽雖有此固雖字應亦字　其中小不過數百里田地薄四面受敵此非用武之國也夫關中左殽函右隴蜀沃野千里南有巴蜀之饒北有胡苑之利阻三面而守獨以一面東制諸侯諸侯安定河渭漕輓天下西給京師諸侯有變順流而下足以委輸此所謂金城千里天府之國也序事平畫　劉敬說是也於是高帝即日駕西都關中一留侯從入關留侯性多病卽道引不食穀杜門不出歲餘一又一總作一結　上欲廢太子立戚夫人子趙王如意大臣多諫爭未能得堅決者也呂后恐不知所爲人或謂呂后曰留侯善用計筴上信用之呂后乃使建成侯呂澤劫留侯曰君常爲上謀臣今上欲易太子君安得高枕而臥乎留侯曰始上數在困急之中幸用臣筴今天下安定以愛欲易

太子。骨肉之間。雖臣等百餘人。何益。故作一閃 呂澤彊要曰。爲我畫計。留侯曰此難以口舌爭也。顧上有不能致者。天下有四人。先出四人後序四人之事妙四人一 四人者。四人二 年老矣皆以爲上慢侮人。故逃匿山中。義不爲漢臣。然上高此四人。四人三 今公誠能無愛金玉璧帛。令太子爲書。卑辭安車。因使辨士固請。宜來。來以爲客。時時從入朝。令上見之。則必異而問之。問之。見之問之問之跌落之妙如聞其響 上知此四人賢。四人四 則一助也。於是呂后令呂澤使人奉太子書。卑辭厚禮。迎此四人。四人五 四人至。四人六 客建成侯所。又一頓不明了伏作疑案妙

漢十一年。黥布反。上病。欲使太子將。往擊之。四人四人七 相謂曰凡來者將以存太子。太子將兵。事危矣。先作四人商度一番妙得情事 乃說建成侯曰。太子將兵。有功則位不益太子。無功還。則從此受禍矣。有功無功先平序兩段 且太子所與俱諸將。皆嘗與上定天下梟將也。今使太子將之。此無異使羊將狼也。皆不肯爲盡力。其無功必矣。又側重無功一段 臣聞母愛者子抱。今戚夫人日夜侍御。趙王如意常抱居前。上曰。終不使不肖子居愛子之上。一段從四人口中補出 明乎其代太子位必矣。君何不急請呂后承間爲上泣言。黥布天下猛將也。善用兵。今諸將皆陛下故等夷。乃令太子將此屬。無異使羊將狼。莫肯爲用。

即用前語少變妙且使布聞之。則鼓行而西耳。上雖病。彊載輜車。臥而護之。諸將不敢不盡力。上雖苦。爲妻子自彊。反覆宛轉是牀笫家常語點貼之妙於是呂澤立夜見呂后。呂后承間爲上泣涕而言。如四人意。簡俊妙四人八○上曰。吾惟豎子固不足遣。而公自行耳。於是上自將兵而東。羣臣居守。皆送至灞上。留侯病。自彊起。至曲郵。見上曰。臣宜從。病甚。楚人剽疾。願上毋與楚人爭鋒。因說上曰。令太子爲將軍。監關中兵。又點太子事上曰。子房雖病。彊臥而傅太子。留侯乘機以太子言高祖即以太子應寫照應處絕不草草彊起彊臥與前彊載輜車應是時叔孫通爲太傅。留侯行少傅事。少頓住似太子已定矣漢十二年。上從擊破布軍歸。疾益甚。愈欲易太子。前少頓此趁勢又起一峯留侯諫。不聽。因疾不視事。幷放倒留侯文情逼仄之極叔孫太傅稱說引古今。以死爭太子。前叔孫爲太傅事以爲偶然點次耳孰知爲此一爭哉史公正不輕下一筆也上詳許之。猶欲易之。幷放倒叔孫又作一逼始逼出四人及燕置酒。太子侍。四人從太子。四人九年皆八十有餘。鬚眉皓白。衣冠甚偉。描寫裝束處極可觀上怪之。問曰。彼何爲者。四人前對。四人十各言名姓。曰東園公。甪里先生。綺里季。夏黃公。前不說明凡十用四人字一路搖曳至此忽然點出姓名耳目一爽是文家養局之法上乃大驚曰。吾求公數歲。公辟逃我。今公何自從吾兒游乎。補敘前事四人皆曰。四人十一陛下輕士善罵。臣等義不受辱。故恐而亡匿。

竊聞太子爲人仁孝恭敬愛士。天下莫不延頸欲爲太子死者。正見四海歸心。奪其氣矣故臣等來耳。上曰。煩公幸卒調護太子。四人爲壽已畢。四人十二趨去。上目送之。情景宛然。正應前一怪。後一指示。俱在此內。召戚夫人指示四人者。四人十三曰。我欲易之。彼四人輔之。四人十四羽翼已成。難動矣。呂后眞而主矣。只一句。悲切之至。宛是當時口角。不知何以體貼至此。戚夫人泣。上曰。爲我楚舞。吾爲若楚歌。以歌代泣。幾與項羽帳中一樣歌曰。鴻鵠高飛。一舉千里。羽翮已就。橫絕四海。橫絕四海。當可奈何。雖有矰繳。尙安所施。歌數闋。戚夫人噓唏流涕。上起去。罷酒。寫得悲歌宛轉。一座黯然。文情極至。竟不易太子者。留侯本招此四人之力也。四人十五。又用五四人一字以爲餘波。歸功留侯留侯從上擊代。出奇計馬邑下。及立蕭何相國。所與上從容言天下事甚衆。非天下所以存亡。故不著。又略寫一筆留侯乃稱曰。家世相韓。及韓滅。不愛萬金之資。爲韓報讐彊秦。天下振動。今以三寸舌。爲帝者師。封萬戶。位列侯。此布衣之極。於良足矣。借自敍一總結通篇。照應前後願棄人間事。欲從赤松子游耳。乃學辟穀。道引輕身。會高帝崩。呂后德留侯。乃彊食之。曰。人生一世間。如白駒過隙。何至自苦如此乎。留侯不得已。彊聽而食。赤松辟穀。只作餘事。是史傳體後八年卒。謚爲文成侯。子不疑代侯。子房始所見下邳圯上老父與太公書者。後十三年。從高帝過濟北。果見穀城山下黃石。取而葆祠之。留侯死。幷葬黃石冢。每上冢伏臘。祠黃石。又應授書老父似有如無終以不了了倘恍莫測留侯不疑。孝文帝五年坐不敬國除

太史公曰、學者多言無鬼神。然言有物。至如留侯所見老父予書。亦可怪矣。高祖離困者數矣。而留侯常有功力焉。豈可謂非天乎。上曰。夫運籌筴帷帳之中。決勝千里外。吾不如子房。余以爲其人計魁梧奇偉。至見其圖狀。貌如婦人好女。蓋孔子曰。以貌取人。失之子羽。留侯亦云。

留侯一世豪傑而文字只用平序固世家之體而亦以羽紀蕭傳噲傳已極其勝故此只得約略其詞耳然亦簡淨明快無留滯也○篇中勝處是老父授書一段居其首四人羽翼一段居其終首尾相顧盼以爲章法○老父授書凡用後五日三段段段頓住四人羽翼凡用多少四人句句逼出文法步驟自有不同○老父贊語以爲鬼物故夜半蹤跡俱用疑似之筆眞若鬼物在側森然欲出故自妙筆然東坡隱君子一論爲正○張良借箸一段雖匆急中語未暇剪裁然少覺泛冗

陳丞相世家

陳丞相平者、陽武戶牖鄉人也、少時家貧。好讀書。便說有品得有田三十畝。獨與兄伯居。伯。常。耕。田。縱。平。使。游。學。寫得伯亦自異蓋有弟如此兄自不羣也縱平游學又高平一層平爲人長美色。人或謂陳

平曰貧何食而肥若是其嫂嫉平之不視家生產曰亦食糠覈耳有叔如此不如無有（閒寫家常事耳孰知先爲盜嫂之案開一面網哉）伯聞之逐其婦而棄之（極寫兄伯）及平長可娶妻（兄逐婦弟娶妻）富人莫肯與者貧者平亦恥之（先作一頓）久之戶牖富人有張負張負女孫五嫁而夫輒死人莫敢娶平欲得之（又一頓下插入別事）邑中有喪平貧侍喪以先往後罷爲助（禮所云以筋骨爲禮也）張負既見之喪所獨視偉平（映人長美色）平亦以故後去負隨平至其家家乃負郭窮巷以弊席爲門然門外多有長者車轍（委巷席門風致自別不是甘貧樂道枯寂淡泊一流）張負歸謂其子仲曰吾欲以女孫予陳平張仲曰平貧不事事一縣中盡笑其所爲獨奈何予女平負曰人固有好美如陳平而長貧賤者乎（終頂視偉頂美色從此看出）卒予女爲平貧乃假貸幣以聘予酒肉之資以內婦（瑣細事偏寫楚楚盡致）負誡其孫曰毋以貧故事人不謹事兄伯如事父事嫂如母平既娶張氏女賚用益饒（應富人女）游道日廣（應長者車轍）里中社平爲宰分肉食甚均父老曰善陳孺子之爲宰（倒句）平曰嗟乎使平得宰天下亦如是肉矣（小小點綴一意邁遠）陳涉起而王陳使周市略定魏地立魏咎爲魏王與秦軍相攻於臨濟陳平固已前謝其兄伯（追述一何直縮上從學逐婦一段友愛至情）從少年往事魏王咎於臨濟魏王以

為太僕說魏王不聽人或讒之陳平亡去一一亡久之項羽略地至河上陳平往歸之從入破秦賜平爵卿項羽之東王彭城也漢王還定三秦而東殷王反楚項羽乃以平為信武君將魏王咎客在楚者項與魏客相熟事魏王咎故以往擊降殷王而還項王使項悍拜平為都尉賜金二十鎰寫陳平往往以金錢相照耀此二十鎰先為引起居無何漢王攻下殷王項王怒將誅定殷者將吏陳平懼誅乃封其金與印寫廉處極廉便不是無耻黷貨使使歸項王而平身間行杖劍句亡再亡渡河船人見其美丈夫獨行應美色疑其亡將要中當有金玉寶器金寶虛寫目之欲殺平平恐乃解衣裸而佐刺船船人知其無有乃止一開處著筆非寫船人也正見流離之中丰神自別以襯陳平平遂至修武降漢因魏無知求見漢王漢王召入是時萬石君奮為漢王中涓受平謁忽點一萬石君配魏無知耳入見平平等七人俱進又借七人以陪之平則有言六人皆廢襯法也賜食王曰罷就舍矣平曰臣為事來所言不可以過今日只一句奇矯下所言只暗點過然有此一句定非卑之無高論矣於是漢王與語而說之問曰子之居楚何官曰為都尉是日乃拜平為都尉使為參乘典護軍寫漢王一見傾心正極寫陳平也諸將盡讙曰大王一日得楚之亡卒未知其高下而即與同載反使監護軍長者又借諸將一襯以為讒間之根漢王聞之愈益幸平一足見相知之深遂與東

伐項王至彭城為楚所敗引而還收散兵至滎陽以平為亞將屬於韓王信軍廣武略寫絳侯灌嬰等咸讒陳平即盡讒之諸將也曰平雖美丈夫如冠玉耳又應長人美色豈糠覈之肥哉其中未必有也臣聞平居家時盜其嫂虛事事魏不容亡歸楚歸楚不中又亡歸漢實事今日大王尊官之令護軍臣聞平受諸將金金多者得善處金少者得惡處虛事以虛配實曲曲說來使人可聽史公乃有此巧言平反覆亂臣也收一句只說實事益令人信則虛者亦實也願王察之漢王疑之從益愛幸之來召讓魏無知無知曰臣所言者能也陛下所問者行也今有尾生孝己之行而無益於勝負之數陛下何暇用之乎楚漢相距臣進奇謀之士顧其計誠足以利國家不耳且盜嫂受金又何足疑乎盜嫂受金無知不辯漢王召讓平曰先生事魏不中遂事楚而去今又從吾游信者固多心乎平曰臣事魏王魏王不能用臣說故去事項王項王不能信人其所任愛非諸項即妻之昆弟雖有奇士不能用平乃去楚聞漢王之能用人故歸大王臣躶身來應躶身刺船不受金無以為資誠臣計畫有可采者顧大王用之使無可用者金具在請封輸官應封金歸項王得請骸骨盜嫂受金陳平亦不辯寫得陳平胸中天空海濶漢王乃謝一幸一疑一謝寫兩人心知厚賜拜為護軍中尉盡護諸將諸將乃不敢復言其後楚急

攻絕漢甬道。圍漢王於滎陽城。久之。漢王患之。請割滎陽以西以和。項王不聽。漢王謂陳平曰。天下紛紛。何時定乎。陳平曰。項王爲人。恭敬愛人。士之廉節好禮者多歸之。至於行功爵邑重之。士亦以此不附。今大王慢而少禮。士廉節者不來。然大王能饒人以爵邑。士之頑鈍嗜利無恥者。〔此豈受金者之言哉〕亦多歸漢。誠各去其兩短。襲其兩長。天下指麾則定矣。然大王恣侮人。不能得廉節之士。〔陳平身居漢廷親受金謗且正欲其行金而偏說嗜利無恥偏說不能得廉節與以受金疑人者何嘗天壤〕顧楚有可亂者。彼項王骨鯁之臣亞夫鍾離昧龍且周殷之屬。不過數人耳。大王誠能出捐數萬斤金。行反間。間其君臣。以疑其心。項王爲人意忌信讒。必內相誅。漢因舉兵而攻之。破楚必矣。漢王以爲然。乃出黃金四萬斤。與陳平。恣所爲。不問其出入。〔以被讒受金之人行萬金而不爲僞讓漢王恣萬金而不爲猜防正見兩人何等胸次〕陳平既多以金縱反間於楚軍。宣言諸將鍾離昧等爲項王將。功多矣。然而終不得裂地而王。〔應行功重爵邑〕欲與漢爲一。以滅項氏而分王其地。項羽果意不信鍾離昧等。項王既疑之。使使至漢。漢王爲太牢具。舉進。見楚使。卽詳驚曰。吾以爲亞父使。乃項王使。復持去。更以惡草具進楚使。〔此不如項紀詳有致〕楚使歸。具以報項王。項王果大疑亞父。亞父欲急攻下滎陽城。項王不信。不肯聽。亞父聞項王疑之。乃怒曰。天下事大定矣。君王自爲之。願請骸骨歸。歸未至彭城。疽發背而死。陳平乃夜出女子二千人滎陽城東門。楚因擊之。（乃字因字妙。平敢愚楚。楚甘受愚。正爲亞夫一去也。）陳平乃與漢王從城西門夜出去。遂入關收散兵。復東。一

其明年。淮陰侯破齊。自立爲齊王。使使言之漢王。漢王大怒而罵。陳平躡漢王。（畧寫。然只一躡足。心會神傾。反覺意勝。）漢王亦悟。乃厚遇齊使。使張子房卒立信爲齊王。封平以戶牖鄉。用其奇計策。卒滅楚。一（奇計虛寫一）常以護軍中尉從定燕王臧荼。漢六年。人有上書告楚王韓信反。高帝問諸將。諸將曰。亟發兵坑孺子耳。（先引諸將作一襯）高帝默然。問陳平。平固辭謝曰。諸將云何。（又作一頓）上具告之。陳平曰。人之上書言信反。有知之者乎。曰。未有。曰。信知之乎。曰。不知。（先作兩逼成算已定。下再作兩逼搖曳出來。文情之妙。）陳平曰。陛下精兵孰與楚。上曰。不能過。平曰。陛下將用兵有能過韓信者乎。上曰。莫及也。平曰。今兵不如楚精。而將不能及。而舉兵攻之。是趣之戰也。竊爲陛下危之。（一束且颺開一頓住）上曰。爲之奈何。平曰。古者天子巡狩會諸侯。南方有雲夢。陛下第出僞遊雲夢。會諸侯於陳。陳。楚之西界。信聞天子以好出游。其勢必無事而郊迎謁。（句）謁。（句）而陛下因禽之。此特一力士之事耳。高

帝以爲然。乃發使告諸侯會陳。吾將南遊雲夢。上因隨以行。（發使方出上卽隨行正頂上有知之信知之兩語惟恐其覺也）行未至陳。楚王信果郊迎道中。高帝豫具武士。見信至。卽執縛之。載後車。信呼曰。天下已定。我固當烹。高帝顧謂信曰。若毋聲。（句）而反。（句）明矣。武士反接之。遂會諸侯于陳。盡定楚地。一 還至雒陽。赦信以爲淮陰侯。而與功臣剖符定封。（而字接得妙王楚未幾擒褫接踵山河帶礪果如是哉）於是與平剖符。世世勿絕。爲戶牖侯。平辭曰。此非臣之功也。上曰。吾用先生謀計。戰勝剋敵。非功而何。平曰。非魏無知。臣安得進。上曰。若子可謂不背本矣。乃復賞魏無知。一（應還魏無知）其明年。以護軍中尉從攻反者韓王信於代。卒至平城。爲匈奴所圍。七日不得食。高帝用陳平奇計。（奇計虛寫二）使單于閼氏。圍以得開。高帝既出。其計秘。世莫得聞。一（又註明一句）高帝南過曲逆。上其城。望見其屋室甚大。曰。壯哉縣。吾行天下。獨見洛陽與是耳。顧問御史曰。曲逆戶口幾何。對曰。始秦時三萬餘戶。間者兵數起。多亡匿。今見五千戶。（寫帝加厚陳平處卻於閒中問答見之）於是乃詔御史。更以陳平爲曲逆侯。盡食之。除前所食戶牖。一 其後常以護軍中尉從攻陳豨及黥布。（事略）凡六出奇計。輒益邑。凡六益封。奇計或頗祕。世莫能聞也。（六出奇計只虛寫又註明一句祕計卽所謂陰謀也）高帝從破布軍還病創徐行至長安燕王盧綰反上使樊噲以相國將兵攻之既行人有短惡噲者高帝怒曰噲見吾病乃冀我死也用陳平謀而召絳侯周勃受詔牀下曰陳平亟馳傳載勃代噲將平至軍中卽斬噲頭二人既受詔馳傳未至軍行計之曰樊噲帝之故人也功多且又乃呂后弟呂須之夫有親且貴帝以忿怒故欲斬之則恐後悔寧囚而致上上自誅之（層節曲曲寫來情事方斷）未至軍爲壇以節召樊噲噲受詔因反接載檻車傳詣長安（寫得與韓信一樣又皆出平計有幸不幸焉爲之一嘆）而令絳侯勃代將將兵定燕反縣—平行聞高帝崩平恐呂太后及呂須讒怒乃馳傳先去逢使者詔平與灌嬰屯於滎陽平受詔立復馳至宮哭甚哀因奏事喪前呂太后哀之曰君勞出休矣平畏讒之就因固請得宿衛中太后乃以爲郎中令曰傅教孝惠是後呂須讒乃不得行（寫陳平心地靈變）樊噲至則赦復爵邑—孝惠帝六年相國曹參卒以安國侯王陵爲右丞相陳平爲左丞相—（因丞相帶出王陵因入王陵作附傳）王陵者故沛人始爲縣豪高祖微時兄事陵陵少文任氣好直言及高祖起沛入至咸陽陵亦自聚黨數千人居南陽不肯從沛公（因兄事也）及漢王之還攻項籍陵乃以兵屬漢—（漢已定三秦也）項羽取陵母置軍中陵使至則東

鄉坐陵母欲以招陵陵母既私送使者泣曰為老妾語陵謹事漢王漢王長者也無以老妾故持二心妾以死送使者遂伏劍而死項王怒烹陵母陵卒從漢王定天下以善雍齒雍齒高帝之仇而陵本無意從高帝以故晚封為安國侯安國侯既為右丞相（間接）二歲孝惠帝崩高后欲立諸呂為王問王陵王陵曰不可問陳平陳平曰可（又插入陳平本傳也）呂太后怒乃詳遷陵為帝太傅實不用陵陵怒謝疾免杜門竟不朝請七年而卒一（序完王陵事）陵之免丞相呂太后乃徙平為右丞相以辟陽侯審食其為左丞相（接陵死平為丞相又因丞相帶出審食其作附傳）左丞相不治常給事於中一食其亦沛人漢王之敗彭城西楚取太上皇呂后為質食其以舍人侍呂后其後從破項籍為侯幸於呂太后及為相居中百官皆因決事一呂嬃常以前陳平為高帝謀執樊噲（遙接）數讒曰陳平為相非治事日飲醇酒戲婦女陳平聞日益甚呂太后聞之私獨喜（寫陳平權術過人）面質呂嬃於陳平曰鄙語曰兒婦人口不可用顧君與我何如耳無畏呂嬃之讒也一（完呂嬃事）呂太后立諸呂為王陳平偽聽之（只如此寫妙是直筆是回護分人自得之）及呂太后崩平與太尉勃合謀卒誅諸呂立孝文皇帝陳平本謀也（誅諸呂事勃傳已詳只以議論帶過忽斷一句引歸陳平）審食其免相

一序完審食其事。孝文帝立。以爲太尉勃親以兵誅呂氏。功多。陳平欲讓勃尊位。乃病謝。孝文帝初立。怪平病。問之。平曰。高祖時勃功不如臣平。及誅諸呂。臣功亦不如勃。願以右丞相讓勃。推出周勃少抑陳平於是孝文帝乃以絳侯勃爲右丞相。位次第一。平徙爲左丞相。位次第二。賜平金千斤。二十鎰萬斤千斤正與受金相照益封三千戶。一六益封之後又加一等居頃之。孝文皇帝既益明習國家事。朝而問右丞相勃曰。天下一歲決獄幾何。勃謝曰。不知。問天下一歲錢穀出入幾何。勃又謝不知。汗出沾背。愧不能對。又抑周勃推出陳平低昂互用之法於是上亦問左丞相平。平曰。有主者。上曰。主者謂誰。平曰。陛下卽問決獄。責廷尉。問錢穀。責治粟內史。上曰。苟各有主者。而君所主者何事也。平謝曰。主臣。陛下不知其駑下。使待罪宰相。宰相者。上佐天子理陰陽。順四時。下育萬物之宜。外鎭撫四夷諸侯。內親附百姓。使卿大夫各得任其職焉。孝文帝乃稱善。右丞相大慙。出而讓陳平曰。君獨不素敎我對。陳平笑曰。君居其位。不知其任邪。且陛下卽問長安中盜賊數。君欲彊對邪。於是絳侯自知其能不如平遠矣。居頃之。絳侯謝病。請免相。陳平專爲一丞相。一終歸到陳平則周勃亦借以一襯抑客尊主本傳例也孝文帝二年。丞相陳平卒。諡爲獻侯。子共侯買代侯。二年卒。子簡侯恢代侯。二十三年卒。子何代侯。三十三年。何坐略人妻。棄市。國除。始陳平曰。我多陰謀。是道家之所禁。吾世即廢。亦已矣。終不能復起。以吾多陰禍也。是一篇奇計秘計結穴處。人之居心宜何如哉。然其後曾孫陳掌。以衞氏親貴戚。願得續封陳氏。然終不得。應終不能復起

太史公曰。陳丞相平少時。本好黃帝老子之術。方其割肉俎上之時。其意固已遠矣。傾、側、擾、攘、楚魏之間。卒歸高帝。常出奇計。救紛糾之難。振國家之患。及呂后時事多故矣。然平竟自脫。定宗廟。以榮名終。稱賢相。豈不善始善終哉。非知謀。孰能當此者乎。

陳曲逆帷幄運籌臣也所謂奇計六出必應描寫鋪序偏只虛寫如天外雲山飄渺黛色而閒閒照應以道家陰禍終之其功業在此其禍敗亦在此不必序明而含蘊無窮○盜嫂受金是陳平一生瑕玷而盜嫂不辨受金不辭蓋小人汚衊君子只此財色兩件不知是大丈夫磊落胸襟原無芥蔕一聽天下後世諒之何必與小人爭言作齪齪廉謹哉○有受金一事先有二十鎰後有萬斤千斤通以黃金照耀滿前阿堵出入不問殊不足入陳丞相之眼況躲身之時封金歸印已浮塵一切者哉○陳平於貧賤偏寫得極好蓋落拓之中絕不狠籍自有一種高遠之氣矜貴之姿與人自別

絳侯周勃世家

絳侯周勃者。沛人也。其先卷人。徙沛。勃以織、薄、曲、爲生。常爲人吹、簫、給喪事。材官引
彊。一高祖之爲沛公初起。以下序戰功爵賞與曹相國世家同○沛公初起是第一段 勃以中涓。爵賞一 從攻胡陵。
下、方與。一戰功一 方與反。與戰。卻適。攻豐。一戰功二 擊秦軍碭東。還軍留及蕭。復攻碭。破之。
之。一戰功三 下下邑。先登。戰功四 賜爵五大夫。一爵賞二 攻蒙、虞。取之。戰功五 擊章邯車騎殿。
戰功六 定魏地。攻爰戚、東緡。以往至栗。取之。一戰功七 攻齧桑。先登。一戰功八 擊秦軍阿下。
破之。追至濮陽。下甄城。攻都關。定陶。襲取宛朐。得單父令。夜襲取臨濟。攻張。以前至
卷。破之。一戰功九 擊李由軍雍丘下。一戰功十 攻開封。先至城下。爲多。一戰功十一 後章邯破
殺項梁。沛公與項羽引兵東如碭。自初起沛。還至碭。一歲二月。一總上作一東 楚懷王封
沛公號安武侯。爲碭郡長。自碭郡長至滅秦是第二段 沛公拜勃爲虎賁令。一爵賞三 以令從沛公
定魏地。一戰功十二 攻東郡尉於城武。破之。一戰功十三 擊王離軍。破之。一戰功十四 攻長社。先登。
戰功十五 攻潁陽、緱氏。絕河津。一戰功十六 擊趙賁軍尸北。一戰功十七 南攻南陽守齮。一戰功十八 破
武關、嶢關。破秦軍於藍田。至咸陽。滅秦。一戰功十九 項羽至。以沛公爲漢王。自漢王至絳侯是第三段
漢王賜勃爵爲威武侯。一爵賞四 從入漢中。拜爲將軍。爵賞五 還定三秦。至秦。賜食邑懷

德。—爵賞六攻槐里好畤最。戰功二十擊趙賁內史保於咸陽最。戰功二十一北攻漆。擊章平姚卬軍。西定汧。還下郿頻陽。圍章邯廢丘。破西丞。擊盜巴軍。破之。攻上邽。東守嶢關。—戰功二十二轉擊項籍。攻曲逆最。—戰功二十三還守敖倉。—戰功二十四追項籍。籍已死。因東定楚地泗川東海郡。凡得二十二縣。—戰功二十五還守雒陽櫟陽。賜與潁陰侯共食鍾離。—爵賞七以將軍從高帝擊反者燕王臧荼。破之易下。所將卒當馳道爲多。—戰功二十六賜爵列侯。剖符世世勿絕。食絳八千一百八十戶。號絳侯。—爵賞八以將軍從高帝擊反韓王信于代。自擊韓王信至代郡九縣是第四段降下霍人。以前至武泉。擊胡騎。破之武泉北。轉攻韓信軍銅鞮。破之。還降太原六城。擊韓信胡騎晉陽下。破之。下晉陽。—戰功二十七後擊韓信軍於硰石。破之。追北八十里。還攻樓煩三城。因擊胡騎平城下。所將卒當馳道爲多。—戰功二十八勃遷爲太尉。爵賞九擊陳豨。屠馬邑。所將卒斬豨將軍乘馬絺。擊韓信陳豨趙利軍於樓煩。破之。得豨將宋最。鴈門守圂。戰功二十九因轉攻得雲中守遫。丞相箕肆。將勳。定鴈門郡十七縣。雲中郡十二縣。—戰功三十因復擊豨靈丘。破之。斬豨。得豨丞相程縱。將軍陳武。都尉高肆。定代郡九縣。—戰功三十一燕王盧綰反。勃以相國。爵賞十代樊噲將（自相國別將至得大將各一人是第五段）擊下薊、得綰大將抵。丞相偃。守陘。太尉弱。御史大夫施屠渾都。破綰軍上蘭。復擊破綰軍沮陽。追至長城。定上谷十一縣。右北平十六縣。遼西遼東二十九縣。漁陽二十二縣。（戰功三十二）最從高帝得相國一人。丞相二人。（陳豨相箕肆程縱）將軍二千石各三人。—（陳豨將乘馬絺宋最綰將陳武陳豨雁門圂雲中守遬綰都尉高肆）別破軍二。（破綰軍上蘭沮陽）下城三。（薊渾都長城）定郡五。（上谷右北平遼西遼東漁陽）縣七十九。（即上谷十一右北平十六遼西遼東二十九漁陽二十三）得丞相大將各一人。—（綰丞相偃大將抵○從高帝與別將另敘與曹世家微異）勃為人木彊敦厚。（上半篇序戰功此乃重序其為人起）高帝以為可屬大事。（直貫通篇伏下誅諸呂事）勃不好文學。每召諸生說士。東鄉坐而責之。趣為我語。其椎少文如此。—（又描一筆）勃既定燕而歸。（直接上擊綰定燕事）高祖已崩矣。以列侯事孝惠帝。孝惠帝六年。置太尉官。以勃為太尉。—十歲高后崩。呂祿以趙王為漢上將軍。呂產以呂王為漢相國。秉漢權。欲危劉氏。（先以呂祿呂產並提）勃為太尉。不得入軍門。陳平為丞相。不得任事。（又以勃與陳平並提）於是勃與平謀。卒誅諸呂而立孝文皇帝。其語在呂后孝文事中。—（周勃一生大事反用省筆實事虛寫）文帝既立。以勃為右丞相。賜金五千斤。食邑萬戶。居月餘。人或說勃曰。君既誅諸呂。立代王。威震天下。而君受厚賞。處尊位以寵。久之卽禍及身矣。勃懼。亦自危。乃謝請歸相印。上許之。一歲、餘。丞相平卒。上復以勃爲丞相。十、餘、月。上曰。前日吾詔列侯就國。或未能行。丞相吾所重。其率先之。乃免相就國。一一自請歸一免就國且歲餘月餘十餘月條起。條屢寫功名之際難處如此歲、餘。每河東守尉行縣至絳。絳侯勃自畏恐誅。常被甲。令家人持兵以見之。其後人有上書告勃欲反。下廷尉。廷尉下其事長安。逮捕勃治之。勃恐。不知置辭。應木彊少文吏稍侵辱之。勃以千金與獄吏。獄吏乃書牘背示之。曰以公主爲證。公主者。孝文帝女也。勃太子勝之尚之。故獄吏教引爲證。註筆一勃之益封受賜。盡以予薄昭。又補一事逐事序出安頓甚妙及繫急、薄昭爲言薄太后。太后亦、以爲、無反事。文帝朝太后。以冒絮提文帝。寫得入情曰。絳侯綰皇帝璽。將兵於北軍。不以此時反。今居一小縣。顧欲反邪。文帝既見絳侯獄辭。百忙中仍接上獄吏事安頓之妙乃謝曰。吏事方驗而出之。於是使使持節赦絳侯。復爵邑。絳侯既出。曰。吾常將百萬軍。然安知獄吏之貴乎。一仍挽至獄吏結一毫不放鬆章法妙絳侯復就國。孝文帝十一年卒。謚爲武侯。子勝之代侯。六歲。尚公主不相中。應完尚公主事坐殺人。國除絕。一一歲。文帝乃擇絳侯勃子賢者。河內守亞夫。封爲條侯。續絳侯後。一接入亞夫過接之妙條侯亞夫自未侯爲河內守時。補一句接上許負相之曰君後三歲而侯侯八歲為將相持國秉貴重矣於人臣無兩（貴重頂持國秉句無兩又頂貴重句）一意作三句濃郁鄭重其後九歲而君餓死（貴重後忽接餓死奇三歲八歲九歲歷歷如見）亞夫笑曰臣之兄已代父侯矣有如卒子當代亞夫何說侯乎（先問侯下乃折入何說字法好蓋何以何待等字者有希望何說侯則一句推開並無紾兄之意一字之妙如此）然已貴如負言又何說餓死指示我（因侯與餓死不倫故不得不問然問侯輕問餓死重此下許負亦止答其餓死也）許負指其口曰有從理入口此餓死法也居三歲（應前許負言）其兄絳侯勝之有罪孝文擇絳侯子賢者皆推亞夫乃封亞夫為條侯續絳侯後（補序一段此乃接入）文帝之後六年匈奴大入邊乃以宗正劉禮為將軍軍霸上祝茲侯徐厲為將軍軍棘門以河內守亞夫為將軍軍細柳以備胡（三人兩虛一實一正兩陪）上自勞軍至霸上及棘門軍直馳入將以下騎送迎（先襯一筆）已而之細柳軍軍士吏被甲銳兵刃彀弓弩持滿（逐層點次第一層軍中吏士）天子先驅至不得入（第二層天子先驅至）先驅曰天子且至軍門都尉曰將軍令曰軍中聞將軍令不聞天子之詔居無何上至又不得入（第三層天子至）於是上乃使使持節詔將軍吾欲入勞軍亞夫乃傳言開壁門壁門士吏謂從屬車騎曰將軍約軍中不得驅馳於是天子乃按轡徐行至營（第四層天子徐行至營）將軍亞夫持兵揖曰介胄之士不拜請以

軍禮見。天子爲動。改容式車。使人稱謝。皇帝敬勞將軍。成禮而去。第五層天子勞軍羽儀鹵簿逐層遝遝而來紙上般般奕奕如親見之既出軍門。羣臣皆驚。文帝曰。嗟乎。此眞將軍矣。曩者霸上棘門軍。若兒戲耳。應還霸上棘門其將固可襲而虜也。至於亞夫。可得而犯邪。稱善者久之。又點一筆極贊亞夫月餘。三軍皆罷。乃拜亞夫爲中尉。一孝文且崩時。誡太子曰。卽有緩急。周亞夫眞可任將兵。與周勃可屬大事對文帝崩。拜亞夫爲車騎將軍。一孝景三年、吳楚反。亞夫以中尉爲太尉。東擊吳楚。因自請上曰。楚兵剽輕。難與爭鋒。願以梁委之。絕其糧道。乃可制。上許之。先說明後序出是明序法太尉既會兵滎陽。吳方攻梁。梁急。請救。梁請救一遍太尉引兵東北走昌邑。深壁而守。太尉一颺梁日使使請太尉。梁請太尉二遍太尉守便宜。不肯往。大尉二颺梁上書言景帝。景帝使使詔救梁。景帝詔救三遍太尉不奉詔。堅壁不出。太尉三颺而使輕騎兵弓高侯等絕吳楚兵後食道。始點出不救之故吳兵乏糧。饑。數欲挑戰。終不出。一頓夜軍中驚。內相攻擊擾亂。至於太尉帳下。太尉終臥不起。頃之復定。二頓後吳奔壁東南陬。太尉使備西北。已而其精兵果奔西北。不得入。三頓三頓之後一瀉卽下○不肯往不奉詔堅壁不出終不出臥不起不得入極寫亞夫堅忍吳兵既餓。乃引而去。太尉出精兵追擊。大破之。前節節頓住至此一快是養局之法吳王濞棄其軍而與壯士數千人亡走保於江南丹徒漢兵因乘勝遂盡虜之降其兵購吳王千金月餘越人斬吳王頭以告凡相攻守三月而吳楚破平於是諸將乃以太尉計謀爲是結收上節歸到太尉結由此梁孝王與太尉有郤一歸復置太尉官一又點梁孝王一句應上伏下以作線索五歲遷爲丞相景帝甚重之一以上寫亞夫興頭事至此結景帝廢栗太子丞相固爭之不得景帝由此疏之一以下寫亞夫失意事凡五節此第一節迤邐而起而梁孝王每朝常與太后言條侯之短一梁孝王短條侯是第二節竇太后曰皇后兄王信可侯也景帝讓曰始南皮章武侯先帝不侯及臣即位乃侯之信未得封也竇太后曰人主各以時行耳自竇長君在時竟不得侯死後乃封其子彭祖顧得侯吾甚恨之帝趣侯信也景帝曰請得與丞相議之丞相議之亞夫曰高皇帝約非劉氏不得王非有功不得侯不如約天下共擊之今信雖皇后兄無功侯之非約也景帝默然而止一不封王信是第三節其後匈奴王徐盧等五人降景帝欲侯之以勸後丞相亞夫曰彼背其主降陛下陛下侯之則何以責人臣不守節者乎景帝曰丞相議不可用乃悉封徐盧等爲列侯亞夫因謝病景帝中三年以病免相一不侯徐盧等是第四節頃之景帝居禁中召條侯賜食獨置大胾無切肉又不置櫡條

侯心不平。顧謂尚席取櫡。景帝視而笑曰。此非不足君所乎。條侯免冠謝。上起。條侯因趨出。景帝以目送之曰。此怏怏者非少主臣也。一（置截取櫡是第五節快快處正寫亞夫神情）居無何。條侯子爲父買工官尚方甲楯五百被可以葬者。取庸苦之不予錢。庸知其盜買縣官器。怒而上變告子。事連汙條侯。書既聞上。上下吏。吏簿責條侯。條侯不對。景帝罵之曰。吾不用也。（不用者不消對簿也口角如見）召詣廷尉。廷尉責曰。君侯欲反邪。亞夫曰。臣所買器乃葬器也。何謂反邪。吏曰。君侯縱不反地上。即欲反地下耳。（險語奇語寫得突兀下獄事與周勃對）吏侵之益急。初吏捕條侯。條侯欲自殺。夫人止之。以故不得死。遂入廷尉。因不食五日。嘔血而死。（應九載餓而死）國除。絕一歲。景帝乃更封絳侯勃他子堅爲平曲侯。續絳侯後。十九年卒。謚爲共侯。子建德代侯。十三年爲太子太傅。坐酎金不善。元鼎五年有罪。國除。條侯果餓死。（又點一句）死後景帝乃封王信爲蓋侯。（找一筆妙甚以見條侯之死正坐此也不說明句中有限）

太史公曰。絳侯周勃始爲布衣時。鄙朴人也。才能不過凡庸。及從高祖定天下。在將相位。諸呂欲作亂。勃匡國家難。復之乎正。雖伊尹周公。何以加哉。亞夫之用兵。持威重。執堅刃。穰苴曷有加焉。足己而不學。守節不遜。終以窮困。悲夫。一（贊作兩節俱反一覆）

絳侯傳序戰功處與曹相國世家同但絳侯從高祖處下多別將止代樊噲一節耳故總結處法與曹相國異○寫絳侯聞說卽危懼處下獄不知置詞處出獄節自歎處俱得水彊本意故絳侯大功在誅諸呂立代王一節乃反不明序猶寫眞者在頰上三毛而不在面目軀體也此文章家剪裁之法如登山取仄徑觀美人看鬢雲蟬鈿耳操翰者不可不知○細柳軍營逐節逐段細細寫來如王母下上元時雲中班螭幢節逐隊而下濟楚活現令千百年後世移事往乃開卷而覩儼然如生文章至此可云入神矣

梁孝王世家

梁孝王武者、孝文皇帝子也。而、與孝景帝同母。母竇太后也。一（四句先提綱而一篇大意所在）孝文帝凡四男。長子曰太子。是爲孝景帝。次子武。次子參。次子勝。孝文帝卽位二年。以武爲代王。以參爲太原王。以勝爲梁王。一（代梁兩王附敘以下接代王參事）二歲徙代王爲淮陽王。（武也）以代盡與太原王。號曰代王。（參也）參立十七年。孝文後二年卒。謚爲孝王。子登嗣立。是爲代共王。立二十九年。元光二年卒。子義立。是爲代王。十九年。漢廣關。以常山爲限。而徙代王王淸河。淸河王徙以元鼎三年也。一（以上序完代王參事）初。武爲淮陽王。十年。（以下序梁王勝事仍從武事帶入）而梁王勝卒。謚爲梁懷王。懷王最少子。愛幸異於他子。一（以上序完梁王勝事○傳梁王却先序參勝兩王變格而武之從代徙淮陽從淮陽徙梁而武爲代王參亦爲代王勝爲梁王武又爲梁王頭緒紛紛然一絲不亂）其明年。徙淮陽王武爲梁王梁王之初王梁孝文帝之十二年也梁王自初王通歷已十一年矣━總結一句收完兩王接入梁王事是本傳體梁王十四年入朝十七年十八年比年入朝留其明年乃之國二十一年入朝二十二年孝文帝崩二十四年入朝二十五年復入朝━入朝用短句一頓點過是時上未置太子也上與梁王燕飲嘗從容言曰千秋萬歲後傳於王王辭謝雖知非至言然心內喜太后亦然━又找太后一筆寫一時情事默會如此其春吳楚齊趙七國反吳楚先擊梁棘壁殺數萬人梁孝王城守睢陽而使韓安國張羽等爲大將軍以距吳楚吳楚以梁爲限不敢過而西與太尉亞夫等相距三月吳楚破而梁所破殺虜略與漢中分━一段序梁功處正爲少揚之明年漢立太子━點一句與前照應是梁王失望處其後梁最親帝同母弟有功距吳楚又爲大國居天下膏腴地地北界泰山西至高陽四十餘城皆多大縣地方廣闊孝王竇太后少子也愛之賞賜不可勝道太后又鍾愛總序一段承上起下於是孝王築東苑方三百餘里廣睢陽城七十里大治宮室爲複道自宮連屬於平臺三十餘里得賜天子旌旗出從千乘萬騎東西馳獵擬於天子出言趩入言警招延四方豪傑自山以東游說之士莫不畢至寫梁王盛時事正爲梁王取禍根本故極言之耳齊人羊勝公孫詭鄒陽之屬公孫

詭多奇邪計。初見王。賜千金。官至中尉。梁號之曰公孫將軍。間中先插入勝詭梁多作兵器弩弓矛數十萬。而府庫金錢且百巨萬。珠玉寶器多於京師。—俗筆爲之必寫于詭勝之前與梁苑等句一齊鋪序矣史公偏提出此數句夾詭勝于中前後夾序具見筆力二十九年十月、梁孝王入朝。重接上入朝事景帝使使持節乘輿駟馬。迎梁王於關下。既朝。上疏因留。以太后親故。王入則侍景帝同輦。出則同車游獵。射禽獸上林中。梁之侍中郎謁者。著籍引出入天子殿門。與漢宦官無異。先寫梁王寵眷之隆正爲後文對照—十一月、上廢栗太子。竇太后心欲以孝王爲後嗣。前已立太子梁王絕望此又廢太子太后生心住而復起又生一波大臣及袁盎等有所關說於景帝。竇太后義格。亦遂不復言以梁王爲嗣事由此。以事祕世莫知。乃辭歸國。—只約略點花香月影情事默蘊是梁王傳體也其夏四月。上立膠東王爲太子。又立太子梁王又觖望兩觖望後恨以生怒遂入勝詭之謀也並非閒筆梁王怨袁盎及議臣。乃與羊勝公孫詭之屬。陰使人刺殺袁盎及他議臣十餘人。逐其賊。未得也。於是天子意梁王逐賊。果梁使之。乃遣使冠蓋相望於道。覆按梁。捕公孫詭羊勝。公孫詭羊勝匿王後宮。使者責二千石急。梁相軒丘豹及內史韓安國進諫王。王乃令勝詭皆自殺。出之。上由此怨望於梁王。非爲殺大臣而怨爲奪嗣而怨景帝本不欲立梁王於微詞中寫出梁王恐。乃使韓安國因長公主。

謝罪太后。然後得釋。上怒稍解。〔先稍解〕因上書請朝。既至關。茅蘭說王。使乘布車。從兩騎入。匿於長公主園。漢使使迎王。王已入關。車騎盡居外。不知王處。太后泣曰。帝殺吾子。景帝憂恐。於是梁王伏斧質於闕下謝罪。然後太后景帝大喜。相泣。復如故。〔後相泣如故漸漸合近欲寫其彊合正寫其中離也〕悉召王從官入關。然景帝益疏王。不同車輦矣。〔先不同輦〕三十五年冬。復朝。上疏欲留。上弗許。〔後弗許留乃漸疎開情隨事改外合中離寫得入骨〕歸國。意忽忽不樂。北獵良山。有獻牛足出背上。孝王惡之。六月中病熱。六日卒。諡曰孝王。—孝王慈孝。每聞太后病。口不能食。居不安寢。常欲留長安侍太后。太后亦愛之。—〔又開序一段爲證孝王註腳亦爲太后愛之註腳〕及聞梁王薨。竇太后哭極哀。不食。曰帝果殺吾子。景帝哀懼。不知所爲。與長公主計之。乃分梁爲五國。盡立孝王男五人爲王。女五人皆食湯沐邑。於是奏之太后。太后乃說。爲帝加一餐。〔寫太后始終愛梁王處以作餘波〕梁孝王長子買爲梁王。是爲共王。子明爲濟川王。子彭離爲濟東王。子定爲山陽王。子不識爲濟陰王。〔先序五王名封後乃詳序〕孝王未死時。財以巨萬計。不可勝數。及死。藏府餘黃金尚四十餘萬斤。他財物稱是。—〔收完前節金錢巨萬〕梁共王三年。景帝崩。共王立七年卒。子襄立。是爲平王。梁平王襄十四年。母曰陳太后共王母曰李太后李太后親平王之大母也（又註一句明甚）而平王之后姓任曰任王后任王后甚有寵於平王襄初孝王在時有罍樽直千金孝王戒後世善保罍樽無得以與人任王后聞而欲得罍樽平王大母李太后曰先王有命無得以罍樽與人他物雖百巨萬猶自恣也任王后絕欲得之平王襄直使人開府取罍樽賜任王后李太后大怒漢使者來欲自言平王襄及任王后遮止閉門李太后與爭門措指遂不得見漢使者李太后亦私與食宮長及郎中尹霸等士通亂而王與任王后以此使人風止李太后李太后內有淫行亦已後病薨病時任后未嘗請病薨又不持喪（一段寫閨房瑣事如畫）元朔中睢陽人類犴反者人有辱其父而爲淮陽太守客出同車太守客出下車類犴反殺其仇於車上而去淮陽太守怒以讓梁二千石二千石以下求反甚急執反親戚反知國陰事乃上變事具告知王與大母爭樽狀時丞相以下具知之欲以傷梁長吏其書聞天子天子下吏驗問有之公卿請廢襄爲庶人天子曰李太后有淫行而梁王襄無良師傅故陷不義乃削梁八城梟任王后首于市梁餘尚有十城（倒寫一筆曰分王削城之後尚餘十城則孝王之盛時可知）襄立三十九年卒謚爲平王子無傷立爲

梁王也。━完梁世事下附四傳濟川王明者。濟川王附傳梁孝王子。以桓邑侯孝景中六年爲濟川王。七歲坐射殺其中尉。漢有司請誅。天子弗忍誅。廢明爲庶人。遷房陵。地入于漢爲郡。━濟川事完濟東王彭離者。濟東王附傳梁孝王子。以孝景中六年爲濟東王。二十九年、彭離驕悍。無人君禮。昏暮私與其奴亡命少年數十人。行剽殺人。取財物以爲好。所殺發覺者百餘人。國皆知之。莫敢夜行。所殺者子上書言。漢有司請誅。上不忍。廢以爲庶人。遷上庸。地入於漢。爲大河郡。━濟東事完山陽哀王定者。山陽王附傳梁孝王子。以孝景中六年爲山陽王。九年卒。無子。國除。地入于漢。爲山陽郡。━山陽事完濟陰哀王不識者。濟陰王附傳梁孝王子。以孝景中六年爲濟陰王。一歲卒。無子。國除。地入於漢。爲濟陰郡。━濟陰事完

太史公曰。梁孝王雖以親愛之故。王膏腴之地。然會漢家隆盛。百姓殷富。故能植其財貨。廣宮室。車服擬於天子。然亦僭矣。

褚先生曰。臣爲郞時。聞之於宮殿中老郞吏好事者稱道之也。竊以爲令梁孝王怨望。欲爲不善者。事從中生。蓋曰起于太后也、故下接太后事今太后女主也。以愛少子故。欲令梁王

爲太子大臣不時正言其不可狀阿意治小私說意以受賞賜非忠臣也齊如魏其侯竇嬰之正言也何以有後禍（先作一論斷下乃述竇嬰實語）景帝與王燕見侍太后飲景帝曰千秋萬歲之後傳王太后喜說竇嬰在前據地言曰漢法之約傳子適孫今帝何以得傳弟擅亂高帝約乎於是景帝默然無聲太后意不說（序完竇嬰正傳事下忽將成王事扯入相配絕無過接奇文）故成王與小弱弟立樹下取一桐葉以與之曰吾用封汝周公聞之進見曰天王封弟甚善成王曰吾直與戲耳周公曰人主無過舉不當有戲言言之必行之於是乃封小弟以應縣是後成王沒齒不敢有戲言言必行之孝經曰非法不言非道不行此聖人之法言也今主不宜出好言於梁王（歸到本意是論斷體）梁王上有太后之重驕蹇日久數聞景帝好言千秋萬世之後傳王而實不行（語勢未住忽爾竟住下又硬入漢法一段若接不接）

（奇文）又諸侯王朝見天子漢法凡當四見耳始到入小見到正月朔旦奉皮薦璧玉賀正月法見後三日爲王置酒賜金錢財物後二日復入小見辭去凡留長安不過二十日小見者燕見于禁門內飲於省中非士人所得入也今梁王西朝因留且半歲入與人主同輦出與同車示風以大言而實不與（間接上文實不行句奇文）令出怨言謀畔逆乃

隨而憂之。不亦遠乎。非大賢人。不知退讓。又論斷數句妙今漢之儀法。朝見賀正月者。常一王與四侯俱朝見。十餘歲一至。今梁王常比年入朝見。久留。鄙語曰。驕子不孝。非惡言也。又無端插入一段頓住下又起一峯奇文故諸侯王當為置良師傅相。忠言之士。如汲黯韓長孺等。敢直言極諫。安得有患害。忽又頓住下又入事奇文蓋聞梁王西入朝。謁竇太后。燕見。與景帝俱侍坐於太后前。語言私說。太后謂帝曰。吾聞殷道親親。周道尊尊。其義一也。安車大駕。用梁孝王為寄。景帝跪席舉身曰。諾。罷酒出。帝召袁盎諸大臣通經術者曰。太后言如是。何謂也。皆對曰。太后意欲立梁王為帝太子。帝問其狀。袁盎對曰。殷道親親者。立弟。周道尊尊者。立子。殷道質。質者法天。親其所親。故立弟。周道文。文者法地。尊者敬也。敬其本始。故立長子。周道太子死。立適孫。殷道太子死。立其弟。帝曰。於公何如。皆對曰。方今漢家法周。周道不得立弟。當立子。故春秋所以非宋宣公。宋宣公死。不立子而與弟。弟受國死。復反之與兄之子。弟之子爭之。以為我當代父後。即刺殺兄子。以故國亂。禍不絕。故春秋曰。君子大居正。宋之禍宣公為之。臣請見太后白之。袁盎等入見太后。太后言欲立梁王。梁王即終。欲誰立。句法妙甚蓋太后言欲立梁王袁盎口中所述也故

（卽急插一句曰梁王萬一卽終當誰立乎）太后曰。吾復立帝子。袁盎等以宋宣公不立正生禍。禍亂後五世不絕。小不忍害大義。狀報太后。（前詳此略）太后乃解說。卽使梁王歸就國。（此段與竇嬰云云本是一意前立梁王出自帝意此出自太后意阻梁王前出自竇嬰。此出自袁盎。是一是二。傳聞異詞。故先後雙序）而梁王聞其議出于袁盎諸大臣所怨望。使人來殺袁盎。袁盎顧之曰。我所謂袁將軍者也。公得毋誤乎。刺者曰。是矣。刺之。置其劍。劍著身。視其劍。新治。問長安中削厲工。工曰。梁郎某子來治此劍。以此知而發覺之。發使者捕逐之。獨梁王所欲殺大臣十餘人。（又補諸傳所未及）文吏窮本之。謀反端頗見。太后不食。日夜泣不止。景帝甚憂之。問公卿大臣。大臣以爲遣經術吏往治之。乃可解。於是遣田叔呂季主往治之。此二人皆通經術。知大禮。來還。至霸昌廐。取火悉燒梁之反詞。但空手來對景帝。景帝曰。何如。對曰。言梁王不知也。造爲之者。獨其幸臣羊勝公孫詭之屬爲之耳。謹以伏誅死。梁王無恙也。景帝喜說。曰。急趨謁太后。太后聞之。立起坐飡。氣平復。故曰。不通經術。知古今之大禮。不可以爲三公及左右近臣。少見之人。如從管中闚天也。（只借梁獄事贊田叔結蓋梁事已反覆論斷故只此住便覺縹緲無盡）

（盛衰固有倚伏嫌怨必有所從來故至親骨肉之間有不期然而然者史公先寫梁之極盛時極親密時正爲後文伏案也後逐節卽就事實寫不多一語而

讀之傷心思之刻骨○序梁王耳先附序代梁二王以分頭緒後帶序濟川四王以爲照應首尾本是一轍○褚先生一篇是論斷而頓住處插入閒事處局法變化風神更覺嫵媚是一篇佳文字也

五宗世家

孝景皇帝子凡十三人爲王而母五人（先提總序）同母者爲宗親—（點明題意）栗姬子曰榮、德、閼于程姬子曰餘、非、端賈夫人子曰彭祖、勝唐姬子曰發王夫人兒姁子曰越、寄、乘、舜—（復細點明作兩層序法）

河間獻王德以孝景帝前二年用皇子爲河間王好儒學被服造次必於儒者山東諸儒多從之游（河間全用褒語）二十六年卒子共王不害立四年卒子剛王基代立十二年卒子頃王授代立—臨江哀王閼于以孝景帝前二年用皇子爲臨江王三年卒無後國除爲郡—臨江閔王榮以孝景前四年爲皇太子四歲廢用故太子爲臨江王四年坐侵廟壖垣爲宮上徵榮榮行祖於江陵北門既已上車軸折車廢江陵父老流涕竊言曰吾王不反矣榮至詣中尉府簿中尉郅都責訊王王恐自殺葬藍田燕數萬銜土置冢上（奇事）百姓憐之（應父老流涕憐之亦憐其以故太子而枉死也）榮最長（史公微詞）死無後國除地入於漢爲南郡—右三國本王皆栗姬之子也—（作一層結）魯共王餘

以孝景前二年用皇子爲淮陽王二年吳楚反破後以孝景前三年徙爲魯王好治宮室苑囿狗馬季年好音不喜詞辯爲人吃二十六年卒子光代爲王初好音輿馬晚節嗇惟恐不足於財（微詞兩王事只虛寫）江都易王非以孝景前二年用皇子爲汝南王吳楚反時非年十五有材力上書願擊吳景帝賜非將軍印擊吳吳已破二歲徙爲江都王治吳故國以軍功賜天子旌旗元光五年匈奴大入漢爲賊非上書願擊匈奴上不許非好氣力治宮觀招四方豪傑驕奢甚（先序其事後寫其爲人）立二十六年卒子建立爲王七年自殺（先立案後序事）淮南衡山謀反時建頗聞其謀自以爲國近淮南恐一日發爲所幷卽陰作兵器而時佩其父所賜將軍印載天子旗以出易王死未葬建有所說易王寵美人淖姬夜使人迎與奸服舍中及淮南事發治黨與頗及江都王建建恐因使人多持金錢事絕其獄（語奇勁）而又信巫祝使人禱祠妄言建又盡與其姊弟奸事既聞漢公卿請捕治建天子不忍使大臣卽訊王王服所犯遂自殺國除地入於漢爲廣陵郡

膠西于王端以孝景前三年吳楚七國反破後端用皇子爲膠西王端爲人賊戾（先寫其爲人後序事）又陰痿一近婦人病之數月而有愛幸少年爲郎爲郎

者。頃之與後宮亂。端禽滅之。及殺其子母。數犯上法。漢公卿數請誅端。天子爲兄弟之故不忍。而端所爲滋甚。有司再請削其國去大半。端心慍。遂爲無訾省。府庫壞漏盡腐財物以巨萬計。終不得收徙。令吏毋得收租賦。端皆去衛。封其宮門。從一門出游。數變名姓。爲布衣。之他郡。國相二千石往者。奉漢法以治。端輒求其罪告之。無罪者詐藥殺之。所以設詐究變。彊足以距諫。智足以飾非。相二千石從王治。則漢繩以法。故膠西小國。而所殺傷二千石甚衆。從相二千石寫來。其人自出。所謂側面反照法也。立四十七年卒。竟無男代後。國除地入于漢。爲膠西郡。一右三國本王皆程姬之子也。作第二層結

趙王彭祖以孝景前二年用皇子爲廣川王。趙王遂反破後。彭祖王廣川四年。徙爲趙王。十五年。孝景帝崩。彭祖爲人巧佞卑諂。足恭而心刻深。好法律。持詭辯以中人。先寫其爲人。後序事彭祖多內寵姬及子孫。相二千石欲奉漢法以治。則害于王家。是以接法每相二千石至。彭祖衣皁布衣。自行迎除二千石舍。多設疑事以作動之。得二千石失言中忌諱。輒書之。二千石欲治者。則以此迫刼。不聽。乃上書告及汙以姦利事。作四節宛曲盡情彭祖立五十餘年。相二千石無能滿二歲。輒以罪去。大者死。小者刑。以故二千石莫敢

治。總結數語承上、起下精綻盡致而趙王擅權。緊接使使卽縣爲賈人榷會入多於國經租稅。以是趙王家多金錢。緊接然所賜諸姬子亦盡之矣。一掉卽收彭祖取故江都易王寵姬王建所盜與姦淖姬者爲姬甚愛之。二十一字爲一句詳盡乃爾彭祖不好治宮室禨祥好爲吏事上書願督國中盜賊常夜從走卒行徼邯鄲中諸使過客以彭祖險陂莫敢留邯鄲。就過客寫以見其爲人反照法與上一樣其太子丹與其女及同產姊姦與其客江充有卻充告丹丹以故廢趙更立太子。中山靖王勝以孝景前三年用皇子爲中山王十四年孝景帝崩勝爲人樂酒好內有子枝屬百二十餘人常與兄趙王相非曰兄爲王專代吏治事王者當日聽音樂聲色趙王亦非之曰中山王徒日淫不佐天子拊循百姓何以稱爲藩臣。借趙王作襯兩兩相形法變立四十二年卒子哀王昌立一年卒子昆侈代爲中山王。右二國本王皆賈夫人之子也。作第三層結長沙定王發發之母唐姬故程姬侍者景帝召程姬程姬有所辟不願進而飾侍者唐兒使夜進上醉不知以爲程姬而幸之遂有身已乃覺非程姬也。寫瑣褻事詳曲甚及生子因命曰發以孝景前二年用皇子爲長沙王以其母微無寵故王卑溼貧國立二十七年卒子康王庸立二十八年卒子鮒鮈立爲長沙王。一只借程姬事約畧寫不實序右一國本王唐姬之子也。一作第四層結廣川惠王越以孝景中二年用皇子爲廣川王。十二年卒。子齊立爲王。齊有幸臣桑距。已而有罪。欲誅距。距亡。王因禽其宗族。距怨王。乃上書告王齊與同產姦。自是之後。王齊數上書告言漢公卿及幸臣所忠等。一作不了語因當時事未竟也膠東康王寄以孝景中二年用皇子爲膠東王。二十八年卒。淮南王謀反時。寄微聞其事。私作樓車鏃矢戰守備。候淮南之起。及吏治淮南之事。辭出之。寄於上最親。意傷之。發病而死。不敢置後。於是上聞。寄有長子者名賢。母無寵。少子名慶。母愛幸。寄常欲立之。爲不次。因有過。遂無言。上憐之。乃以賢爲膠東王。奉康王嗣。而封慶于故衡山地。爲六安王。只借上憐王子事約畧寫不實序膠東王賢立十四年卒。諡爲哀王。子慶爲王。一六安王慶以元狩二年用膠東康王子爲六安王。一清河哀王乘以孝景中三年用皇子爲清河王。十二年卒。無後。國除。地入于漢爲清河郡。一常山憲王舜以孝景中五年用皇子爲常山王。舜最親。景帝少子。驕怠多淫。數犯禁。上常寬釋之。立三十二年卒。太子勃代立爲王。初憲王舜有所不愛姬。生長男梲。梲以母無寵故。亦不得幸于王。一段王后脩生太子勃。王內多所幸姬。

生子平。子商。王王后希得幸。二段 及憲王病甚。諸幸姬常侍病。故王后亦以妬媢不常侍病。輒歸舍。三段 醫進藥。太子勃不自嘗藥。四段 又不宿留侍病。及王薨。王后太子乃至。五段 憲王雅不以長子棁爲人數。及薨。又不分與財物。六段 郎或說太子王后。令諸子與長子棁共分財物。太子王后不聽。七段 太子代立。又不收恤棁。棁怨王后太子。八段項細事一 齊湊合作八段寫簡質詳盡有法 漢使者視憲王喪。棁自言憲王病時。王后太子不侍。及薨。六日出舍。承上實事 太子勃私姦。飲酒。博戲。擊筑。與女子載。馳。環城過市。入牢視囚。事外添出 天子使大行騫驗王后及問王勃。一段 請逮勃所與奸諸證左。王又匿之。二段 吏求捕勃太急。三段 使人致擊笞掠。擅出漢所疑囚者。四段又作四段寫 有司請誅憲王后修及王勃。上以修素無行。使棁陷之罪。勃無良師傅。不忍誅。有司請廢王后修。徙王勃以家屬處房陵。上許之。勃王數月。遷于房陵。國絕。月餘。天子爲最親。乃詔有司曰。常山憲王早夭。后妾不和。適孽誣爭。漢庭公論 陷于不義以滅國。朕甚憫焉。其封憲王子平三萬戶。爲眞定王。封子商三萬戶。爲泗水王。一 應前幸姬子平商 眞定王平。以元鼎四年。用常山憲王子爲眞定王。一泗水思王商。以元鼎四年。用常山憲王子爲泗水王。十一年卒。子哀王安世立十一年卒。無子。於是上憐泗水王絕。乃立安世弟賀爲泗水王。一右四國本王皆王夫人兒姁子也。作第四層結應完前事 其後漢益封其支子爲六安王泗水王二國。凡兒姁子孫。於今爲六王。又提出二王因不在前序內故又另結一筆也

太史公曰。高祖時諸侯皆賦得自除內史以下。漢獨爲置丞相。黃金印。諸侯自除御史廷尉正博士。擬于天子。自吳楚反後。五宗王世。漢爲置二千石。去丞相曰相。銀印。諸侯獨得食租稅。奪之權。其後諸侯貧者或乘牛車也。只作泛論超遠

前作一總序點出後逐段序完分枝布葉挈領張綱楚楚有法是史記中一篇謹嚴文字○諸傳中有不序者有先提後序先序後提者有借相二千石諸使過客側面寫者有只寫其餘事者種種變法一節一樣是小中見大法也○通篇俱以短勁之句詳盡宛曲數行之中筆無餘事事無餘情是史公佳製

三王世家 缺褚先生補

大司馬臣去病昧死再拜上疏皇帝陛下。陛下過聽。使臣去病待罪行間。宜專邊塞之思慮。暴骸中野。無以報。乃敢惟他議以干用事者。誠見陛下憂勞天下。哀憐百姓以自忘。虧膳貶樂。損郎員。皇子賴天。能勝衣趨拜。至今無號位師傅官。陛下恭讓不恤。群臣私望。不敢越職而言。臣竊不勝犬馬心。昧死願陛下詔有司。因盛夏吉時定

皇子位。唯陛下幸察。臣去病昧死再拜以聞皇帝陛下。三月乙亥、御史臣光守尙書
令。奏未央宮。制曰下御史。一六年三月戊申朔乙亥。御史臣光守尙書令、守尙書令者郎御史
光漢時謂署爲守奏事每列銜于本名之下下少傅臣安同丞非。下御史書到。言丞相臣靑翟。御史大夫臣湯。太
常臣充。大行令臣息。太子少傅臣安。行宗正事。昧死上言。大司馬去病上疏曰。陛下
過聽。使臣去病待罪行間。宜專邊塞之思慮。暴骸中野。無以報。乃敢惟他議。以干用
事者。誠見陛下憂勞天下。哀憐百姓以自忘。虧膳貶樂。損郎員。皇子賴天。能勝衣趨
拜。至今無號位師傅官。陛下恭讓不卹。群臣私望。不敢越職而言。臣竊不勝犬馬心。
昧死願陛下詔有司。因盛夏吉時。定皇子位。唯願陛下幸察。全抄前奏一字不改制曰下御史。
臣謹與中二千石。二千石臣賀等議。古者裂地立國。並建諸侯。以承天子。所以尊宗
廟。重社稷也。今臣去病上疏。不忘其職。因以宣恩。乃道天子卑讓自貶以勞天下。慮
皇子未有號位。臣靑翟。臣湯等宜奉義遵職。愚憧而不逮事。方今盛夏吉時。臣靑翟。
臣湯等。昧死請立王子臣閎。臣旦。臣胥。爲諸侯王。昧死請所立國名。制曰。蓋聞周封
八百。姬姓並列。或子男附庸。此破爲諸侯王也列侯家之正從此出禮支子不祭。云並建諸侯。所以重

社稷。朕無聞焉。（此破重社稷也）且天非爲君生民也。朕之不德。海內未洽。乃以未教成者彊君連城。即股肱何勸。其更議以列侯家之。—（調韻而句古家之字尤峭）三月丙子。奏未央宮。（重後句者此提綱後乃奏尾之日月也）丞相臣青翟。御史大夫臣湯。昧死言。臣謹與列侯臣嬰齊。中二千石二千石臣賀。諫大夫博士臣安等議曰。伏聞周封八百。姬姓並列。奉承天子。康叔以祖考顯。而伯禽以周公立。咸爲建國諸侯。以相傳爲輔。百官奉憲。各遵其職。而國統備矣。（還破子男附庸）竊以爲並建諸侯。所以重社稷者。四海諸侯。各以其職奉貢祭。支子不得奉祭宗祖禮也。（還破支子不祭）封建使守藩國。帝王所以扶德施化。陛下奉承天統。明開聖緒。尊賢顯功。興滅繼絕。續蕭文終之後于酇。褒厲羣臣平津侯等。昭六親之序。明天地之屬。使諸侯王封君得推私恩分子弟戶邑。錫號尊建百有餘國。而家皇子爲列侯。則尊卑相踰。列位失序。不可以垂統于萬世。臣請立臣閎。臣旦。臣胥爲諸侯王。三月丙子。奏未央宮。制曰。康叔親屬有十。而獨尊者。褒有德也。周公祭天命郊。故魯有白牡騂剛之牲。羣公不毛。賢不肖差也。（答還康叔周公）高山仰之。景行嚮之。朕甚慕焉。所以抑未成。家以列侯可。—四月戊寅。奏未央宮。丞相臣青翟。御史大夫臣湯。昧死言。

臣青翟等與列侯吏二千石諫大夫博士臣慶等議昧死奏請立皇子爲諸侯王制曰康叔親屬有十而獨尊者褒有德也周公祭天命郊故魯有白牡騂剛之牲羣公不毛賢不肖差也高山仰之景行嚮之朕甚慕焉所以抑未成家以列侯可又全述詔旨臣青翟臣湯博士臣將行等伏聞康叔親屬有十武王繼體周公輔成王其八人皆以祖考之尊建爲大國康叔之年幼周公在三公之位而伯禽據國於魯蓋爵命之時未至成人康叔後扞祿父之難伯禽殄淮夷之亂即就康叔魯公破其未教成句昔五帝異制周爵五等春秋三等皆因時而序尊卑高皇帝撥亂世反之正昭至德定海內封建諸侯爵位二等皇子或在襁褓而立爲諸侯王奉承天子爲萬世法則不可易陛下躬親仁義體行聖德表裏文武顯慈孝之行廣賢能之路內褒有德外討彊暴臨極北海西湊月氏匈奴西域舉國奉師輿械之費不賦于民虛御府之藏以賞元戎開禁倉以賑貧窮減戍卒之半百蠻之君靡不鄉風承流稱意遠方殊俗重譯而朝譯及方外故珍獸至嘉穀興天應甚彰今諸侯支子封至諸侯王而家皇子爲列侯臣青翟臣湯等竊伏熟計之皆以爲尊卑失序使天下失望不可臣請立臣閎臣旦臣胥

爲諸侯王。四月癸未。奏未央宮。留中不下。一又一變法丞相臣青翟。太僕臣賀。行御史大夫事。太常臣充。太子太傅臣安。行宗正事。昧死言。臣青翟等。前奏大司馬臣去病上疏言。皇子未有號位。臣謹與御史大夫臣湯。中二千石。二千石。諫大夫。博士臣慶等。昧死請立皇子臣閎等爲諸侯王。陛下讓文武。躬自切。及皇子未教。羣臣之議。儒者稱其術。或誖其心。陛下固辭弗許。家皇子爲列侯。臣青翟等。竊與列侯臣壽成等二十七人議。皆曰以爲尊卑失序。高皇帝建天下。爲漢太祖。王子孫。廣支輔。先帝法則弗改。所以宣至尊也。臣請令史官擇吉日。具禮儀上。御史奏輿地圖。他皆如前故事。制曰可。一四月丙申。奏未央宮。太僕臣賀。行御史大夫事。昧死言。太常臣充言。卜入四月二十八日乙巳。可立諸侯王。臣昧死奏輿地圖。請所立國名。禮儀別奏。臣昧死請。制曰。立皇子閎爲齊王。旦爲燕王。胥爲廣陵王。四月丁酉。奏未央宮。一六年四月戊寅朔。癸卯。御史大夫湯下丞相。丞相下中二千石。二千石下郡太守諸侯相。丞書從事下當用者。如律令。一維六年四月乙巳。皇帝使御史大夫湯。廟立子閎爲齊王。曰。於戲。小子閎。受茲青社。朕承祖考。維稽古。建爾國家。封于東土。世爲漢藩輔。於戲。

念哉。恭朕之詔。惟命不于常。人之好德。克明顯光。義之不圖。俾君子怠。悉爾心。允執其中。天祿永終。厥有僽不臧。乃凶于而國。害于爾躬。於戲。保國艾民。可不敬與。王其戒之。—（此漢人學尚書文字）維六年四月乙巳、皇帝使御史大夫湯廟立子旦爲燕王。曰於戲。小子旦。受茲玄社。朕承祖考。維稽古建爾國家。封于北土。世爲漢藩輔。於戲。葷粥氏虐老獸心。侵犯寇盜。加以姦巧邊萌。於戲。朕命將率徂征厥罪。萬夫長千夫長三十有二君皆來。降旗奔師。葷粥徙域。北州以綏。悉爾心。毋作怨。毋俷德。毋乃廢備。非教士不得從徵。於戲。保國艾民。可不敬與。王其戒之。—（此策少出色）維六年四月乙巳、皇帝使御史大夫湯廟立子胥爲廣陵王。曰。於戲。小子胥。受茲赤社。朕承祖考。維稽古建爾國家。封于南土。世爲漢藩輔。古人有言曰。大江之南。五湖之間。其人輕心。揚州保疆。三代要服。不及以政。於戲。悉爾心。戰戰兢兢。乃惠乃順。毋侗好佚。毋邇宵人。維法維則。書云。臣不作威。不作福。靡有後羞。於戲。保國艾民。可不敬與。王其戒之。

太史公曰、古人有言曰。愛之欲其富。親之欲其貴。故王者疆土建國。封立子弟。所以褒親親。序骨肉。尊先祖。貴支體。廣同姓於天下也。是以形執彊而王室安。自古至今。

所由來久矣。非有異也。故弗論著也。燕齊之事。無足采者。然封立三王天子恭讓羣臣守義。文辭爛然。甚可觀也。是以附之世家。（贊亦是褚先生筆）

褚先生曰、臣幸得以文學爲侍郎。好覽觀太史公之列傳。列傳中稱三王世家文辭可觀。求其世家。終不能得。竊從長老好故事者。取其封策書。編列其事而傳之。令後世得觀賢主之指意。一蓋聞孝武帝之時。同日而俱拜三子爲王。封一子於齊。一子於廣陵。一子於燕。各因子才力智能。及土地之剛柔。人民之輕重。爲作策以申戒之。一（即根上三策提序作一篇之綱）謂王世爲漢藩輔。保國治民。可不敬與。王其戒之。（此數語三策皆同故總點于此）夫賢主所作。固非淺聞者所能知。非博聞彊記君子者。所不能究竟其意。至其次序分絕。文字之上下。簡之參差長短。皆有意。人莫之能知。謹論次其眞草詔書。編于左方。令覽者自通其意而解說之。一王夫人者。趙人也。（忽從王夫人起妙）與衛夫人並幸武帝而生子閎。閎且立爲王。時其母病。武帝自臨問之。曰。子當爲王。欲安所置之。王夫人曰。陛下在。妾又何等可言者。（何等猶言何等人也）帝曰。雖然。意所欲。欲于何所王之。王夫人曰。願置之雒陽。武帝曰。雒陽有武庫敖倉。天下衝阨。漢國之大都也。先帝以來。無子王

於雒陽者。去雒陽。餘盡可。王夫人不應。武帝曰。關東之國。無大於齊者。齊東負海。而
城郭大。古時獨臨菑中十萬戶。天下膏腴地。莫盛于齊者矣。王夫人以手擊頭謝曰
幸甚。（閨房私語已定王齊覺以前詔奏皆屬虛文）王夫人死。而帝痛之。使使者拜之曰。皇帝謹使使太中
大夫明奉璧一。賜夫人爲齊王太后。（未立齊王先賜太后）子閎王齊。年少無有子。立不幸早死。
國絕。爲郡。天下稱齊不宜王云。所謂受此土者。諸侯王始封者必受土於天子之社
歸立之以爲國社。以歲時祠之。春秋大傳曰。天子之國有泰社。東方青。南方赤。西方
白。北方黑。上方黃。故將封于東方者。取青土。封于南方者。取赤土。封于西方者。取白
土。封于北方者。取黑土。封于上方者。取黃土。各取其色物。裹以白茅。封以爲社。此始
受封于天子者也。此之謂主土。主土者。立社而奉之也。朕承祖考。祖者先也。考者父
也。維稽古。維者度也。念也。稽者當也。當順古之道也。齊地多變詐。不習於禮義。故戒
之曰。恭朕之詔。唯命不可爲常。人之好德。能明顯光。不圖于義。使君子怠慢。悉若心。
信執其中。天祿長終。有過不善。乃凶于而國。而害于若身。齊王之國。左右維持以禮
義。不幸中年早夭。然全身無過。如其策意。傳曰。青采出於藍。而質青於藍者。教使然

也。一入贊兩句遠哉賢主。昭然獨見。誡齊王以慎內。誡燕王以無作怨。無俷德。誡廣陵王以慎外無作威與福。一忽總三段作過文文法不板夫廣陵在吳越之地。其民精而輕。故誡之曰江湖之間。其人輕心。揚州保疆。三代之時。迫要使從中國俗服。不大及以政教。以意御之而已。無侗好佚。無邇宵人。維法是則。無長好佚樂馳騁弋獵淫康。而近小人。常念法度。則無羞辱矣。三江五湖。有魚鹽之利。銅山之富。天下所仰。故誡之曰臣不作福者。勿使行財幣。厚賞賜。以立聲譽。爲四方所歸也。又曰臣不作威者。勿使因輕以倍義也。會孝武帝崩。孝昭帝初立。先朝廣陵王胥。厚賞賜金錢財幣。直三千餘萬。益地百里。邑萬戶。會昭帝崩。宣帝初立。緣恩行義。以本始元年中。裂漢地。盡以封廣陵王胥四子。一子爲朝陽侯。一子爲平曲侯。一子爲南利侯。最愛少子弘。立以爲高密王。其後胥果作威福。通楚王使者。楚王宣言曰。我先元王。高帝少弟也。封三十二城。今地邑益少。我欲與廣陵王共發兵云。廣陵王爲上。我復王楚三十二城。如元王時。事發覺。公卿有司請行罰誅。天子以骨肉之故。不忍致法於胥。下詔書無治廣陵王。獨誅首惡楚王。傳曰。蓬生麻中。不扶自直。白沙在泥中。與之皆黑者。土地教化使之然也。贊語與前大同 其後胥復祝詛謀反。自殺。國除。一燕土墝埆。北迫匈奴。其人民勇而少慮。故誡之曰。葷粥氏無有孝行而禽獸心。以竊盜侵犯邊民。朕詔將軍往征其罪。萬夫長千夫長三十有二君皆來降旗奔師。葷粥徙域遠處。北州以安矣。悉若心。無作怨。者勿使從俗以怨望也。無俷德者勿使上背德也。無廢備者。無乏武備。常備匈奴也。非教士不得從徵者。言非習禮義。不得在于側也。會武帝年老長而太子不幸薨。未有所立。而旦使來上書請身入宿衛於長安。孝武見其書。擊地怒曰。生子當置之齊魯禮義之鄉。乃置之燕趙。果有爭心不讓之端見矣。於是使使卽斬其使者於闕下。會武帝崩。昭帝初立。旦果作怨而望大臣。自以長子當立。與齊王子劉澤等謀叛逆。出言曰。我安得弟在者。今立者乃大將軍子也。欲發兵。事發覺當誅。昭帝緣恩寬忍。抑案不揚。公卿使大臣請遣宗正與太中大夫公戶滿意御史二人偕往使燕。風喩之。到燕。各異日更見責王。異日更見好 宗正者主宗室諸劉屬籍。先見王。爲列陳道昭帝實武帝子狀。先見以破其疑 侍御史乃復見王。責之以正法。問王欲發兵罪名明白。當坐之。漢家有正法。王犯纖介小罪過。卽行法直斷耳。安能寬王。驚動以文法。王意益下。

心恐。（後見以伸其法）公戶滿意習于經術。最後見王。稱引古今通義。國家大禮。文章爾雅。謂王曰。古者天子必內有異姓大夫。所以正骨肉也。外有同姓大夫。所以正異族也。周公輔成王。誅其兩弟。故治。武帝在時。尚能寬王。今昭帝始立。年幼。富于春秋。未臨政。委任大臣。古者誅罰不阿親戚。故天下治。方今大臣輔政。奉法直行。無敢所阿。恐不能寬王。王可自謹。無自令身死國滅。爲天下笑。（最後喻之以理人一樣出色好）於是燕王旦乃恐懼服罪。叩頭謝過。大臣欲和合骨肉。難傷之以法。其後旦復與左將軍上官桀等謀反。宣言曰。我次太子。太子不在。我當立。大臣共抑我云云。大將軍光輔政。與公卿大臣議曰。燕王旦不改過悔正。行惡不變。於是修法直斷。行罰誅。旦自殺。國除。如其策指。有司請誅旦妻子。孝昭以骨肉之親。不忍致法。寬赦旦妻子。免爲庶人。傳曰。蘭根與白芷。漸之滫中。君子不近。庶人不服者。所以漸然也。（三段俱以成語結韻致楚楚）宣帝初立。推恩宣德。以本始元年中。盡復封燕王旦兩子。一子爲安定侯。立燕故太子建爲廣陽王。以奉燕王祭祀。

前列詔奏古勁簡質獨超後世文移之案後解三策拘執迂濫大開後世訓詁之門亦是褚先生拙作

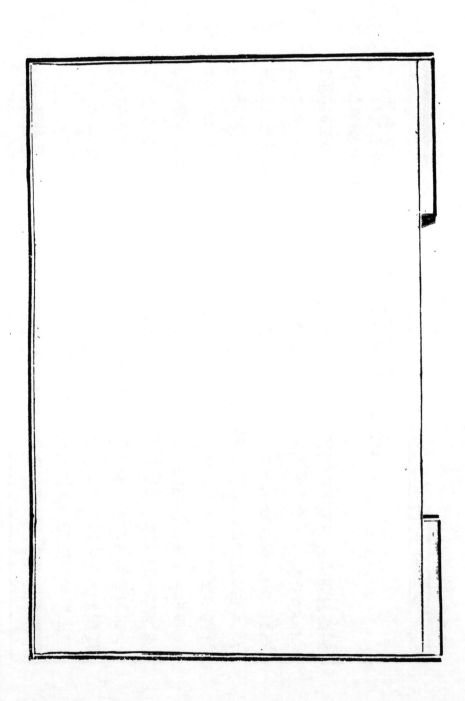